新プリメール民法4

債権各論［第2版］

青野博之・谷本圭子
久保宏之・下村正明 著

法律文化社

第2版はしがき

　本書を世に送り出してからまだ2年も経過していない。また，本書が対象としている債権法改正が施行されるのは2020年4月1日であるが，施行に合わせて第2版を刊行することにした。これは，読者に受け入れられたからであり，執筆者として感謝している。

　今回の改訂では，学生に改正法をより明確に伝えるため，授業での使用経験をもとに執筆者間で意見を出し合い，叙述を工夫するなどの見直しを行った（また，本書刊行後，債権法改正に対応した書籍が数多く現れたこともあり，これらも参考にした）。さらに，特別法の改正・施行もあり，それも反映させている。

　実際に改正法に沿った判例が出るのはこれからである。一定数の判例が出揃えば，改正民法の全体がみえるだろう。その段階で，さらに改訂を施すこととしたい。

　このたびも，法律文化社の野田三納子氏のお世話になった。執筆者4人を代表してお礼を申し上げる。

　2020年1月20日

執筆者を代表して

青野博之

はしがき

　この本は，債権法改正に対応している。

　2009年10月28日法制審議会総会にて，「民事基本法典である民法のうち債権関係の規定について，同法制定以来の社会・経済の変化への対応を図り，国民一般に分かりやすいものとする等の観点から，国民の日常生活や経済活動にかかわりの深い契約に関する規定を中心に見直しを行う必要がある」(諮問第88号)とされ，同年11月24日から法制審議会民法(債権関係)部会にて，民法(債権関係)の見直しの審議が始まった。審議が終わり，2015年3月31日，「民法の一部を改正する法律案」として国会に提出された。2017年5月26日，「民法の一部を改正する法律」が成立し(同年6月2日公布)，一部の規定を除き，2020年4月1日から施行される。

　債権法改正の第1のポイントは，判例の成文化である。たとえば，改正前557条は，売主は手付の倍額を償還して売買契約を解除することができる，と定めていたが，償還とはどういう意味かが明らかではなかった。判例は，現実の提供を償還としている。また，改正前588条は，「消費貸借によらないで」と定めていたが，判例は，消費貸借により「金銭その他の物を給付する」債務が存在する場合に当事者の意思表示によって新たな消費貸借とすることを認めている。このように，条文だけではわからない判例法が多くあった。このような判例を成文化することにより，国民一般にわかりやすいものとなる。今回の改正の多くは，このような判例の成文化である。

　債権法改正の第2のポイントは，原則の成文化である。たとえば，契約を締結するかどうかは自由であるのが原則である。しかし，このような原則は，改正前は明文で定められていなかった。改正法は，このような原則を成文化することにより，国民一般にわかりやすいものとなった。

　債権法改正の第3のポイントは，新しい規律を設けることである。民法制定以来の社会・経済の変化への対応を図るため，文字どおり新しく規律されたもの，たとえば，定型約款がある(548条の2から548条の4まで)。

　法律文化社の秋山泰氏及び野田三納子氏のお世話になった。執筆者4人を代表してお礼を申し上げる。

　2018年1月20日

執筆者を代表して

青野博之

目　次

□ WINDOW 目次

凡　例

【1】　判例の略語（主要なもの）

大　判……大審院判決　　　　　　　　　高　判……高等裁判所判決
大連判……大審院民事連合部判決　　　　地　判……地方裁判所判決
最　判……最高裁判所小法廷判決　　　　支　判……支部判決
最大判……最高裁判所大法廷判決

民　集……大審院（最高裁判所）民事判例集　判　タ……判例タイムズ
民　録……大審院民事判決録　　　　　　判　時……判例時報
刑　録……大審院刑事判決録　　　　　　金　判……金融・商事判例
高刑集……高等裁判所刑事判例集　　　　金　法……金融法務事情
新　聞……法律新聞

【2】　法令名の略記

　本文カッコ内での法令条名の引用に際して，民法典については，条名のみかかげ，その他の法令で頻度の高いものは，その法令名を，通例慣用されている方法により略記した。

【3】　その他

　本書で「改正前民法○条」「改正前○条」とは，2017（平成29）年成立の「民法の一部を改正する法律」（平成29年法44号）によって変更・削除された規定ないし条項をいう。

著者紹介

青野　博之 (あおの　ひろゆき)　　序章，第10章〜第12章　執筆

略　歴　1976年　神戸大学法学部卒業，1981年　同大学大学院法学研究科博士課程後期課程単位取得。現在，**駒澤大学法科大学院教授**

主要著作　「自然災害」交通法研究第45号（有斐閣，2017年），「近親者固有慰謝料」藤村和夫ほか編『実務交通事故訴訟大系第3巻』（ぎょうせい，2017年），「使用者等の責任」能見善久・加藤新太郎編『論点体系判例民法9〔第3版〕不法行為II』（第一法規，2019年）

◆読者へのメッセージ◆

　わかりやすく，質問が出やすい講義を目指しています。でも，これが結構大変なんです。受講生はわからなくても，あまり質問しないからです。ですから，できるだけ質問して下さい。また，講義では，こうも考えられるし，別の考え方もあります，と言うことにしています。受講生が自分で考え，決めるためです。自分の頭で考えて下さい。そのためには，できるだけ発言することです。

谷本　圭子 (たにもと　けいこ)　　第1章〜第3章　執筆

略　歴　同志社大学法学部卒業，同大学大学院法学研究科博士課程後期課程単位取得。現在，**立命館大学法学部教授**

主要著作　『国境を越える消費者法』（日本評論社，2000年，共編著），「民法上の『人』と『消費者』」磯村保ほか編『民法学の課題と展望─石田喜久夫先生古稀記念』（成文堂，2000年），「消費者概念の法的意義」鹿野菜穂子ほか編『消費者法と民法─長尾治助先生追悼論文集』（法律文化社，2013年）

◆読者へのメッセージ◆

　「正義とは何なのか」，学生時代から問い続けています。学生時代に考えていた正義と今考える正義は，随分と違っていて，きっと多くの事実を知りさまざまな経験をしたことが私の考え方を変えていったのでしょう。世界では私たちが知らないあまりに多くの出来事が起こっていて，もちろんすべてを知ることは不可能です。でも，少しでも多くの真実を知りさまざまな経験をすることによって，「自分はどのように生きるのか」を考えるきっかけとなるはずです。民法は社会における基本的なルールであって，民法とかかわりなく生きることはできません。民法を学ぶことが，皆さんにとって1つの真実を知る良き経験となり，生き方を考えるきっかけとなればうれしいです。

久保　宏之（くぼ　ひろゆき）　第4章，第5章　執筆

略　　歴	1978年　大阪大学法学部卒業，1983年　神戸大学大学院法学研究科博士後期課程単位取得。現在，**関西大学名誉教授**，神戸大学博士（法学），ワシントン大学LL.M
主要著作	『経済変動と契約理論』（成文堂，1992年），『叢書　民法総合判例研究　不完全履行と瑕疵担保責任〔新版〕』（一粒社，1998年，共著），「フランス公証人制度の現在―マクロン法の衝撃」関西大学法学論集66巻3号（2016年）

─◆読者へのメッセージ◆─

　文章を書いて身を立てたい……そんな夢が研究者となるきっかけでした。

　民法は，いわば社会の縮図で，私たちの日常生活がそこに凝縮されているように思います。私は，とくに契約法，それも，当事者間の利益調整理論について研究してきましたが，現在は公証人法，〈財産法と家族法〉の交錯領域の問題にも関心を持っています。

　民法の対象領域は，皆さんのすぐ側にあります。決しておそれずテレビドラマでも見る感覚で，触れてみませんか。

下村　正明（しもむら　まさあき）　第6章～第9章　執筆

略　　歴	1982年　大阪大学法学部卒業，1987年　大阪大学大学院法学研究科後期課程単位取得満期退学。現在，**関西大学法科大学院教授**
主要著作	『民法の基礎〔第4版〕』（法律文化社，2002年，共著），『民事執行法』（青林書院，2016年，共著），『ユーリカ民法3　債権総論・契約総論』（法律文化社，2018年，共著），「多数当事者の債権及び債務」能見善久・加藤新太郎編『論点体系判例民法4〔第3版〕債権総論I』（第一法規，2019年）

─◆読者へのメッセージ◆─

　あさま山荘事件を知っていますか。私は，山荘を鉄球で破壊しながら連合赤軍を追いつめ，殉職警官を弔うあの場面を，小学校のテレビで見ました。それまでもやもやとつかみかねていた国家というものの本質，人格，意思を，その鉄球にまざまざと見る思いがしました。

　数年後，父が急死しましたが，母は，貧乏を子どもに感じさせない働きで，私と弟を育てきってくれました。その母も，私が就職してまもなく，脳死臓器移植の途が開かれない当時の法的現実の前に，亡くなりました。そういう私にとって，法律は，常に，力無き者が国家権力を味方につけて厳しい現実に立ち向かうための実践的な道具です。そのような役に立てれば幸いと思って，執筆しています。

序　章

債権各論を学ぶための基礎知識

●本章で学ぶこと

　「債権各論」とは何か。各論・総論というのは，学問でたびたび出てくる言葉である。総論では，共通する事柄を，各論では，それぞれに特殊な事柄を学ぶ。総論では横断的に事柄を学ぶ。売買契約に基づく代金債権でも，不法行為に基づく損害賠償債権でも，金銭債権という意味では共通するから，「債権総論」で金銭債権を学ぶと，代金債権も損害賠償債権も理解することができるように思うかもしれない。しかし，実は，そうではない。代金債権と損害賠償債権では異なることも多いからである。実際に事件に登場するのは，金銭債権ではなく，代金債権や損害賠償債権であるから，「債権各論」の方がなじみやすい。

　本章は，本書の全体を見通すための，大まかな地図の役割を果たす。今どこを学んでいるかを確かめながら勉強を進めることができる。

　各章の前にある「本章で学ぶこと」を読むと，各章の見通しをつけることができる。

1——債権各論の構成

本書においては，契約，事務管理，不当利得および不法行為という４つの**債権の発生原因**を検討する。債権発生の原因は，この４つに限られない。しかし，この４つが，とくに契約と不法行為が重要である。民法典では，第３編債権の第２章から第５章まで（521条〜724条の２）が債権各論である。

契約は，契約総論と契約各論に分けられる。契約総論は，すべての契約に当てはまる総則である。民法典では，第２章契約のうちの第１節総則が契約総論である。本書では，第１章から第３章までがこれに該当する。つぎに，契約各論は，売買，賃貸借などの個々の契約類型についての準則である。民法典では，第２章契約のうちの第２節贈与から第14節和解までが契約各論である。本書では，第４章から第７章までが，これに該当する。

契約以外の事務管理・不当利得・不法行為は，契約とは異なり，当事者の意思とは直接の関係なしに，法律によって債権・債務を発生させる制度である。法定債権関係と言われる。事務管理，不当利得，不法行為については，民法典では，それぞれ，第３章，第４章，第５章において，本書では，第８章，第９章，第10章〜第12章において，取り上げている。

2——契　　約

４つの債権発生原因のうちで，最も重要なのは，契約である。たとえば，売主Aが，買主Bに対してある物を売ったとする。この売買契約によって，売主Aは，買主Bに対して代金請求権（債権）を取得し，買主Bは，売主Aに対して目的物引渡請求権（債権）を取得する。したがって，契約は債権の発生原因ということになる。

契約について学ぶ際には，民法総則および債権総論の学習がきわめて重要である。契約は**法律行為**であり，民法総則の法律行為に関する部分（意思表示，代理など）の学習が重要である。契約が履行されなかった場合には，債務不履行であり，この問題については，債権総論で取り扱われる。このように，契約に関する諸問題について対処するためには，民法総則および債権総論の知識が必要である。

図表序 - 1　**債権各論の構成**

	本　書	民法典
契　約	第1章～第7章	第2章　契約（521条～696条）
契約総論	第1章～第3章	第1節　総則（521条～548条の4）
契約各論	第4章～第7章	第2節　贈与～第14節　和解（549条～696条）
事務管理	第8章	第3章　事務管理（697条～702条）
不当利得	第9章	第4章　不当利得（703条～708条）
不法行為	第10章～第12章	第5章　不法行為（709条～724条の2）

3 ── 不法行為

　つぎに重要なのは，不法行為である。B（加害者）がA（被害者）を殴ってケガをさせたとする。この場合，負傷したAは，加害者Bに対して損害賠償請求権（債権）を取得する。したがって，Bの殴るという行為（不法行為）は，債権の発生原因ということになる。

　この不法行為は，刑法の観点からすれば，傷害罪ということになる（刑204条）。したがって，Bは，刑罰を受けることになる。しかし，刑罰を受けたからといって，民法上の損害賠償義務を免れるものではない。民事と刑事は，別だからである。

　殺人，傷害，交通事故，公害など，日々の新聞の三面記事を埋め尽くす各種の事件は，民法の観点からすれば，すべて不法行為の事例である。公表されている裁判の多くは，不法行為に関係するものである。したがって，法律実務という点からいえば，不法行為は，きわめて重要な領域である。

4 ── 事務管理

　契約や不法行為に比べれば，事務管理の重要性は，低い。事務管理といっても，日常用語でいう事務ではない。たとえば，Bの旅行中にBの家が台風で破損し，隣人のAが，頼まれてもいないのに修理したとする。このように，法律上の義務がないのに，他人の事務（デスク・ワークの意味ではない）を管理する行為を事務管理という。そして，Aが修理の際に費用を支出したときは，AはBに対して，費用償還請求権（債権）を取得する。したがって，事務管理は，債権の発生原因ということになる。

　なお，ドイツ法では，事務管理は委任契約のつぎに規定されている。このことからもわかるように，事務管理について学ぶ際には，委任契約と対比すれば理解しやすい。

5──不当利得

　最後に，不当利得である。たとえば，A所有の土地をBがBの土地であると思い込み，その土地にBの建物を建築したとする。この場合，Bは，法律上の原因なくして，不当な利得をしたことになる。この場合，Aは，Bに対して，不当利得返還請求権（債権）を取得する。したがって，不当利得は，債権の発生原因ということになる。不当利得には，きわめて多様なものがある。

第 **1** 章

契約の成立

● **本章で学ぶこと**

　私たちが「契約」をするのは，たとえば何か物を買いたい場合であろう。気軽に「契約」をすると言っているが，契約は一人ではできない。物を買いたい私に物を売ってくれる誰かがいなければならない。物を買いたい私と物を売りたい誰かがいてその物を売買する約束をしたとき，契約は成立する。「物を買いたい」という意思の表明（意思表示）を「申込み」と呼び，申込みに応じた「物を売りたい」という意思の表明（意思表示）を「承諾」と呼ぶ。

　契約が成立すれば，ようやく私は物を手に入れて自由に使用することができる。もちろんその代金を支払わなければならないが。言い方を換えれば，代金の支払いと引き換えに物を手に入れるために（その効果を目指して），私たちは契約をしている。

　契約によって，私たちはたいてい権利を得ることができるが，義務も負わなければならない。「契約は守られなければならない（*pacta sunt servanda* というラテン語の翻訳)」のであり，契約には拘束力があり，責任を伴う。

　本章では，まず，契約とは何か，契約を締結する際の基本原則を確認したうえで，さまざまな種類の契約があることを概観する。つぎに，契約はどのようにして成立するのかをみた後，申込みと承諾それぞれについてみていく。また，特殊な懸賞広告に関する規定や，2017年の民法改正により新設された定型約款に関する規定をみていく。

第1節 序　説

1——契約とは

　契約とは，約束の一種であるが，単なる約束とは違う。何が違うのか。たとえば，デートの約束を守らなかったとしても，恋人との関係が悪くなるだけである。しかし，契約を守らなかったら，裁判所に訴えて強制的に履行させることができる（また，損害賠償を請求することもできる）。つまり，最終的には司法の後ろ盾がついているのが契約である。

　ではどのような場合に契約は成立するのか。ある人が法律効果の発生を望む意思を表明し，別の人も同じ法律効果の発生を望む意思を表明した場合に，2人以上の意思表示が合致すること，すなわち「**合意**」により契約は成立する。「法律効果」の発生を望む意思の表明を「意思表示」と呼ぶ。意思表示については民法総則の復習が大切である（→新プリメール民法1第5章）。契約が成立すれば，自分たちが望んだとおりの内容の法律効果が発生する。これこそが契約の持つ最大の効用である。

2——契約自由の原則

1 近代私法の大原則

　人は契約にあたり，自らの意思に基づいて，自由に契約を締結し，法律効果を得て，自らの権利義務関係を作り出すことができる。これを**契約自由の原則**と呼ぶ。人は自らの私的な関係を自ら治めることができるという意味での**私的自治の原則**を基礎とする。現代では当たり前のようであるが，身分により拘束されていた封建社会を打破した近代市民社会において確立された原則である。その裏面において，国家は契約にむやみに干渉してはならないという意味を含む。

　民法は，法令に特別の定めがある場合を除き，①契約をするかどうかを自由に決定することができること（**契約締結の自由**。521条1項），②契約の成立には，書面の作成その他の方式を具備することを要しないこと（**契約方式の自由**。522条

□ WINDOW 1-1　　　　　　　　　　　　　　　　　　　　　　　　　　◀◀

クーリング・オフ

　クーリング・オフ (cooling-off) は，契約の申込みまたは契約締結の後，契約書面を熟読することにより，消費者に契約について再考するための一定期間を認める制度である。この語は，英米法の cooling-off period（頭を冷やす期間）に由来する。消費者は，この期間内に限り，理由を問われることなく，また，何らの不利益を被ることなく，申込みの撤回または契約の解除をすることができる。意思に基づいて契約をしたのに，自由に解除ができるというのは「契約の拘束力を無視している！」といえるだろうか。契約が締結される場面を想像してみよう。訪問販売などでは営業マン等の巧妙な販売手法や不意打ち的な訪問を受けて，十分考えたうえでの冷静な判断が行われないことが多いので，消費者の意思をむしろ保障するために存在する制度といえよう。とくに悪質事業者からの強引な勧誘に対しては，クーリング・オフは最も有効な対抗手段となっている。現在，特定商取引法により，訪問販売のみでなく，電話勧誘販売，連鎖販売取引（いわゆるマルチ商法），特定継続的役務提供（エステ，語学教室，塾など），業務提供誘引販売取引（いわゆる内職商法，モニター商法），訪問購入にも，また，その他の法律においても（割賦販売法，宅地建物取引業法，金融商品取引法，保険業法など）クーリング・オフを認めることにより，契約締結に際しての消費者の熟慮が保障されている。

　2 項），法令の制限内において，③契約の内容を自由に決定することができること（**契約内容決定の自由**。521 条 2 項）を定める。

② 契約自由の制限

　しかし，資本主義社会の発展によって社会的不平等が拡大してくると，社会的・経済的強者だけが自らに有利となるように契約を締結し，社会的・経済的弱者は自らに必要な契約を締結できない，または不利な契約を押しつけられるようになった。そのため，現代では，契約当事者の自由が一方による専横と化さないよう，契約自由には法令により制限が加えられており，このことを民法も定めている（521 条 1 項・2 項・522 条 2 項）。

　たとえば，公共的・独占的事業や公益的業務（電気・ガス・水道の供給や医師の診療など）については契約締結の必要性の観点から，締約強制（契約の締結を強制すること）が行われており，先述①の契約締結の自由への制限となっている。商法や消費者法を中心として，証明の確実性や熟慮をさせるために書面作成が義務づけられ，②の契約方式の自由への制限となっている。また，労働法，経済法，社会法，消費者法の分野においては，契約内容が当事者一方にとって不当に不利益とならないように，③の契約内容決定の自由が制限されている。

3——契約の種類

　ここまで売買契約を例として述べてきたが，社会には売買契約以外に多種多様な契約が存在している。また，これら多種多様な契約は，いろいろな分類方法によって対比される。以下ではどのように分類されるのかみていこう。

1 典型契約と非典型契約

　民法に規定する13種類の契約，すなわち，贈与，売買，交換，消費貸借，使用貸借，賃貸借，雇用，請負，委任，寄託，組合，終身定期金，和解を，典型契約という（→詳細については第4章以下）。典型契約のことを，民法典上に名が有る契約という意味で，有名契約ともいう。famousという意味ではない。

　これに対して，典型契約以外の契約を非典型契約という。たとえば，宿泊契約，在学契約，出演契約，芸能・スポーツの専属契約，クレジット契約，リース契約など，現実取引で重要な多くの契約が非典型契約である。非典型契約のことを，民法典上に名が無い契約という意味で，無名契約ともいう。

2 諾成契約と要物契約

　当事者の意思の合致（合意）だけで成立する契約のことを，諾成契約という。これに対して，合意のほかに，目的物の引渡しがあってはじめて成立する契約のことを，要物契約という。典型契約のうち，消費貸借の契約だけが要物契約とも諾成契約ともなりうる（587条・587条の2）。その他の典型契約はすべて諾成契約である。

3 有償契約と無償契約

　契約当事者が互いに対価関係にある経済的出捐をなす契約を，有償契約という。これに対して，契約当事者の一方のみが経済的出捐をなす契約を，無償契約という。

　典型契約のうち，売買，交換，賃貸借，雇用，請負，組合，和解の7種類の契約は，つねに有償契約であり，贈与，使用貸借の2種類の契約は，つねに無償契約である。

　消費貸借，委任，寄託および終身定期金の4種類の契約は，場合によって，有償契約のこともあれば無償契約のこともある。すなわち，利息付きの消費貸借，報酬を支払う委任，報酬を支払う寄託，対価のある終身定期金は有償契約

であり，無利息の消費貸借，無報酬の委任，無報酬の寄託，対価のない終身定
期金は無償契約である。

4 双務契約と片務契約

契約の成立後において契約の両当事者が対価的な性質を有する債務を負担す
るか否かによって，双務契約と片務契約とに分類される。対価的な性質を有す
る債務を負担する場合が双務契約であり，そうでない場合には片務契約である。

双務契約か片務契約かという分類は，有償契約か無償契約かという分類と，
対価に着目しているという共通点から，基本的に一致する。しかし，着目して
いるのは債務か経済的出捐かという相違点から，一致しない場合もある。すな
わち，要物契約としての消費貸借は，有償契約（利息付き）である場合でも，貸
主は契約成立時にすでに目的物の引渡しを終えており債務を負わないため，片
務契約である。

第2節　契約の成立

契約が成立すれば，自分たちが望んだとおりの内容の法律効果が発生する。
もちろん，契約は1人ではできない。2人以上で，同じ法律効果を望み互いに
了解したとき，すなわち「合意」があったときにはじめて成立する。では，ど
のようにして成立するのか。

1 申込みと承諾

民法522条1項は，契約の内容を示してその締結を申し入れる意思表示すな
わち申込みに対して相手方が承諾をしたときに，契約は成立すると定める。つ
まり，申込みと承諾という意思表示の合致＝合意だけで契約は成立する。これ
は契約が成立する通常の過程であるため，「申込み」と「承諾」については後で
詳しく述べる（→第3節，第4節）。

2 交叉申込み

交叉申込みとは，当事者双方のそれぞれが偶然に相手方に申込みをし，その
内容が合致していた場合をいう。たとえば，Aがある絵画を10万円で売りたい
という手紙をBに出したところ，その手紙が届く前に，Bがその絵画を10万円

で買いたいという手紙をAに出した，というような場合である。

この場合，申込みと承諾があるのではなく，単に2つの申込みがあるだけだが，意思表示の内容は合致しており，当事者双方は契約の成立を望んでいるため，契約は成立する。

③ 意思実現

民法527条は，申込者の意思表示または取引上の慣習により承諾の通知を必要としない場合には，契約は「承諾の意思表示と認めるべき事実」があった時に成立すると定める。これを**意思実現**による契約の成立という。たとえば，お中元のための洋菓子詰合せ1箱の申込みを受けた店が，指定された者にこれを発送したような場合である。この場合には，承諾の意思は申込者に表示されているわけではないが，目的物を発送したという事実から承諾の意思は明らかであるため，契約は成立する（→WINDOW 1-2）。

④ 書面の作成

契約の成立には書面の作成などの方式は必要ではない（契約方式の自由。522条2項）。ただし，契約締結につき熟慮を要するなどの場合には，法令により一定の方式が要求される。

書面または電磁的記録によることが契約の成立要件とされているのは，典型契約のうち諾成契約としての消費貸借だけである（587条の2第1項・4項）。また，保証契約もこれが成立要件となっている（446条2項・3項）。贈与契約については，ドイツ・フランスなどにおいてその成立に書面が要求されているが，わが国では要求されていない。ただし，書面によらない贈与は，解除することができるとされ（550条），拘束力が弱められている。他方，使用貸借および無償寄託では，書面作成により解除することができないとされ，拘束力が強められている（593条の2・657条の2第3項）。このように無償契約では，書面の作成が契約の拘束力の強弱に関わる場合がある。

また，消費者法では，事業者側に契約書面の消費者への交付が義務づけられている（特定商取引法，割賦販売法など）。これも契約締結につき熟慮の機会を消費者に与えるためである。

⑤ 契約成立前の義務

ところで，契約が成立すれば当事者は権利を得て義務を負う。では，契約成

□ WINDOW 1-2

申込者による承諾擬制・送付け商法

　意思実現による契約成立とは異なり，申込者が「拒絶の通知がない限り承諾があったものとみなす」という通知をしても，単なる無視や沈黙だけでは，契約は成立しない。また，そのような条項は消費者契約法10条により無効とされうる。ただし，商人が平常取引を行っている者から，その営業の部類に属する契約の申込みを受けた場合に，遅滞なく諾否の通知を発しなかったときは，契約は成立したものとみなされる（商509条）。

　なお，契約も申込みもしていないのに商品が送られてくる「**送付け商法（ネガティブ・オプション）**」においても，相手からの申込みはあるが，これに承諾をする気がない者にとっては商品の扱いに困る迷惑行為でしかない。この問題に対しては，特定商取引法59条が，送付日から14日または商品引取請求日から7日が経過すれば販売業者は商品の返還を請求することができないと定めることにより対応している。

立前に，契約締結へ向けた交渉が続いているとき，当事者は何の義務も負わないのか。判例は，信義則（1条2項）に基づいて一定の義務を負うことを認めている。たとえば，契約の交渉段階で交渉を不当に破棄した場合や，契約当事者間に専門的知識等に著しい格差があるにもかかわらず重要な情報提供を行わなかった場合には，信義則に基づく注意義務や**説明義務**（**情報提供義務**）の違反に基づく損害賠償請求を認めている（最判昭59・9・18判時1137号51頁，最判平16・11・18民集58巻8号2225頁等→新プリメール民法3第2章）。学説においては契約締結上の過失（*culpa in contrahendo* というラテン語の翻訳）という言葉で説明されることもある。

第**3**節　申込み

1 申込みとは

　申込みとは，契約の内容を示してその締結を申し入れる意思表示である（522条1項）。たとえば，AがBに対して「この絵画を10万円で売りたいが買わないか」と言った場合である。これは他人に向けた意思表示であるが，特定人に対して行う必要はなく，不特定多数の人に対して行ってもよい。たとえば，店頭で正札をつけて商品を陳列することも申込みである。

② 申込みの効力発生

　申込みは，相手方の承諾を期待してなされるため，相手方がこれを了知できてこそ意味がある。したがって，意思表示の効力発生時期に関する一般原則（**到達主義**。97条1項）により，相手方に到達してはじめて，その効力を生ずる。**隔地者間**でも**対話者間**でも同じである。相手方が正当な理由なく到達を妨げたときは，通常到達すべきであった時に到達したものとみなされる（97条2項。最判平10・6・11民集52巻4号1034頁）。

③ 申込者の死亡・意思能力喪失・行為能力制限

　申込者が申込みの発信後に，死亡したとき，意思能力を喪失したとき，または行為能力の制限を受けたときでも，申込みの効力に影響はない（97条3項）。ただし，例外がある。申込者がその場合には効力を生じないとの意思を表示していたとき，または相手方が承諾を発信するまでにその事実の発生を知ったときは，申込みは効力を有しない（526条）。申込者の意思を尊重し，相手方の利益にも配慮した規定である。

④ 相手方の死亡・意思無能力・行為能力制限

　相手方が申込みの到達時に死亡していたときは，申込みは効力を有しない。また，相手方が申込みの到達時に意思能力がなかったとき，または未成年者もしくは成年被後見人であったときは，申込者は申込みの効力を相手方に主張することはできない（98条の2本文）。相手方に申込みを了知する能力がないためである。ただし，相手方の法定代理人が申込みを了知したときや，相手方が意思能力を回復し，または行為能力者となった後にこれを了知したときは，申込みの効力を主張することができる（同条ただし書）。

⑤ 撤回可能性

　申込みが相手方に到達するだけでは，まだ何ら法的効果は生じない。そのため，申込者に申込みを撤回することを認めてもよい。しかし，申込みが到達した相手方には，承諾して契約を成立させる期待が生じる場合もあるため，撤回が制限されることもある（→図表1-1）。

　(1)　**承諾期間の定めがある場合**　申込者は承諾期間内に申込みを撤回することはできない（523条1項本文）。ただし，申込者が撤回権を留保したときは，撤回することができる（同項ただし書）。

図表1-1　契約の申込みと懸賞広告

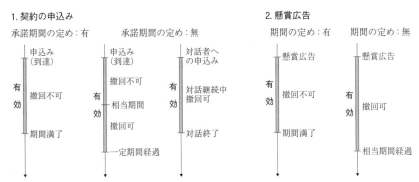

（2）**承諾期間の定めがない場合**　　相当期間内は申込みを撤回することはできない（525条1項本文）。相当期間を経過すると，申込みを撤回することができる。また，申込者が撤回権を留保したときも，撤回することができる（同項ただし書）。

　対話者間での申込みについては，承諾期間の定めがない場合，対話継続中はいつでも撤回することができる（525条2項）。対話においては意思の変化は通常であり相手方に上記のような期待が生じることもないからである。

6　申込みの効力（承諾適格）

　いったん申込みをすれば，その申込みはずっと効力を持ち続けるのだろうか。つまり，相手方はずいぶん後になってからでも承諾することができるのだろうか。この意味での申込みの効力を「承諾適格」と呼ぶ。

　（1）**承諾期間の定めがある場合**　　承諾期間内に承諾を受けないとき，申込みは効力を失う（523条2項）。承諾期間は申込みの有効期間とみることができるからである。

　（2）**承諾期間の定めがない場合**　　明文の規定はないが，撤回ができない相当期間より若干長い期間を経過した後は，申込みは効力を失うと解すべきである。いつまでも承諾できるとするのは妥当ではない（商508条1項参照）。

　対話者間での申込みについては，対話継続中に承諾を受けないときは，申込みは効力を失う（525条3項本文）。対話継続期間を申込みの有効期間とみることができるからである。もっとも，申込者が対話終了後も効力を失わないと表示

したときは，効力を失わない（同項ただし書）。

7 申込みの誘引

　たとえば，求人広告や通信販売での広告は，申込みに似ているが，申込みではない。申込みをするように勧誘しているにすぎず，申込みの誘引という。求人広告を見て，「働きたい」と言っても申込みにすぎないので契約はまだ成立しない。誰と契約するかが重要である場合や，注文が殺到して履行できなくなるおそれがある場合など，広告した人に承諾するかを決める自由を残す必要があるとき，「申込みの誘引」として申込みとは区別される。

 第**4**節　承　諾

1 承諾とは

　承諾とは，申込みに応諾することで契約を成立させる意思表示である。承諾の意思表示は，申込みの相手方により，申込者に対して行われなければならない。

　承諾は，申込みの効力（**承諾適格**）が存在する間に行われなければならない。したがって，遅延した承諾は承諾としては効力を持たない。しかし，申込者はこれを新たな申込みとみなすことができるため（524条），申込者がこれに承諾をすれば契約は成立することになる。

　承諾の内容は，申込みの内容と合致していなければならない。したがって，申込みの相手方が，申込みに条件を付けたり，その他変更を加えたときは，承諾ではなく，申込みを拒絶して新たな申込みをしたものとみなされる（528条）。

2 承諾の効力発生

　承諾があれば契約が成立するため，申込者がこれを了知できなければならない。したがって，意思表示の効力発生時期に関する一般原則（**到達主義**。97条1項）により，申込者に到達してはじめて承諾は効力を生じ，契約が成立する。**隔地者間**でも**対話者間**でも同じである。申込者が正当な理由なく到達を妨げたときは，通常到達すべきであった時に到達したものとみなされる（97条2項）。申込みの場合とルールは同じである。

第5節　懸賞広告

①懸賞広告とは

529条は，ある行為をした者に一定の報酬を与える旨の意思を広告の方法によって表示する行為を懸賞広告として定めている。たとえば，「行方不明になった愛犬を見つけ出してくれた方に，1万円の謝礼をお支払いいたします」というチラシを配布する場合が，これにあたる。

懸賞広告は，民法中の「契約の成立」で定められているため，これを契約の申込みとみて，**指定行為**をすることを承諾とみる見解もあった。この見解によれば，広告を知らずに指定行為をした者には承諾はありえないため，契約は成立せず報酬支払義務は生じないことになる。しかし，懸賞広告者には，愛犬の発見という広告の目的が達成される。529条も，指定行為をした者が広告を知っていたかどうかを問うことなく，その者に報酬を与える義務を負うと定める。したがって，懸賞広告は，指定行為がなされることを停止条件として報酬支払義務を負担する単独行為として理解することができよう。

②懸賞広告の撤回可能性

懸賞広告をするだけでは，まだ何ら法的効果は生じない。そのため，懸賞広告者に広告の撤回を認めてもよい。しかし，広告を知った者には，指定行為をして報酬を得る期待が生じる場合もあるため，撤回が制限されることもある。以下でみる529条の2・529条の3は，申込みに関する523条・525条の規定と基本的によく似ているが，懸賞広告者により広く撤回の可能性を認めている（→前掲図表1-1）。この場合には，申込みを受けた者の契約成立への期待ほど保護すべき期待は存在しないからである。

　(1)　**広告に指定行為をする期間の定めがある場合**　　懸賞広告者は期間内に広告を撤回することはできない（529条の2第1項本文）。ただし，広告において撤回権を留保したときは，撤回することができる（同項ただし書）。

　(2)　**指定行為をする期間の定めがない場合**　　指定行為を完了する者がいない間は，広告を撤回することができる（529条の3本文）。ただし，広告中に撤回しない旨を表示したときは，撤回することはできない（同条ただし書）。

(3) **撤回の方法**　撤回は，広告と同じ方法による場合には，撤回を知ったかどうかにかかわらず効力を有する。ただし，異なる方法による場合には，撤回を知った者に対してのみ効力を有する（530条）。撤回を知る可能性のある者にのみ撤回の効力が及ぶべきだからである。

③ 懸賞広告の効力

懸賞広告者は，指定行為を完了した者に対して，**報酬支払義務**を負う（529条）。ただし，広告に指定行為をする期間の定めがある場合は，その期間内に指定行為を完了する者がいないとき，広告は効力を失う（529条の2第2項）。この期間は広告の有効期間とみることができるからである。これに対して，指定行為をする期間の定めがない場合は，明文の規定はないが，相当期間経過後に広告は効力を失うと解すべき余地はあろう。

複数の者が指定行為を完了した場合には，広告中で別段の意思を表示していない限り（531条3項），つぎのようにして報酬請求権者を決定する。数人の者があいついで指定行為を完了した場合には，最初に完了した者のみが報酬請求権を取得する（531条1項）。また，数人の者が同時に指定行為を完了した場合には，全員が均等に報酬請求権を取得する（531条2項本文）。ただし，報酬がその性質上分割に適しないとき（たとえば，ネックレス，ハワイ旅行など），または広告で1人のみが報酬を受けるものとしていたときは，同時に完了した者の中から抽選で報酬請求権者を定める（同項ただし書）。

④ 優等懸賞広告

(1) **優等懸賞広告**　優等懸賞広告とは，広告で指定した行為をした者のなかで，優等者のみに報酬を与える懸賞広告をいう（532条1項）。たとえば，「会社キャラクターのデザインを募集します。最優秀作品の作者にはハワイ旅行をプレゼントします」というような新聞広告をする場合が，これにあたる。優等懸賞広告については，必ず応募の期間を定めなければならず，期間を定めなかったとき，その広告は無効である（532条1項）。

(2) **効　力**　報酬請求権は，指定行為を完了しただけでは発生せず，優等者であると判定されたときにはじめて発生する。

応募者の中で誰が優等者であるかを判定するのは，広告で定められた者である。その定めがないときは，懸賞広告者である（532条2項）。応募者は，判定

に対して異議を述べることができない (532条3項)。

　数人の行為が同等と判定された場合には，全員が均等に報酬請求権を取得する (532条4項による531条2項本文の準用)。ただし，報酬がその性質上分割に適しないとき，または広告で1人のみに報酬を与える旨を表示していたときは，同等と判定された者の中から抽選で報酬請求権者を定める (532条4項による531条2項ただし書の準用)。

 ## 定型約款

1 ── 約款をめぐる状況

① 約款の日常性

　約款という言葉は，日常生活のなかでもよく用いられている。ただ，約款が何を意味するのかが一般の人々に理解されているとはいえないのが現状であろう。従来から持たれてきたイメージとしては，約款とは「事業者によって多数取引のためにあらかじめ定型化された契約条件」と一応はいえようか。このような約款は，運送契約，旅行契約，保険契約，銀行取引，不動産取引などで，小さな文字で書かれた法律条文のようなものとして書面やネット上の画面で提示されるものから，靴修理預かり証，年賀状注文請け書のような小さな紙切れとして日常生活で頻繁に目にするものまで，さまざまな形で利用されている。

　たとえば，旅行代理店で2泊3日のパック旅行を申し込む際にパンフレットを見ていると最後のページに「旅行業約款」が小さな字で印刷されている。また，申込書にも同じものがあらかじめ印刷されている。そこには，個別の契約条件が列挙されており，たとえばキャンセル時の取消手数料が時期により区分されて記載されている (20日前までは無料だが，その日を過ぎると旅行代金の20%〜全額など)。

　大量取引が行われる現代社会においては，約款は必要不可欠の存在となっており，あらかじめ契約条件が定めてあるため取引は効率的になり，法的な予見可能性にも資することになるという利点がある。

2 約款の問題性

たしかに約款を作成したり，その利用を提案する契約当事者（以下では約款準備者という）にとっては，約款による利益は大きい。しかし，その相手方にとってはどうだろうか。約款準備者が自己に有利な内容としていたとしても，契約当事者間の力関係に格差があるときは，相手方は約款に従わざるを得ない。相手方も約款の内容形成に関与できればよいが，通常はそれができないのが現実である。加えて，約款の字は小さくその内容も複雑であるため，力関係において劣位にある相手方にとっては，約款の内容を認識し理解することはとても難しい。そのため，約款による契約のことを，契約当事者の一方が契約内容を事前に画一的に決定し，他方の当事者はその内容について交渉することなく承諾する（附合する）ことによって成立するという意味で，附合契約（contrat d'adhésion というフランス語の翻訳）とも呼ばれる。

このような約款を取り巻く状況から，相手方にとっては「そんな約款は知らない」とか，「そんな不当な内容の条項には納得できない」という問題が生じることになる。まず，約款が利用される契約においても，私たちが約款という契約条件に拘束される根拠は，原則として合意にあるはずである。したがって，約款であっても合意が認められるかどうかが重要となる。さらに，約款中の不当な内容の契約条項であっても私たちを拘束するのかが問題となる。

3 法律による規制

上記の旅行業約款や運送約款などは，**旅行業法**や**道路運送法**などの法律による規制をすでに受けている。すなわち，約款は所管省庁による認可を得なければならないが，省庁が見本として定める標準約款に基づいて作成された約款は認可を得たものとされる。このようにして，大量取引が行われる特定の取引分野では，取引の公正を維持するために，約款に関して行政による規制が一定の役割を果たしている。しかし，約款がその当事者にもたらす基本的かつ重要な効果である民事効果（権利義務の変動）については何ら規制していない。もちろん，**消費者契約法**などは，消費者の利益を一方的に害する契約条項などを無効とする。ただ，同法も「約款」を規制対象とするものではなく，また消費者契約にその適用対象は限定されている。

□ WINDOW 1-3　◀◀

約款規制の方向性

　定型約款に関する規定は，2017年の民法改正により新たに導入された規定である。従来から約款については規制を求める声が強かった一方で，経済界からの反対も根強く，双方の折り合いを付ける形での法改正となった。

　約款規制に関してはわが国において外国法（とくにドイツ法）研究を基礎とした重厚な研究の蓄積があり，概ね，以下のような方向性が目指されていた。第1に，規制対象となる約款については，「大量取引のためにあらかじめ作成され約款準備者により提示された契約条件」という客観的基準により定義されることが望ましいこと，第2に，約款の解釈については作成者不利の原則などが妥当すること，第3に，約款が契約内容に組み入れられる（合意として認められる）ための要件として，約款を用いることの合意と約款準備者によるその内容の開示を要すること，および，とくに異例な条項（不意打ち条項）は契約内容から排除すること，第4に，約款の内容が不当な場合にはそれは無効であること，である。定型約款に関する規定は，このような方向性から大きく外れる内容となっており，厳しく批判されている。ただ，法の解釈に委ねられている部分も多いため，せっかくできた約款法を適切に運用することが望まれよう。

④ 民法の規定

　2017年の民法改正により新設された**定型約款**に関する規定（548条の2～548条の4）は，消費者契約のみでなく契約全般を適用対象とし，かつ，「約款」に焦点を当てたものとして，注目されるべき規定である。その規定内容は，一定の約款について定型取引における「定型約款」との名称でもって定義し，そこに含まれる契約条項についての合意を認めるにあたり，特別の要件を定める。以下では，民法における定型約款に関する規定を詳しくみていく。

2──定型約款の定義

① 定型取引と定型約款

　548条の2第1項は，定型取引を，「ある特定の者が不特定多数の者を相手方として行う取引であって，その内容の全部又は一部が画一的であることがその双方にとって合理的なもの」として定め，定型約款を，「定型取引において，契約の内容とすることを目的としてその特定の者により準備された条項の総体」として定める。たとえば，旅行契約，運送契約，保険契約，銀行取引などが定型取引にあたり，旅行業約款，運送約款，保険約款，預金規定などが定型

約款にあたる。

② 定型約款とは

①ある特定の者が不特定多数の者を相手方として行い，かつ，②その内容の全部または一部が画一的であることが双方にとって合理的である定型取引において，③特定の者が契約の内容とすることを目的として準備した条項の総体が，定型約款である。以上の①ないし③の要件を満たす場合に，定型約款が認められることになる。

まず，**①不特定多数者性**については，相手方の個性に着目した取引であるかどうかが基準となる。労働契約において利用される契約書のひな型はこの要件を満たさないことになる。

次に，**②内容画一性の合理性**については，相手方が交渉を行わず一方当事者が準備した契約条項の総体をそのまま受け入れて契約締結に至ることが合理的であるかどうかが基準となる。多数の人々にとって生活上有用性のある物やサービスが平等な基準で提供される取引や，提供される物やサービスの性質や取引態様から多数の相手方に対して同一の内容で契約を締結することがビジネスモデルとして要請される取引がこれにあたる。これに対して，交渉力の格差により画一的な内容となっている場合には合理的とはいえないこともありうる。事業者間取引であっても，たとえば，一般に普及している預金規定やソフトウエアの利用規約の場合には，内容が画一的であることが合理的といえようが，製品の原材料の供給契約の場合には，内容の画一性が交渉力の格差により強いられており合理的でないこともありえよう。

また，**③個別条項を契約内容化の目的をもって準備したこと**が必要である。そのような目的を持たないにもかかわらず，以下でみる個別条項についての合意を擬制する必要はないからである。

以上の要件を満たす定型約款であることを前提として，548条の2ないし548条の4は，定型約款に含まれる個別条項が合意されたといえるための要件，その限界，内容の表示の要求，変更の要件を定める。

なお，定型約款の定義に当てはまらない約款もあるが，そのような約款については，従前の約款規制に関する規律が妥当することになる。従前から，約款によるとの相手方の同意がなければこれに拘束力は認められないとの考え（契

約説）が有力である。判例（大判大4・12・24民録21輯2182頁）も，当事者の「約款によるとの意思」を拘束力の根拠とするものと解される。民法も定型約款について原則として契約説に立つことを明らかにしているといえよう（548条の2第1項1号参照）。

3 ——個別条項の合意擬制

548条の2第1項は，定型取引を行うことの合意（定型取引合意）をした者は，一定の場合には，**定型約款の個別の条項についても合意をしたものとみなす**と定める。定型取引および定型約款の特殊性を理由とする規定である。

① 定型約款の合意または表示あるとき

一定の場合とは，①定型約款を契約の内容とする旨の**合意**をしたとき（1号），および②定型約款を準備した者（定型約款準備者）があらかじめその定型約款を契約の内容とする旨を相手方に**表示**していたとき，である。①は，定型約款を包括的に契約の内容とする合意がある場合には，そこに含まれる個別条項についての合意を認めるという意味を持つ。定型約款の内容に拘束される根拠は意思にあることを明らかにしたものである。また，②は，契約当事者が一方的に定型約款を契約の内容とする旨を相手方に表示するだけで，個別条項の合意を擬制するという点で，①よりも合意擬制の要件を緩和している。

すでに述べたように，合意とは，法律効果の発生に向けた契約当事者双方の意思表示の合致である。したがって，個別条項が定める法律効果の発生に向けた合意があるときに個別条項の合意が認められるのが原則である。では，上記①および②の場合に合意が擬制される根拠はどこにあるのか。まず①においては，相手方は個別条項が定める法律効果の発生に向けた意思を具体的には持たないとしても，個別条項の総体としての定型約款が定める法律効果の発生に向けた意思と，定型取引の合理性とが根拠となり，個別条項は合意されたとみなされる。他方，②においては，あらかじめ定型約款を契約の内容とする旨の表示があったうえで定型取引を合意した場合が想定されているため，相手方がそれに異議を唱えたときはそもそも取引は成立しない。取引が成立しているのであれば定型約款を契約内容とするとの相手方の黙示の意思があるとみることができ，これを合意擬制の根拠とみることができよう。したがって，「表示」と

は，定型約款を契約の内容とすることについて相手方に認識可能とさせる程度のものが必要であり，単なる店舗での掲示では不十分であろう。

② 公表あるとき

なお，相手方への表示が困難な取引でも，定型約款によって契約の内容が補充されることをあらかじめ**公表**していた場合には，合意擬制を認めるべき一定の取引がありうる。たとえば，改札を通りICカードなどで料金を支払って電車に乗るときを思い浮かべてみよう。このとき，相手方の姿は見えないが私たちは鉄道会社を相手方として取引（契約）を行っている。鉄道・軌道・バス等による旅客の運送にかかる取引，高速道路等の通行にかかる取引，電気通信事業関係の取引等は，定型取引であり定型約款が用いられているが，取引自体の公共性が高く，合意擬制の必要性が高いため，厳格に表示を要求することなく定型約款の内容を契約内容とすることが，利用者の利益に資することになる。そのため，これらの取引に関しては，548条の2第1項1号の適用について，「表示していた」を「表示し，又は公表していた」とするとの特例規定が設けられている（鉄道営業法18条の2，電気通信事業法167条の2など）。したがって，定型約款を契約の内容とすることについて個別の「表示」がなくとも，「公表」されていれば個別条項についての合意が擬制される。

4——合意からの除外

548条の2第1項の適用があれば，定型約款中の個別条項について合意をしたとみなされるのであるが，同条2項により，その中の不公正な個別条項については，合意しなかったとみなされる。すなわち，「相手方の権利を制限し，又は相手方の義務を加重する条項であって」（前段要件），「その定型取引の態様及びその実情並びに取引上の社会通念に照らして第1条第2項に規定する基本原則に反して相手方の利益を一方的に害すると認められるもの」（後段要件）については，**合意をしなかったものとみなす**と定める。規定の趣旨は，定型約款に関わり個別条項について認識し熟慮している可能性は低く，個別条項の総体たる定型約款の中には，不公正な個別条項が紛れ込む可能性も高まるため，不公正な個別条項についての審査が要請されるという点にある。その要件は消費者契約法（消契法）10条に酷似しているが，対象が「消費者契約の条項」と「定

消費者契約法による契約条項規制と定型約款

　消費者契約法（消契法）は，消費者と事業者間での消費者契約について，消費者と事業者間での情報・交渉力格差を理由に，事業者の不当な行為により消費者の意思決定が歪められた場合に取消権を認めたり（消契4条），不公正な内容の契約条項が無効であることを定める（消契8条ないし10条）。また，そのような不当な行為や不公正な契約条項使用の差止請求権を適格消費者団体に認めている（消契12条）。

　民法548条の2第2項は，契約条項の無効を定める消契法10条によく似ている。たしかに，双方の規定は適用対象において差はある。ただ，その他の要件においてよく似ているため，548条の2第2項により個別条項について合意があったとみなされない場合に，消契法10条によっても同条項が無効とされる場合も生じうる。この場合，合意がないとされる契約条項について，消契法の無効を前提として認められる差止請求は可能であるかが問題となり得る。しかし，合意がないとされる契約条項について，消契法による無効という評価は論理的に不可能であるため，差止請求も不可能であるとの帰結は，形式的に過ぎる。差止請求は消契法により無効と評価される契約条項の使用を事前または事後に予防する趣旨で認められるため，民法により合意がないと評価されることは，差止請求の障害とはならないと解すべきである。

型約款の個別条項」とで異なるし，また，法律効果も「無効」か「合意否定」かという点で異なっている。以下では，前段要件と後段要件に分けてみていく。

１ 権利制限または義務加重（前段要件）

　個別条項が「相手方の権利を制限し，又は相手方の義務を加重する」ことについて，「（条項を例示して）法令中の公の秩序に関しない規定の適用による場合に比して」という文言がない点を除けば，**消費者契約法10条**前段要件と同じ内容が規定されている。消契法のように比較の対象を定めていないが，「当該条項がない場合に比して」あるいは「当該条項がない場合には発生する」「権利を制限し，又はその場合に負担する義務を加重する」と解すべきである。消契法10条前段要件についても同様に解釈されているため，内容において違いはないことになる。

２ 信義則に反して利益を一方的に害すること（後段要件）

　「その定型取引の態様及びその実情並びに取引上の社会通念に照らして」という文言が付加されている点を除けば，消契法10条後段要件と同じ内容が規定されている。そもそも，548条の2第2項は，定型約款についての包括的な合意等により全個別条項の合意を擬制するとしても，不公正な個別条項は合意か

ら除外する旨を定めており，合意から除外する際の基準として，「その定型取引の態様及びその実情並びに取引上の社会通念に照らして」判断すべきことを規定している。そのため，内容の不公正さのみでなく，取引態様等の不公正さに基づき，合意から除外される個別条項もありうることは明らかである。たとえば，一方当事者にとって不利な内容の個別条項は，このことが明示されていない場合には（いわゆる「不意打ち条項」），合意から除外されることになる。同様の結論は従来から最高裁によっても認められている（最判平17・12・16判時1921号61頁）。したがって，後述するように548条の3によれば定型約款の内容表示は相手方の請求がない限り合意擬制の要件とならないが，548条の2第2項により相手方に不利な内容の個別条項については，事前の内容表示がないときは合意から除外されうると解されよう。

5 ──定型約款の内容表示

548条の3は，定型約款準備者は，相手方から請求があったときは，定型約款の**内容を表示する義務を負う**と定める。548条の2による個別条項の合意擬制については，個別条項（定型約款の内容）を表示すること（内容開示）は，原則として要件とはされていない。合意擬制の前提として，相手方が内容の認識を重視していないことが推定されているからである。これに対して，認識を重視する場合は内容表示を請求するであろう。したがって，内容表示の請求があったときは，定型約款準備者は内容表示の義務を負うことになり，内容表示が合意擬制の要件となる。

① 請求に基づく内容表示義務

相手方からの請求については，期間が制限されており，定型取引合意の前または定型取引合意の後相当の期間内に請求があることを要する。適時の請求があったとき，定型約款準備者は，遅滞なく，相当な方法で，その定型約款の内容を示さなければならない（548条の3第1項本文）。相当な方法としては，定型約款を記載した書面の交付，またはこれを記録した電磁的記録の提供（同項ただし書参照）のほかに，口頭での説明でもよい。なお，相手方に請求を期待できることが前提となる。そのため，インターネット取引で内容表示の請求の仕方が不明であるなど，相手方に請求を期待できないような場合には，請求がな

くとも内容表示義務を負うと解すべきである。

② 書面交付等

　定型約款準備者がすでに相手方に対して定型約款を記載した書面を交付し，またはこれを記録した電磁的記録を提供していたときは，**内容表示義務は負わない** (548条の 3 第 1 項ただし書)。書面の交付等ですでに表示がされているからである。

③ 請求拒絶

　定型約款準備者が定型取引合意の前において相手方の請求を拒んだときは，548条の 2 は適用されない (548条の 3 第 2 項本文)。その意味は，請求があったときは内容表示が合意擬制の要件となるため，**内容表示がないときは合意擬制がないと解すべきである**。したがって，相手方の請求を拒む意思の通知は必要ではなく，請求があるにもかかわらず適時に表示がされないことで足る。ただし，一時的な通信障害が発生した場合その他正当な事由がある場合は，請求拒絶とは認められず (同項ただし書)，548条の 2 の規定が適用される。

　なお，請求拒絶が定型取引合意の後であったときは，2 項本文の適用はないため請求拒絶が合意擬制の障害とはならない。しかし，内容表示義務は契約上の義務であるため，債務不履行に基づく諸権利が認められることになる。また，定型約款準備者が正当な理由なく内容表示の請求を拒絶したにもかかわらず個別条項を援用することは，信義則により許されないと解されよう。

6 ── 定型約款の変更

　548条の 4 は，定型約款準備者が定型約款の変更をするとき，一定要件のもと，変更後の定型約款の条項について合意があったものとみなし，個別に相手方と合意をすることなく契約の内容を変更することができると定める。また，同条は，この場合に変更の効力発生時期を定める義務，変更に関する事項を周知する義務を負うことを定める。

① 変更後の条項の合意擬制

　定型約款準備者が定型約款の変更をするとき，定型約款の変更が，①相手方の一般の利益に適合する場合 (548条の 4 第 1 項 1 号)，または，②契約をした目的に反せず，かつ，変更の必要性，変更後の内容の相当性，この条の規定によ

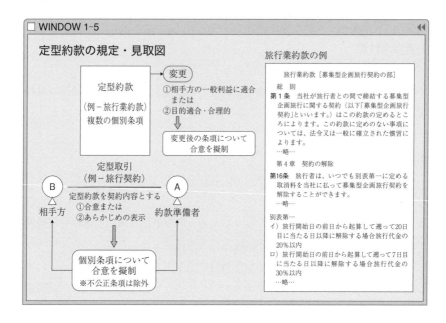

□ WINDOW 1-5

定型約款の規定・見取図

り定型約款の変更をすることがある旨の定めの有無およびその内容その他の変更に係る事情に照らして合理的なものである場合（同項2号）は，**変更後の定型約款の条項について合意があったものとみなす**。①については，相手方の利益保護を目的としている。また②についても，変更が契約をした目的に反せずかつ合理的であるときは，相手方の利益保護も可能であるという考慮による。

　合理的かどうかの判断においては，**変更条項**の有無およびその内容が考慮される。たとえば，変更の対象や要件等を具体的に定めた変更条項が定型約款中にある場合に，その変更条項に従った変更をすることは，合理的であるとの判断の一要素となろう。その他，相手方に解除権を認めるなどの措置が講じられていることや，個別の同意を得ることの困難さなどが考慮される。

　なお，②については，後述のように，変更にかかわる周知をしなければ，変更の効力は生じない（548条の4第2項および第3項）。相手方の利益保護を考慮した規定である。

2 変更の効力発生時期を定める義務・変更についての周知義務

　定型約款準備者は，定型約款変更の効力発生時期を定める義務，および，定型約款を変更すること・変更後の定型約款の内容・その効力発生時期をイン

ターネットの利用その他の適切な方法により周知する義務を負う (548条の 4 第 2 項)。

　定型約款については定型取引で用いられておりその相手方も多数にのぼるため，周知するという文言が用いられているが，その意味は，定型取引の相手方が知りうる状況にすることである。適切な方法とは，定型取引の相手方が知りうる状況にするという目的を達することができるのであれば，手紙類の郵送・配送でも，テレビ・新聞による広告でもよい。

③ 義務違反の効果

　548条の 4 第 1 項 2 号により変更後の定型約款の条項についての合意が擬制される場合 (上記②) については，とくに相手方の利益に配慮した規定が置かれている。その場合には，定型約款の変更は，その効力発生時期までに同条 2 項の周知をしなければ，**効力を生じない** (同条 3 項)。

　1 号の場合 (上記①) は，変更が相手方の一般的な利益に適合する場合であるため，周知がなくとも，効力に影響はないのか。周知義務は契約上の義務であるため，債務不履行に基づく諸権利が認められる。また，相手方が変更を知りうる状況にもなく，相手方の個別的な利益に反していた場合には，信義則により，定型約款準備者は約款の変更を主張することができないと解する余地はあろう。

④ 548条の 2 第 2 項の不適用

　548条の 4 第 1 項により合意が擬制されて変更された個別条項については，548条の 2 第 2 項は適用されない (548条の 4 第 4 項)。上記のように548条の 2 第 2 項は，同条 1 項により合意が擬制された個別条項について，それが不公正であるかを審査するものである。

　定型約款の変更については，上記のように548条の 4 第 1 項 1 号および 2 号が合意擬制のために厳格な要件を定めている。この要件は実質的に548条の 2 第 2 項の要件よりも厳格な定めとなっているため，変更の場面では，同規定によらない旨を確認するものである。

　もっとも，定型約款中に定型約款準備者が相手方との個別の合意なく定型約款の変更をすることができるとの条項 (**変更条項**) があるとき，この変更条項には，548条の 2 第 2 項は適用される。

第 **2** 章

契約の効力

●本章で学ぶこと

売買契約が成立すれば，私たちは代金を支払わなければならないが，物を手に入れて自由に使用することができるはずである。まさに，契約をすることで私たちが目指した目的を実現できるはずである。契約をすることで物の所有権も手に入れることができる。ただ，目的を実現するには相手に物を引き渡してもらう必要がある。そのための手段として私たちは物の引渡請求権（債権）を得て，代金支払義務（債務）を負う。

つまり，契約が成立すれば，所有権などが移転するだけではなく，債権・債務も発生するのである。そのため，契約は民法第三編債権において事務管理・不当利得・不法行為と並ぶ「債権の発生原因」の1つ（最も重要なものであるが）として定められている。

ただ，民法533条以下の「契約の効力」においては「債権・債務の発生」は定められていない。定められているのは，「同時履行の抗弁権」・「危険負担」・「第三者のためにする契約」の3つである。

本章では，契約成立によって物の所有権などが移転することや，債権・債務が発生することを念頭に置いたうえで，上記3つの事項について学ぶとともに，契約の効力として生じる「契約上の地位」の「移転」についても学ぶ。

第1節 序 説

契約は，当事者が法律効果を望んで締結し，成立する。したがって，契約の本体的効力は，当事者が望んだ法律効果の発生つまり権利義務の変動である。たとえば，売買契約では，目的物所有権が売主から買主に移転する（176条参照）とともに，買主には売主に対して目的物を自分に引き渡せと要求することができる債権が発生し，売主には買主に対して売買代金を自分に支払えと要求することができる債権が発生する。言い方を換えれば，売主には買主に対して目的物を引き渡さなければならない債務が発生し，買主には売主に対して売買代金を支払わなければならない債務が発生するということである。このように，債権と債務は表裏一体であるが，債務の側からみて「契約は拘束力を持つ」といわれる。

ただ，民法はこのような契約の本体的効力について定めていない。民法533条から539条までの規定には，「契約の効力」という表題が付けられているが，その内容は，同時履行の抗弁権・危険負担・第三者のためにする契約，という3つに限られている。いずれも特別な場合に認められる効力ではある。

第2節 同時履行の抗弁権

① 同時履行の抗弁権とは

533条は，双務契約の当事者は，相手方がその債務の履行を提供するまで，自己の債務の履行を拒むことができると定める。たとえば，パソコンの売買契約で買主は売主がパソコンを引き渡すまで代金10万円の支払いを拒むことができる。双務契約の当事者が持つこのような権能を，「私の債務履行はあなたの債務履行と同時にするものです」という意味で，同時履行の抗弁権という。

双務契約においては，自分が債務を履行するのは，相手に債務を履行してほしいからである。たとえば，上記の例で10万円を相手に支払うのは自分がパソコンを手に入れたいからである。このような双務契約上の双方の債務の関係

□ WINDOW 2-1

事情変更の法理

　事情変更の法理とは，契約の成立後，その基礎となった事情が大きく変わり，当初の契約内容に当事者を拘束すれば，一方当事者に過酷なものとなる場合に，その契約内容の改訂または解除が認められるという法理をいう。

　ヨーロッパにおいては，「*clausula rebus sic stantibus*（事情がそのまま存続するならば，という条項）」として知られていたものである。すなわち，すべての契約は，契約締結時の事情がそのまま存続するならば効力があるという条項を暗黙のうちに含んでおり，したがって，後に事情が変更すれば契約は拘束力を失うという法理である。

　事情変更の法理を定める明文規定はないが，これに基づいているかのような規定は，いくつか存在する（609条・610条・628条・683条，借地借家11条・32条，身元保証4条など）。判例も，信義則（1条2項）に依拠して事情変更の法理による契約解除権を認めている（最判平9・7・1民集51巻6号2452頁など。ただ，実際に解除を認めたのは大判昭19・12・6民集23巻613頁のみである）。

を，牽連関係という。したがって，公平の観点から自分だけが債務を履行して相手は債務を履行しないことを防ぎ，また，相手の履行を促す機能も果たす。実際には，同時履行の抗弁権は，債権者が債務者に対して債務の履行を請求してきたときに，債務者が履行を拒絶するという形で行使されることになる。これと同じ機能を，物権である**留置権**も果たしている（→新プリメール民法2第9章）。

2 同時履行の抗弁権の効力

　533条が定める「自己の債務の履行を拒むことができる」というのは，何を意味するのか。履行を拒絶することができるというのは，不履行に基づく責任を負わないということは意味するであろう。それでは，いつからか。これについては学説において，①同時履行の抗弁権は債務者の行使をまたずとも，それが存在するだけで一定の効果を持つとする考え方（存在効果説）と，②権利の行使によりはじめて効果を持ち，行使がない限り効果は生じないとする考え方（行使効果説）が対立してきた。①は同時履行の抗弁権を債務間の牽連性から債務のうちにある制約としてみるものであり，②は履行を拒絶するかどうかの決定を債務者の意思に委ねるものとして理解する。

　判例によれば，同時履行の抗弁権が存在するだけで一定の効果を持つとされる。これを行使しなくても，債務者は債務を履行しないことにより履行遅滞の

責任を負わず（大判大2・12・4民録19輯993頁），契約を解除されることもなく（大判大10・3・19民録27輯563頁），また，債権者は，債務者が同時履行の抗弁権を有する債権を自働債権として，債務者に対して自分が負担する別の債務と相殺することはできない（大判昭13・3・1民集17巻318頁）。

　なお，裁判において履行請求に対して同時履行の抗弁権が行使された場合には，単純な給付判決ではなく，たとえば売買代金の履行請求では，「△△の引渡しと引換えに○○円支払え」という内容の**引換給付判決**が下される（大判明44・12・11民録17輯772頁）。

③ 同時履行の抗弁権の要件

　上記のような効力を持つ同時履行の抗弁権は，以下の要件を満たしたときに認められる（533条）。

　(1)　**自己の債務と相手方の債務が同一の双務契約から生じていること**　　同時履行の抗弁権が成立するためには，同じ双務契約から生じた債務が自己と相手方に存在することが必要である。動産の売買では，売主の目的物引渡債務と買主の代金支払債務とがこれにあたる。不動産の売買では，売主の移転登記義務と買主の代金支払債務とがこれにあたる。請負契約では，注文者の報酬支払義務に対して，請負人の仕事完成債務は先履行の関係に立つが，目的物引渡債務は同時履行の関係に立つ。

　債務または債権者や債務者に変更がある場合でも，**債務の同一性が維持されているとき**は，同時履行の抗弁権を主張することができる。双務契約から生じた相手方の債務が，履行に代わる損害賠償義務や追完に代わる損害賠償義務となった場合でも，債務の同一性は維持され，同時履行の抗弁権は存続する（533条本文括弧書）。たとえば，売買契約で売主が目的物を引き渡さないために履行に代わる損害賠償義務を負うとき（415条2項），この義務は買主の代金支払債務とは同時履行の関係に立ち続ける。また，売買代金債務を消費貸借上の債務に改めた場合（準消費貸借）にも，同時履行の抗弁権は存続する（最判昭62・2・13判時1228号84頁）。

　また，一方の債権が譲渡されて債権者に変更がある場合でも，債務の同一性が維持されているので，債務者は，債権の譲受人に対して同時履行の抗弁権を主張することができる。他方，更改の場合には，旧債務は消滅し，債務の同一

□ WINDOW 2-2

不安の抗弁権

　たとえば，売買契約締結の際には，売主Ａが先に目的物を引き渡し，買主Ｂが後に代金を支払うべき旨が定められたが，売買契約締結後，買主Ｂの資産状況が急激に悪化しはじめたという場合に，Ａは無条件に先履行しなければならないとするのはＡにとって酷である。そのため，双務契約の一方の当事者が先履行義務を負っている場合でも，相手方が後に行う反対債務の履行を得られないおそれ（不安）があるときは，相手方が弁済の提供や担保の提供を行うなどして履行を得られないおそれを解消しない限りは，債務の先履行を拒むことができる，と考えられている。このような権利は「不安の抗弁権」と呼ばれており，明文規定はないが下級審裁判例では認められてきた。

性が維持されていないので，同時履行の抗弁権は消滅する。

　(2)　**相手方の債務が履行期にあること**（533条ただし書）　自己の債務が履行期にあるが相手方の債務が履行期にないときは，自己の債務の履行を拒絶することはできない。つまり，両債務の履行期が異なるときは，一方の当事者は**先履行義務**を負うため，その者は同時履行の抗弁権を持たない。では，先履行義務を負う者が履行を遅滞している間に，相手方の債務の履行期が到来した場合にはどうか。この場合には，原則として同時履行の抗弁権を認めるのが有力説である。たとえば，不動産の売買契約で，代金支払前の登記移転を合意していたが，登記移転を遅滞し，代金支払期が到来した場合には，売主は同時履行の抗弁権を主張して登記移転を拒絶することができることになる。もちろん，先履行義務者はその遅滞について損害賠償責任を負うことになる。

　(3)　**相手方が債務の履行または履行の提供をしていないこと**　相手方が債務の履行をすれば，同時履行の抗弁権は消滅する。では，相手方が一度**履行の提供**（弁済の提供）をしただけでも，消滅するのか。これにより先履行を強いられるのではないかとの疑念が生じる。判例は，履行の提供があっても，その提供が継続されない限り同時履行の抗弁権は消滅しないとしてこの問題に対処している（最判昭34・5・14民集13巻5号609頁）。

　それでは，履行または履行の提供が一部であったり，不完全である場合にはどうなるのか。代金債務など自己の債務が可分であるときは，債務の本旨に従った履行があった限度で，同時履行の抗弁権は消滅する。なお，履行されていない部分が僅少であれば，同時履行の抗弁権は全体について消滅する。これ

□ WINDOW 2-3

同時履行の抗弁権と留置権

　同時履行の抗弁権は，自らが持つ債権の履行を担保するため，自らが負担する債務の履行を拒むことができる権能であり，担保物権である留置権と類似した性質を持っている。実際にも，同一人が，両方の権利を有する場合が多い。たとえば，時計店に時計が修理に出された場合には，時計店は自らの修理代金債権を担保するために，修理代金が支払われるまで，時計の引渡しを拒絶することができる。この権能の性質は，同時履行の抗弁権であり，かつ，留置権でもある。

　もっとも，留置権は，担保物権であるため，同時履行の抗弁権とは多くの点で異なり，それより強力である。留置権は，行使の相手方が制限されない。これに対して，同時履行の抗弁権は，双務契約の相手方またはその債権の譲受人に対してしか主張することができない。留置権は，その物に関して生じた債権を有するときに，物の引渡しを拒絶することができる（295条参照）。これに対して，同時履行の抗弁権は，原則として，双務契約から生じた債権を有するときに，反対債務の履行を拒絶することができる権能である。留置権は，「債権の弁済を受けるまで」行使することができる（295条1項本文）が，同時履行の抗弁権は，「履行（弁済）の提供があるまで」しか行使できない（533条本文）。留置権は，目的物の全体について存続する（296条）が，同時履行の抗弁権は，相手方の履行の度合いに応じて縮減されることがある。

に対して，履行されていない部分が重大であれば，同時履行の抗弁権は全体として存続する。

④ 双務契約以外への拡張

　同時履行の抗弁権は，元来，同一の双務契約から生じた2つの債務相互の間に認められるものである。しかし，公平の観点から認められる権能であるため，双務契約以外の法律関係から生じた2つの債務相互の間においても，法規定や解釈によって認められることがある。

　(1)　**法規定による認容**　契約解除後の原状回復義務相互間（546条），負担付贈与における負担と贈与（553条），終身定期金契約の解除後の原状回復義務相互間（692条）などについて，533条が準用されている。また，弁済と弁済受領者による受取証書の交付は引換給付の関係にあるため（486条），同時履行の関係に立つ（大判昭16・3・1民集20巻163頁）。

　(2)　**解釈による認容**　(a)　契約の無効または取消後の原状回復義務　契約の無効または取消後の原状回復義務については，契約解除後の原状回復義務と同じ性格を持つため，義務相互間に同時履行の抗弁権が認められる。判例

は，錯誤無効（最判平21・7・17判時2056号61頁），行為無能力を原因とする取消し（最判昭28・6・16民集7巻6号629頁），詐欺を原因とする取消し（最判昭47・9・7民集26巻7号1327頁）の場合に，このことを認めている。たとえば，取消しの結果として生じる売買代金の返還債務と売買目的物の返還債務とは同時履行の関係に立つ。

(b) **借地人の建物買取請求権**（借地借家13条参照）**が行使された場合**　この場合には売買契約が成立したものとみなされるので，借地人の建物引渡義務と地主の代金支払義務とが同時履行の関係に立つことは明らかである。

(c) **借家人の造作買取請求権**（借地借家33条参照）**が行使された場合**　この場合にも売買契約が成立したものとみなされるので，借家人の造作引渡義務と家主の代金支払義務とが同時履行の関係に立つことは明らかである。ただ，これを実効性のあるものとするためには，家主が代金を支払うまで造作が付加された建物の明渡拒絶を認める必要がある。しかし，判例は，借家人の建物引渡義務については，家主の代金支払義務との同時履行の抗弁権を認めていない（大判昭7・9・30民集11巻1859頁等）。両義務の発生原因は異なるため牽連関係はないことを理由とする。

(d) **敷金返還義務と借家明渡義務**　借家契約の終了後に借家人は敷金が返還されるまで建物の明渡しを拒絶することができるかについて，判例は，借家の明渡義務は先履行義務となるとして，これを認めていない（最判昭49・9・2民集28巻6号1152頁）。2017年改正で民法622条の2第1項1号も，敷金返還義務は建物の明渡し時に発生することを明文化した。

第3節　危険負担

1 危険負担とは

536条1項は，当事者双方の責めに帰することができない事由によって債務を履行することができなくなったときは，債権者は反対債務の履行を拒むことができると定める。

たとえば，Aはクリスタル製の豪華な花瓶を50万円で購入したが，売主Bか

ら引渡しを受ける前に，花瓶が何者かによって割られてしまった場合を考えてみよう。この場合，売主Ｂの引渡債務の履行は不能であるため，412条の2第1項により，買主Ａはその債務の履行を請求することができない。

では，買主の50万円の代金支払債務はどうなるのか。売主に債務不履行があるため，買主は契約を解除して，自己の代金支払債務を消滅させることはできる（541条または542条。→第3章）。解除しなければどうなるのか。50万円の代金を支払わねばならないのか。この場合，536条1項によれば，買主は50万円の代金支払債務の履行を拒むことができる。つまり，債権者の反対債務は存在し続けるが，**履行拒絶権**を持つのである。解除権があっても，その行使による効果発生には相手方への意思表示の到達を要するし，解除権の行使が制限されたり，解除権が消滅することもあり，解除権だけでは債権者（反対債務の債務者）に不利益が生じる場合もあるため，双務契約当事者間の公平を期するための権利である。

なお，売買契約において売主が特定した目的物を引き渡した後は，その目的物が当事者双方の責めに帰することができない事由によって滅失し，または損傷したときは，買主は，代金の支払いを拒むことはできない（567条1項）。目的物の引渡しにより危険が移転するのである。

② 危険負担の効力

危険負担制度の実質的な意味は，双務契約に基づく債務の履行が不能となった場合には，債権者（反対債務の債務者）は反対債務の履行拒絶権を持つということにある。したがって，同時履行の抗弁権の場合と同じく，不履行に基づく責任を負わない，すなわち反対債務を履行しなくても遅滞の責任を負わないし，契約を解除されることもない。また，履行不能を知らずに反対債務をすでに履行していたときは，不当利得として返還請求が認められよう。

③ 危険負担の要件

上記のような効力を持つ危険負担（履行拒絶権）は，以下の要件を満たしたときに認められる（536条1項・2項）。

(1) **債務を履行することができなくなったこと**　債務の履行が不能であることが要件となる。**履行不能**とは，412条の2によれば，債務の履行が「契約その他の債務の発生原因及び取引上の社会通念」に照らして不能であるときを

□ WINDOW 2-4

危険負担の意味

　危険負担という言葉は，改正前民法を引き継ぎそのまま用いられているため，規定内容自体が変更された改正後民法においてはその説明は難しい。あえて説明するとすれば，その履行が不能である債務者は，自らが有する債権に基づき履行を請求しても，相手から履行を拒絶されてしまうという意味で「危険を負担する」として，この言葉が用いられているというほかない。

いう（→新プリメール民法 3 第 2 章）。たとえば，コンサート会場が停電になったとき，歌手が主催者に対して負う債務の履行は不能である。一部不能の場合について，明文の規定はないが，不能となった部分に対応する範囲で反対債務の履行を拒絶することができると解される（611条参照）。なお，契約成立時にすでに不能であったのか，契約成立後に不能となったのかは問われない。412条の 2 第 2 項が契約成立時の不能の効果として損害賠償義務をあげるのは，代表的なものをあげているという意味を持つにすぎず，その他の効果である解除権や危険負担も認められる。

　(2)　**当事者双方の責めに帰することができない事由によること**　　この場合に履行拒絶権が認められることは明白である。では，これ以外の場合にはどうなるのか。履行不能が債権者の責めに帰すべき事由による場合については，536条 2 項により，債権者は反対給付の履行を拒むことはできないと定められている。これに対して，履行不能が債務者の責めに帰すべき事由によって生じた場合に，これを理由として，債権者は反対債務の履行を拒絶することができないとすることは明らかに不当である。したがって，この場合にも本条による履行拒絶権は認められることになる。

④ 債権者の帰責事由による履行不能

　債権者の責めに帰すべき事由によって債務を履行することができなくなったときは，債権者は反対給付の履行を拒むことはできない（536条 2 項前段）。たとえば，請負契約において注文者の責めに帰すべき事由により仕事完成が不能となったときは，請負人は注文者に請負代金全額を請求することができる（最判昭52・2・22民集31巻 1 号79頁）。また，413条の 2 第 2 項によれば，**受領遅滞中の当事者双方の責めに帰することができない事由による履行不能**は，債権者の責

めに帰すべき事由によるものとみなされるため，536条2項の適用を受けることになる（→詳細は新プリメール民法3第2章）。

ただし，債務者が自己の債務を免れたことによって利益を得たときは，その利益を債権者に償還しなければならない（536条2項後段）。たとえば，コンサートを開催する予定であったが主催者のミスでホールを使用できない場合に，歌手は主催者に報酬を請求することができるが，コンサートで使う予定であった衣装のレンタル代やバックコーラスの人件費の出費を免れたときは，その免れた出費分を償還する義務を負う。

第4節 第三者のためにする契約

1 第三者のためにする契約とは

537条1項は，「契約により当事者の一方が第三者に対してある給付をすることを約したときは，その第三者は，債務者に対して直接にその給付を請求する権利を有する」と定める。このような契約を「第三者のためにする契約」という。契約により生じる権利義務の変動（法律効果）は契約当事者に帰属するのが原則であるが，第三者のためにする契約では，第三者が直接的に権利を取得する点で特殊である。ただ，第三者は権利を取得するのみで，契約に基づく法律効果は基本的に当事者間で生じるため，代理とは異なる。

第三者のためにする契約においては，当事者のうち，第三者に対して直接に給付すべき義務を負担する者を「**諾約者**」という（約束者，債務者ともいう）。その契約相手方を「**要約者**」という（受約者ともいう）。そして，直接に権利を取得する第三者を「**受益者**」と呼ぶ。

どのような場合に第三者のためにする契約が結ばれるかといえば，A（要約者）がB（諾約者）に10万円の絵画を売却するにあたり，AがC（受益者）に対して負担する10万円の債務を弁済するため，10万円の代金債権をAでなくCが取得することを約束するような場合である。また，Aが生命保険会社Bとの間でCを保険金の受取人とする生命保険契約を結ぶ場合もこれにあたる。

2 第三者のためにする契約の成立要件

第三者のためにする契約の成立要件は，以下の 2 つである。第 1 に，他の契約と同様，要約者と諾約者の間の契約が，契約一般の成立要件を満たしていること，第 2 に，第三者に直接に権利を帰属させることを当事者が合意していることである。

第 2 の要件にかかわり，かつては，

図表 2 - 1　第三者のためにする契約の例

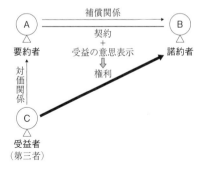

電信送金契約が第三者のためにする契約にあたるか激しい争いがあった。判例は，電信送金契約は第三者のためにする契約にはあたらないとした（最判昭43・12・5 民集22巻13号2876頁）。

なお，契約成立時に第三者が現存しない場合または第三者が特定していない場合であっても，契約の効力を妨げられない（537条 2 項）。たとえば，設立中の法人（最判昭37・6・26民集16巻 7 号1397頁）や胎児を受益者とする契約も有効である。

また，470条 4 項は，**併存的債務引受**が債務者と引受人となる者との契約によりなされるとき，第三者のためにする契約に関する規定に従うと定める。

3 第三者が権利を取得するための要件

第三者が権利を取得するのは，諾約者に対して**受益の意思表示**をした時である（537条 3 項）。第三者のための契約が成立すれば当然に第三者に権利が発生するわけではない。ただし，民法以外の法律により，受益の意思表示を要することなく，第三者に権利が発生する場合もある。たとえば，保険法42条によれば，第三者を保険金受取人とする生命保険では，当然に保険金受取人は権利を取得する。

4 第三者のためにする契約の原因関係

第三者のためにする契約が結ばれる前提には，これを必要とする原因がある。たとえば，AとCとの間の金銭消費貸借契約に基づいて，AがCに対して10万円の金銭債務を負担していたとする。その後，A・B間での売買契約に基づき，BがAに対して10万円の代金債務を負担したとする。この場合，BがA

に対して10万円を支払い，AがCに対して10万円を支払うのが本来的な姿であるが，A・B間で第三者のためにする契約を締結し，BがCに対して10万円を支払うことにすれば，三者の法律関係は単純化される。

諾約者と要約者の間に存在する原因関係（上の例ではBがAに対して10万円の代金債務を負担していること）を**補償関係**と呼び，要約者と第三者との間に存在する原因関係（AがCに対して10万円の債務を負担していること）を**対価関係**という。

5 第三者のためにする契約の効力

第三者のためにする契約が結ばれたとき，契約当事者である要約者と諾約者，ならびに第三者は，独特の法的地位に立つことになる。

(1) **第三者の権利**　第三者の諾約者に対する権利は，第三者が受益の意思表示をした時に，確定的に生じる（537条3項）。

受益の意思表示をして自己のために確定的に権利を生じさせることができるという第三者の地位は，一種の**形成権**であり，原則として契約締結により生じる。この形成権は一身専属的なものではなく，債権者代位権の客体となりうる（大判昭16・9・30民集20巻1233頁）。受益の意思表示を行うことができる期間は，契約によりこれを定めている場合には，その期間の経過によってこの形成権は消滅する。期間を定めていない場合には，債権に準じて時効により消滅する（166条1項）。

第三者が取得する諾約者に対する権利の内容は，諾約者と要約者の間の契約によって決まる。

第三者は諾約者に対する権利を取得するだけで，契約の当事者ではない。したがって，諾約者に債務不履行があっても，契約を解除することはできない。また，要約者に取消原因があっても，取消権を行使することはできない。

第三者が受益の意思表示をした後は，契約当事者は，第三者の権利を変更し，または消滅させることができない（538条1項）。第三者の権利は尊重されるべきだからである。

(2) **諾約者の権利**　諾約者は，第三者のためにする契約に基づく要約者に対する抗弁をもって，第三者に対抗することができる（539条）。たとえば，契約について無効・取消しの原因があれば，諾約者は，無効・取消しをもって第三者に対抗することができる。また，第三者のためにする契約が双務契約であ

る場合には，要約者による反対給付の提供があるまで，諾約者は，第三者に対して同時履行の抗弁権を主張することができる。さらに，要約者が反対給付を履行しない場合には，契約を解除することもできる。

　(3)　**要約者の権利**　要約者は，諾約者に対して，第三者への給付を請求することができる。また，諾約者が債務を履行しない場合には，要約者は契約を解除することもできるが，第三者の承諾を得ることが必要である（538条2項）。要約者が第三者の意思を無視してその権利を奪うことは妥当ではないからである。

第5節　契約上の地位の移転

1 契約上の地位の移転とは

　契約が成立すれば債権者と債務者はずっと変わらないということはなく，契約から生じる債権を譲渡したり，債務を引き受けることによって，債権者や債務者に変更が生じることもある。539条の2は，契約の効力として生じた「契約上の地位」そのものを第三者に移転する場合について定める。たとえば，売買契約における買主の地位や，賃貸借契約における賃貸人の地位を移転する場合などである。

2 契約上の地位の移転の要件

　契約上の地位の移転が生じるための要件は，以下の2つである。第1に，契約当事者の一方が第三者との間で契約上の地位を譲渡する旨の合意をしたこと，第2に，契約の相手方がその譲渡を**承諾**したことである（539条の2）。

　契約上の地位の移転により債務者の変更が生じ，**免責的債務引受**の要素を含むため，相手方の利益に配慮する必要があることから，原則として相手方の承諾が要件となる（472条3項参照。→新プリメール民法3第9章）。ただ，契約の性格によっては相手方の利益に配慮する必要がない場合もある。

　不動産の賃貸借契約については，不動産の譲渡人と譲受人の合意により，賃借人の承諾を要しないで，賃貸人の地位を譲受人に移転することができる（605条の3。最判昭46・4・23民集25巻3号388頁。→第5章第4節）。賃貸人の債務につ

いては誰が賃貸人であるかによって履行態様が異なるものではないからである。そのほかに承諾が不要な場合については解釈に委ねられている。

③ 契約上の地位の移転の効果

　上記の要件を満たすとき，契約上の地位は第三者に移転する（539条の2）。これにより，契約から生じる債権および債務のみでなく，取消権や解除権も移転する。また，譲渡人は当然に契約から離脱することになる。

第**3**章

契約の解除

●本章で学ぶこと

　たとえば，中古車の売買契約において，買主Aは10万円を支払ったのに売主Bがなかなか中古車を引き渡してくれないとき，つまり，契約当事者の一方である売主が債務を履行しないとき，どうするのか。買主は売主に対して早く履行してくれるように求めるであろうし，遅滞により生じた損害について賠償請求もできる。ただ，このままだと買主は自分が支払った代金を返せとはいえない。契約は存続しているからである。そこで，契約をやめてしまうこと，すなわち，契約を解除することもできる。これは，債務不履行の場合に認められる解除であり，民法541条と542条に定めがある。

　民法においては，債務不履行の場合だけでなく，その他のさまざまな場合に，契約の解除が認められているが，本章では，債務不履行の場合に認められる解除がどのような要件のもとに認められるのか，そして解除したらどうなるのかなどについて学ぶ。

　なお，債務不履行の場合に，債権者にはさまざまな権利が認められる。本来の履行や履行の強制を請求できることはもちろんであるが，他に債務不履行の態様に応じて，反対債務の履行拒絶権（危険負担）や，損害賠償請求権，追完請求権，代金減額請求権なども認められる。これらの権利と解除権とがどのような関係にあるかも考えながら学んでほしい。

第1節　序　説

1 解除とは

契約の解除とは，契約が成立した後に，当事者の一方が，相手方に対する意思表示によって，契約の効力を消滅させることである（540条1項）。言い方を換えれば，契約をやめたいと思った当事者が，自らの意思によって，契約が成立していなかったのと同じ法律効果を発生させることである。

2 約定解除権と法定解除権

契約を解除するためには，解除を行う側の当事者に，解除を行う権限すなわち解除権が必要となる。では解除権は何に基づいて発生するのか。

1つは，契約中で当事者が解除権を定めた場合であり，解除権の発生根拠は当事者の合意である。このようにして発生する解除権を，**約定解除権**という。約定解除権が発生する場合には，当事者が明瞭に定めた場合と，法律によって当事者が定めたものとされる場合とがある。手付に関する規定（557条1項）や，買戻しの特約に関する規定（579条）による場合は，後者の例である。

もう1つは，法律の規定によって解除権が認められる場合である。このようにして発生する解除権を，**法定解除権**という。法定解除権としては，契約一般について債務不履行に基づき認められる場合（541条・542条）と，個別に認められる場合（612条2項・641条・651条1項，いわゆる**クーリング・オフ**など）とがある（→WINDOW 1-1）。また，一般法理としての「**事情変更の法理**」により認められる場合もある（→WINDOW 2-1）。

以下では，債務不履行による解除権の発生についてみた後，解除権全般に適用される解除権の行使・効果・消滅に関する法規定をみていく。

第2節　債務不履行による解除権の発生

債務が履行されないとき，債権者としては，もう契約をやめたいと思うのは当然である。契約目的の達成に足りる履行がされる見込みがないときは（542条

□ WINDOW 3-1 ◀◀

解除と類似する制度

(1) **解除条件 (127条以下)** たとえば，建築条件付きの土地売買契約では，売買契約を締結した後に指定業者との家屋建築請負契約を一定期間中に締結することを条件とすることになる。この場合には，請負契約の締結をしないことが解除条件として売買契約に付されている。解除条件が成就した場合には，当初から契約が締結されなかったのと同様の法律効果が生じる。解除の場合には相手方に対する意思表示を必要とするが，解除条件の場合には条件とされた事実が発生すれば，直ちに（当事者の意思表示なしに）法律効果が生ずる点で両者は異なる。

(2) **合意解除 (解除契約)** 合意解除とは，契約の当事者の合意によって，契約が締結されなかったのと同様の法律効果を発生させる契約をいう。合意解除のことを解除契約ということもある。解除は，一方当事者の一方的な意思表示によって契約が締結されなかったのと同様の法律効果を発生させる点で，これとは異なる。

(3) **解約 (解約告知)** 賃貸借のような継続的な契約の場合には，すでに債務の履行が済んでしまった過去にさかのぼって原状回復義務を発生させても意味がなく，将来に向かってのみ解除の効力を生じさせることになる（620条等）。この場合には，解除とは異なる用語として，解約（解約告知）という言葉が用いられる。しかし，解約（解約告知）と解除とは，つねに明確に使い分けられていない。本書も，神経質に使い分けてはいない。

1項5号参照），解除により契約の拘束から当事者は解放されるべきであり，債務者に不履行についての帰責事由があることは要求されない。

① 催告解除

債務の不履行があっても，まだ契約目的の達成に足りる履行がされる見込みがあるかはわからない。そのため，541条は，債権者は相当の期間を定めて履行を催告し，その期間内に履行がないときに，契約を解除することができると定める。ただし，債務の不履行が軽微であるときは解除することができない。

(1) **要 件** 解除権が発生するためには，原則として以下の要件を満たすことが必要である。

(a) **債務の不履行があること** 債務不履行とは，債務者がその債務の本旨に従った履行をしないこと，または，履行不能である。なお，履行不能の場合には542条により催告なしに解除権が発生する。典型例は，債務者が履行期に商品を引き渡さない場合（履行遅滞）である。ほかに，売買契約において**契約不適合**がある場合（562条も参照）も債務不履行にあたる（564条による541条・542条の準用）。また，契約の中心的な債務の不履行ではなく，**付随的義務**の不履行で

も，「契約締結の目的の達成に重大な影響を与える」場合には，解除が認められる（最判昭43・2・23民集22巻2号281頁）。なお，債務の不履行が一部の場合には，**一部解除**も可能である。

(b) **相当期間を定めて催告をしたこと** **催告**とは，債権者が債務者に対して，債務の履行を促す意思を通知することをいう。催告に際しては，履行を求める債務を指示しなければならない。債務の同一性がわかればよく，わずかな過大催告，過小催告があってもよい。

相当の期間とは，債務者が履行をするために必要な期間のことであり，相当性は，債務の性質や取引通念などの客観的事情により定まる。期間を定めなかった場合，あるいは期間が不相当であった場合でも，催告としては有効であり，催告から相当な期間が経過したときに，解除権が発生する（大判昭2・2・2民集6巻133頁，最判昭31・12・6民集10号12号1527頁）。

期限の定めのない債務については，412条3項によると債務者が履行遅滞となるのは債権者による履行の請求（＝催告）があった時からである。したがって，きわめて厳格に解釈すると，債権者は，まず412条3項の催告を行って債務者を履行遅滞に陥れ，その後に541条の催告を行ってはじめて解除権が発生する，ということになりそうである。しかし，このような二重の催告は必要ではなく，債権者は，相当期間を定めて催告することによって，債務者を遅滞に陥らせると同時に，その期間内に履行がないときは，解除をすることができる（大判大6・6・27民録23輯1153頁）。

(c) **催告期間内に履行をしないこと** 債務者が履行をすることなく催告期間が経過したときに，解除権が発生する。ただし，催告期間内であっても，債務者が履行拒絶の意思を明確に表示したときは，その表示の時に解除権が発生する。

(2) **債務不履行の軽微性** なお，以上の要件を満たす場合であっても，541条ただし書により，催告期間経過時における債務不履行が，**その契約および取引上の社会通念に照らして軽微であるとき**は，解除することはできない。したがって，催告解除においては，債務不履行の程度が解除権認容の是非を決することになる。軽微であるかは，不履行の数量的な程度ではなく契約における役割の重要性により判断される。

2 無催告解除

　債務の不履行があり，契約目的の達成が不可能な場合には，債権者を契約に拘束し続けることに意味はない。そのため，542条は，**契約目的の達成が不可能な場合**を列挙して，催告をすることなく直ちに契約を解除できる旨を定める。そこでは，契約全部を解除できる場合に加えて，契約の一部を解除できる場合についても定める。

　⑴　**全部解除**　　542条1項は，契約全部を解除できる場合として以下の5つの場合を定める。

　①**債務全部の履行不能**（1号）　　債務全部の履行が不能であるときは，催告をすることに意味はないことは当然であろう。履行期の到来前に履行不能が確実となった場合には，履行期の到来を待たずに解除をすることができる。たとえば，売却した中古車が引渡し前に事故で損壊したときである（履行不能の要件については，→新プリメール民法3第2章）。

　②**債務全部の履行を拒絶する意思の明確な表示**（2号）　　債務者が債務全部の履行を拒絶する意思を明確に表示したときは，契約目的の達成は不可能であるため，履行期の前後を問わず，直ちに解除することができる。この要件は，415条2項2号により填補賠償の請求が認められる要件と同じである。

　③**債務の一部の履行不能または履行拒絶**（3号）　　債務の一部の履行が不能である場合または債務者がその債務の一部の履行を拒絶する意思を明確に示した場合で，**残存する部分のみでは契約をした目的を達することができないとき**は，一部の履行不能や一部の履行拒絶でも契約の全部を解除することができる。

　④**定期行為の履行遅滞**（4号）　　定期行為とは，契約の性質または当事者の意思表示により，特定の日時または一定の期間内に履行をしなければ契約をした目的を達することができない契約をいう。定期行為において履行遅滞があれば，直ちに解除権が発生する。

　契約の性質による定期行為（絶対的定期行為）としては，たとえば，マラソン開催を通知するポスターの印刷を注文した場合には，その開催日までに印刷ができなければ意味がない。この場合，ポスター印刷の請負契約は，絶対的定期行為である。

　当事者の意思表示による定期行為（相対的定期行為）としては，たとえば，成

人式に着用するためである旨を明示して振袖を注文した場合が，これにあたる。

　⑤その他契約目的達成が不可能な場合　　①ないし④に掲げる場合のほか，債権者がその債務の履行をせず，債権者が催告をしても契約をした目的を達するのに足りる履行がされる見込みがないことが明らかであるときは，直ちに解除することができる。

　なお判例は，賃貸借の場合において，賃借人が賃借物を損壊するなど，**信頼関係を破壊**するような重大な用法違反があるときは，催告なしに解除を認める（最判昭27・4・25民集6巻4号451頁）。

　(2)　**一部解除**　　542条2項は，契約の一部を解除できる場合として以下の2つの場合を定める。いずれの場合も残存する部分のみでも契約をした目的を達することができるため（542条1項3号参照），一部のみ解除すれば足りるからである。その趣旨からすれば一部解除は給付が可分な場合に限られる。

　①**債務の一部の履行不能**（1号）　　債務の一部の履行が不能であるときは，不能な部分についてのみ解除することができる。

　②**債務の一部の履行拒絶**（2号）　　債務者がその債務の一部の履行を拒絶する意思を明確に表示したときは，拒絶の意思を示した部分についてのみ解除することができる。

③ 債権者の帰責事由による債務不履行

　上記のように，債務不履行など債権者に解除権をもたらす事由は，通常は債権者には何の関わりもない事由であろう。しかし，場合によっては債権者がそれに関わるときもある。そこで，543条は，債務の不履行が債権者の責めに帰すべき事由によるものであるときは，債権者は，催告解除も無催告解除もすることはできないと定める。公平の観点からの規定である。また，413条の2第2項によれば，**受領遅滞中の当事者双方の責めに帰することができない事由による履行不能**は，債権者の責めに帰すべき事由によるものとみなされるため，543条の適用を受けることになる（→詳細は新プリメール民法3第2章）。

　なお，この場合でも，債務者が履行不能に基づき自己の債務を免れたことによって利益を得たときは，これを債権者に償還する義務を負う（536条2項，→38頁）。

④ 解除権発生後の法律関係

　以上の要件を満たすことにより解除権が発生しても，解除権が行使されるまでは法律関係に変動はないため，契約に基づく債務の履行および債権の行使はなお可能である。したがって，解除権がいったん発生しても，債権者が解除の意思表示をする前に，債務者が本来の給付に遅延賠償を加えたものを提供した場合には，解除権は消滅する。

　また，解除権を行使することなく，**履行に代わる損害賠償**を請求することもできる（415条 2 項 3 号）。この場合，履行請求と履行に代わる損害賠償請求の双方を行うことはできず，どちらかを選択することになる（→詳細は新プリメール民法 3 第 3 章）。

第3節　解除権の行使

① 解除の意思表示

　解除権は，解除権者から相手方に対する意思表示によって行使する（540条 1 項）。解除権は**形成権**であり，その行使によって法律効果が生じる。解除の意思表示は，裁判上か裁判外かを問わず，行うことができる。また，黙示的に行うこともできる。解除の意思表示は，相手方に到達した時にその効力を生じる（97条 1 項）。

　解除の意思表示が相手方に到達した後は，もはや撤回することができない（540条 2 項）。法律関係の安定を目的とする。もっとも，民法総則に定める取消原因がある場合には，取消しをすることができる。

② 解除権の不可分性

　当事者の一方が数人ある場合には，解除は，その全員より，または全員に対して行わなければならない（544条 1 項）。また，当事者の一方が数人ある場合において，そのうちの 1 人について解除権が消滅したときは，他の者についても消滅する（544条 2 項）。このような解除権の不可分性は，法律関係が複雑になることを避けるために定められている。

第4節 解除の効果

1 原状回復義務

　545条1項本文は，当事者の一方がその解除権を行使したときは，各当事者は，その相手方を原状に復させる義務を負うと定める。たとえば，中古車売買の例では，買主は引き渡された中古車を売主に返還する義務を負い，売主は支払われた代金を返還する義務を負うことになる。当たり前のようであるが，このような原状回復義務が発生する根拠をめぐっては見解の対立がある。

　(1)　**直接効果説**　　判例・通説は，解除によって，契約は遡及的に消滅するという。当初から契約は結ばれなかったのと同様の法律関係が生じるため，債権・債務関係は消滅するという。解除により契約の効力は直接的な効果を受けるとする見解である。したがって，まだ履行されていない債務は消滅し，すでに債務が履行されている場合には，債務の履行として当事者が受領したものは，法律上の原因がないものとなり，不当利得となる。したがって，原状回復義務は，**不当利得返還義務**としての性質を持つとする（大判大6・10・27民録23輯1867頁。→WINDOW 3-2）。特定物売買のように，その契約により所有権の移転を生じていた場合には，解除によって，所有権は当然に復帰するという（大判大10・5・17民録27輯929頁）。

　(2)　**間接効果説・原契約変容説**　　解除によって，契約は消滅することはないとする見解である。間接効果説は，解除により契約の効力は失われず，間接的な効果を受けるにすぎないとする。すでに債務が履行されている場合には，新たな原状回復のための義務が発生するとし，まだ履行されていない債務については，消滅せず履行を拒絶できるとする。原契約変容説は，解除により契約関係が原状回復関係に変容するという。すでに給付された履行義務は，原状回復義務に転化し，まだ給付されていない履行義務も，原状回復義務に転化するが，履行の必要はないため消滅するという。

2 原状回復義務の範囲

　返還義務者が金銭を受領していた場合には，受領の時から**利息**をつけて返還しなければならない（545条2項）。このような返還義務は704条によれば悪意者

> **□ WINDOW 3-2** ◀◀
>
> ### 原状回復義務の性質（大判大６・10・27民録23輯1867頁）
>
> 「契約の解除は，契約上の債務関係を遡及的に消滅せしむるものにして，原状回復の義務は，すでに履行せられたる給付がその原因たる債務関係の消滅に因り，法律上の原因なきに至りたるを以って，之を返還せしむるを目的とするものなれば，其の原理において，不当利得返還の義務に外ならず。唯，不当利得の一般の場合と，返還義務の範囲を異にする所あるを以って，民法第545条に於いて，特に之を規定したるに過ぎ」ない（原文は漢字カタカナ交じり文）。

に限定されるため，返還義務の範囲が一般の不当利得返還義務よりも拡張されている。

　返還義務者が金銭以外の物を受領していた場合には，その物とともに，その受領の時以降に生じた賃料等の**果実**も返還しなければならない（545条３項）。また，現実に果実を得ていなくても物の使用利益について返還義務を負うとするのが判例である（大判昭11・５・11民集15巻808頁等）。

　物が受領者のもとで滅失または損傷して現物の返還ができなくなった場合には，その物の価額を償還しなければならないとするのが有力説である。

　なお，債務者の保証人は，原状回復義務についても責任を負う（最判昭40・６・30民集19巻４号1143頁）。

③ 物権変動と第三者の保護

　第三者が目的物の物権を取得した後，契約が解除された場合には，どうなるのか。たとえば，AがBに不動産を売却し，BがCにこれを転売したとする。その後，Aが売買契約を解除した場合，解除以前にBから目的物を取得していた第三者Cはどうなるのか。

　545条１項ただし書は，解除によって第三者の権利を害することはできないと定めており，まさにこのような場合を予定している。ただし，判例は，解除前に不動産の所有権を取得した第三者について，登記を具備しなければ自らの所有権取得を対抗することができないとする（最判昭33・６・14民集12巻９号1449頁）。この登記は，対抗要件としてではなく，権利保護要件として要求されると解されよう。同規定の意味についても，先述の見解の対立により，理解に差が生じている（→WINDOW 3-3）。

4 損害賠償請求

545条4項は，解除権の行使は，損害賠償の請求を妨げないと定める。契約が解除されたとしても，債務不履行により損害を被ることもあるため，その賠償請求を認める規定である。この損害賠償請求権の性質についても，先述した見解の対立により，理解に差が生じている（→WINDOW 3-3）。

5 契約解除と同時履行の抗弁権

解除によって，当事者双方が原状回復義務および損害賠償義務を負担する場合には，それらの債務は同時履行の関係に立つ（546条による533条の準用）。

解除権の消滅

1 相手方の催告による消滅

解除権の行使について期間の定めがないとき，解除権者の相手方は，契約が解除されるかどうかわからない不安定な状態に置かれる。このように不安定な状態を解消するため，相手方は，解除権者に対して相当の期間を定めて解除するかどうかを確答すべき旨を**催告**することができる（547条前段）。催告の効果として，その期間内に解除の通知を受けなかったときは，解除権は消滅する（547条後段）。

2 解除権者による目的物の損傷等による消滅

解除権者が，自己の故意または過失によって，目的物を著しく損傷し，もしくはそれを返還することをできなくした場合（たとえば，滅失させた場合，他に譲渡した場合），または加工・改造によって他の種類の物に変えた場合には，解除権は消滅する（548条本文）。たとえば，中古車の売買で，中古車の引渡しと代金の支払いが行われたが，中古車の契約不適合により解除権が発生するとき，買主が中古車を使用していてこれを著しく損傷していたような場合である。

ただし，解除権者が解除権を有することを知らなかったときは，解除権は消滅しない（548条ただし書）。解除権を有することを知りながらそのような行為をした場合にのみ，解除権を放棄したものとみることができるからである。

□ WINDOW 3-3

解除の効果をめぐる議論状況

　解除により原状回復義務が発生する根拠をめぐる見解の対立については，本文に述べたとおりであるが，この対立は，545条1項ただし書の意味や，同条4項による損害賠償請求権の性質に関しても，見解の差異を生じさせている。

　まず，545条1項ただし書の意味については，直接効果説によれば，解除による遡及効により，解除前に出現した第三者への物権移転はありえないことになり，第三者は不測の損害を被ることになる。そのため，同規定は，遡及効を制限して第三者の権利を保護するものだとする（物権的な遡及効まで認めない考えもある）。ただし，本文で述べたように，第三者による物権の取得は，対抗要件を具備していなければならないとするのが判例である。これに対して，間接効果説や原契約変容説によれば，同規定は，解除に遡及効はなく原状回復を認めるのみであることを確認するものとされる。解除によって第三者は影響を受けることはなく，545条1項ただし書は単なる注意規定にすぎないとする。なお，本文の例では，所有権はBからCに移転し，その後，BからAに復帰しており，AとCは対抗関係に立つため，Cが確定的に権利を得るには登記を経る必要があるとする。

　また，同条4項が定める損害賠償請求権の性質については，直接効果説によれば，解除により，契約は遡及的に消滅し，債権・債務は当初から存在しなかったことになるため，債務不履行を理由とする損害賠償請求権は成立しないはずである。しかし，それでは不当なので，債権者の保護のために遡及効が制限されて，損害賠償請求権を認めるとする。これに対して間接効果説や原契約変容説によれば，説明は容易である。契約は消滅しないため，損害賠償請求権が原則どおり認められるにすぎない（415条）。

③ 時効による解除権の消滅

　解除権は形成権であるが，債権に準ずるものとして，改正前167条1項による10年の消滅時効にかかるというのが，判例の立場である（大判大6・11・14民録23輯1965頁）。また，解除権行使の結果生じる原状回復請求権および損害賠償請求権は，解除により生じる請求権であるため，解除権とは別に，解除時から10年の消滅時効にかかるとされる（大判大7・4・13民録24輯669頁）。改正後は166条1項によれば権利を行使できるときから10年または債権者が権利を行使できることを知ったときから5年の消滅時効にかかるため，解除権もこれに準じることになる。たとえば，解除権発生を知ったときから4年後に解除権を行使して，その4年後でも，支払った代金の返還請求権につき時効期間は満了していないことになる。

第 **4** 章

所有権移転型の契約

●本章で学ぶこと

　本章では，所有権移転を目的とする契約類型について述べる。

　第1章でも触れたように，「契約自由の原則」は，わが民法の基本原理の1つであるから，内容が社会的に不相当という評価がなされない限り内容がどのようなものでも，有効であると評価されるが，民法典は，13タイプの契約を典型的なものとして規定した。そのうちでも所有権移転を目的としたものが，贈与，売買，交換という3種の契約である。これら3つの区別は，所有権の移転に対価（的な物）が必要とされるか否か（売買，交換では必要であり，贈与では不要である）という観点，対価を必要とする場合，それが金銭であるか，それ以外の物（財産権）であるか（売買では金銭であり，交換では金銭以外の財産権である）という観点によるものである。

　なかでも，売買契約は，最も頻繁に行われ，最も普遍的な，契約の代表ともいうべき契約であるから，売買に関する規定は，他の有償契約（請負，賃貸借など）に準用される。

　他方，贈与契約も，取引社会での重要性は，それほど大きくないものの，家族間ではなおも，日常的になされるものであり，これまた，片務・無償契約の典型として，売買契約と対照させることにより，その法的性質を知ることは，きわめて重要である。

　こうして，本章では，典型契約のうち，双務・有償契約と片務・無償契約の性質を学ぶことになるのである。

第1節 序　説

　売買は，典型契約の中でも最も重要な類型であり，契約のしくみを理解するのにも売買を念頭に置くと容易になる。もっとも，売買契約の成立一般については民法521条以下の規定が適用されるので売買に特殊な問題というのは少ない。ただ，売買の箇所では，一方の予約，手付けなどが規定され，これらは有償契約一般に準用される（559条）。

　これに対して，「売買の効力」に関する規定，とりわけ不適合責任の制度は，非常に重要である。売主が買主に移転した権利が契約の内容に適合しない場合に売主がどのような責任を負うべきかが規定される。

　「買戻し」は，かつては，債権担保の機能を有することが指摘されていたので，譲渡担保との区別が重要である。

　贈与は，前述のように，無償・片務契約の典型であり，現代の取引社会ではその重要性は少ない。そのため書面によらない贈与の拘束力は弱いものとされており（550条），責任も限定的に認められるにとどまる（551条）。もっとも，家族間での契約や，遺贈とのからみでは，その性質を見極めるうえで，重要性が軽視されてはならない。

　なお，「交換」については，当事者が互いに金銭の所有権以外の財産権を移転することを約することによって成立するもので（双務・有償・諾成契約），権利とともに金銭の所有権を移転することを約する場合には，その金銭については売買の代金に関する規定が準用される旨が規定されるだけである（586条参照。有償契約であるから，559条により売買の規定が準用される）。文字どおり「物々交換」が念頭に置かれるので，現代の取引社会では，これもその重要性はそれほど大きくない。

第2節 贈　与

　贈与契約は，一方当事者（贈与者）が「ある財産」を無償で与える意思を表示

して（「あなたに私の所有土地を差し上げよう」という），相手方（受贈者）がこれを受
諾する（「では，いただきましょう」と答える）ことによって成立する（549条）契約
である。債務を負うのは，その約束をする当事者だけであり（片務契約），相手
方は，それに対する対価的な出捐をしない（無償契約）。また，後で述べるよう
に，力（拘束力）としては弱いが，口約束だけでも成立する（諾成契約）。

　贈与は，要するに贈り物，プレゼントであるが，われわれが日常的に行う贈
り物は，事前の約束もなく即時に相手方に所有権が移転され，あとには権利義
務関係を残さない。このような贈与は「**現実贈与**」といい，厳密には，契約と
はいえない面もある（契約なら，その後に，債権〔履行請求権〕・債務〔履行義務〕を
残す）。しかし，だからといって，贈与契約に関する民法の規定の適用を全面
的に否定する必要はなかろう。通説は，債権契約の成立を認める立場をとって
おり，適用しても差し支えない規定もある。

　贈与は，現代の取引社会ではその重要性は大きくないといわれる。人が無償
でその財産を他人に与えることが稀であるからである。しかし，家族間や親族
間などの情誼で結ばれた関係においては，行われることは稀ではない。情や義
理がからみ，それだけに，紛争が生じた場合には，その解決を困難にしている
ことも否めないだろう。ましてや，巷間行われる贈与の背後には，相手方によ
る便宜への期待が存在していることもよくある。とすれば，贈与が果たして無
償契約と言い切れるか，疑問が生じるだろう。

1 ── 贈与の成立と拘束力

① 成立と対象

　贈与契約は，前述のように，「あげよう」「もらおう」という意思表示の合致
で成立する。他人の財産でも目的物となり，契約が成立する（他人物贈与。549
条は，「ある財産」とだけ規定しているから）。この場合，贈与者がどのような義務
を負い，その義務に反した場合，どのような責任を負うかは，当該贈与契約の
解釈によることになろう。また，贈与は，所有権の移転に限られず，地上権を
相手に与えたり，既存の債務を免除するなど，ひろく「贈与者の財産が減少す
ることにより受贈者の財産が増加すること」を意味する。

② 書面による贈与

　民法は，贈与契約の成立にとくに要式の具備を求めていない。口頭による贈与契約も有効に成立する。しかし，書面によらない贈与は，履行が終了していない限り，解除することができる（550条）。これにより，行為者自身が欲しないことを理由とし，その行為をなかったものにすることができるのである。これは，無償で財産権を譲渡することが例外的であり，ともすれば，無思慮により財産を失う原因にもなることが懸念されたために置かれた規定である。逆に書面にしていれば，熟慮して贈与したと考えられるからである。

　書面の態様に限定はない。贈与者の贈与意思が明確に読み取れる記載のあるものなら何でもよい。受贈者に宛てたものでなくても，履行に関係のある者であれば第三者に宛てた内容証明郵便もこれに当たるとする判例がある（最判昭60・11・29民集39巻7号1719頁。→WINDOW 4-1）。

　もっとも，書面による贈与でなくても，履行が終了してしまえば，もはや解除することができない。財産を移転するという受贈者の債務の内容を考えてみると，目的物が動産であれば，その物の引渡し（簡易の引渡し〔182条2項〕，占有改定〔183条〕を含む），不動産なら，当該物件の引渡しと登記名義の移転が考えられるだろう。不動産の場合，引渡し，登記の両者が必要か。判例は，どちらか一方がなされていれば，履行が終了していると解している（最判昭40・3・26民集19巻2号526頁，最判昭31・1・27民集10巻1号1頁）。どちらかあれば，贈与の意思はすでに熟慮のうえ，明確化されたといえるからである。金銭の場合，一部が支払われているときでも，残額についての贈与は解除することが可能である。

③ 忘恩行為を理由とする贈与の取消し

　贈与は，単純な愛情の発露や慈善精神によって行われるものばかりではない。何らかの見返りを期待して贈与が行われることもある。たとえば，Aが同居する甥Bによる老後の世話を期待してAの所有する農地を贈与し，B名義に登記も移転したところ，Bは，その農地を勝手に宅地に変更し他人に賃貸するばかりか，A宅を出て，Aの面倒を見る素振りも見せない。後悔したAは，Bへの贈与を取り消したいと思う。しかし，口頭贈与であったとしても，履行は終了しているから，解除することはできない。とはいえ，このままではわれわれの法的感情に合わない。ドイツ民法は，明文をもって，受贈者の忘恩行為を

取消事由として認めている。わが民法には，同種の規定はないが，同様の結論は認めるべきであろう。下級審の裁判例には，忘恩行為を理由とする贈与の「取消し」を認めたものがある。しかし，最高裁は，直接にはこの構成をとらず，Ｂは，贈与を受ける代わりに扶養義務を負担していたととらえ，**負担付贈与**の一方の（Ｂの）債務が履行されない場合として，Ａの契約解除を認めるという解決をとった（最判昭53・2・17判タ360号143頁。なお，原審は，542条5号を根拠にするものといえよう）。

2──贈与の効力

1 贈与者の履行義務

　贈与は，片務契約であるから，贈与者のみが財産権を受贈者に移転するという債務を負う。具体的には，動産であるとその物を引き渡し，不動産の場合は，目的物の引渡しと登記名義の移転をしなければならない。

　贈与者は，財産権移転型である売買契約と同様に（562条〜566条参照），契約に適合した物の移転等をする債務を負担するが，無償契約という性質に鑑みると，その内容はより軽減されたものであるのが通常であろう。こうしたことから，551条1項は，「贈与者は，贈与の目的である物又は権利を，贈与の目的として特定した時の状態で引き渡し，又は移転することを約したものと推定する」と規定している。贈与の目的となることが確定した時の状態とは，特定物贈与においては贈与契約の時の状態であり，種類物贈与においては目的が特定（確定）した時の状態である（契約不適合なら特定しないとすれば，調達義務が存続する）。もっとも，どのような内容で合意されるかは，ケースバイケースであるので，いわゆる任意規定とせず，意思推定の規定とされている。

2 贈与者の責任

　ＡからＡの使用していたパソコンの贈与を受けたＢが使用してみたところ故障していた場合，Ａは責任を負わなければならないか。1で述べたような緩和された基準で判断して，なお契約不適合の物が給付されたとされる場合は，贈与者に債務不履行があることになり，受贈者は，追完（562条）・損害賠償請求（415条）・解除（541条・542条）をすることができる。

　なお，負担付贈与の場合は，有償性が一部存在するから，受贈者の負担の限

度で責任を負い (551条2項)，受贈者の負担が金銭債務である場合は，減額請求も可能となろう (563条参照)。

3 ── 特殊の贈与

民法は，特別の贈与形態を3つ定めている。定期贈与 (552条)，負担付贈与 (553条)，死因贈与 (554条) である。

① 定期贈与

定期贈与は，たとえば，AがBに月5万円をBが成人になるまで贈ると約束し，Bがこれを受諾することによって成立する。給付が，継続的に繰り返され，一定期間ごとに行われるので定期贈与という。民法は，このような贈与は，A・B一方の死亡により終了すると規定している。債権・債務が相続人に承継されるという処理もできなくはないが，無償契約であるという特殊性から当事者の意思を推測した規定である。

② 負担付贈与

負担付贈与は，AがBにA所有のアパートを贈与するのに対して，BがA所有の別のアパートの維持管理をする義務を負うような場合である。ここで，Bの負担する債務は，Aの債務と対価関係にあるわけではないが，双方とも債務を負担しており，その限りでは双務契約に似ている。そこで，民法は，双務契約の規定を準用すると規定した (553条)。具体的には，契約総則に規定される同時履行の抗弁権 (533条)，危険負担 (536条)，解除 (541条・542条) の規定が準用される。さらに，贈与者は，贈与財産について，契約不適合等の責任を負うが，その範囲はその負担の限度に (つまり，負担の履行により損失を被らない限度に) 限られている (551条)。

③ 死因贈与

死因贈与は，「Aが死亡すれば，A所有の土地をBに贈与する」ことをAの生前に約束し，Bがこれを受諾することにより契約が成立するが，効力は贈与者の死亡により生じる。遺言の中で贈与の意思を表示する遺贈 (964条) も死亡により効力が発生する (985条) 点で死因贈与と似ている。そこで，民法は，性質に反しない限り，遺贈に関する規定を準用することにしている。異なる点は，死因贈与は，贈与者が生前に受贈者と締結する契約であるのに対し，遺贈

☐ WINDOW 4-1　　　　　　　　　　　　　　　　　　　　◀◀

内容証明郵便書面事件（最判昭60・11・29民集39巻7号1719頁）

　原告の主張は，多岐にわたるが，判旨に関わる点に
限定すると，亡父Aがその妻（故人）の婚外子Yに対
してなした土地の贈与を書面によらないものとして嫡
出子Xらが相続人として取消しをしたというものであ
る。原審は，問題の書面は，Aの前主Bに対して，内
容証明郵便で，AがBから買い受けた土地をYに譲渡
したから所有権移転登記手続はYにしてもらいたい旨

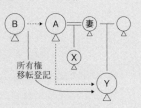

所有権
移転登記

の内容のものであり，AからYに対して当該土地が贈与された事実を確実に認めること
ができるから民法550条の書面に当たると判断した。Xらは，当該内容証明郵便は，Aの
作成によるものでなくYの依頼で司法書士Cが作成したものであり，また同書面中に贈
与の文言がないことなどから550条の書面に当たらないとして上告した。最高裁は，つぎ
のように述べてXらの上告を棄却した。

　「民法550条が書面によらない贈与を取り消しうるものとした趣旨は，贈与者が軽率に
贈与することを予防し，かつ，贈与の意思を明確にすることを期するためであるから，
贈与が書面によってされたといえるためには，贈与の意思表示自体が書面によっている
ことを必要としないことはもちろん，書面が贈与の当事者間で作成されたこと，又は書
面に無償の趣旨の文言が記載されていることも必要とせず，書面に贈与がされたことを
確実に看取しうる程度の記載があれば足りるものと解すべきである。これを本件につい
てみるに，原審の適法に確定した事実によれば，Xらの被相続人である亡Aは，昭和42
年4月3日Yに岡崎市……宅地165.60平方メートルを贈与したが，前主であるBからま
だ所有権移転登記を経由していなかったことから，Yに対し贈与に基づく所有権移転登
記をすることができなかったため，同日のうちに，司法書士Cに依頼して，右土地をYに
譲渡したからBからYに対し直接所有権移転登記をするよう求めたB宛ての内容証明郵
便による書面を作成し，これを差し出した，というのであり，右の書面は，単なる第三者
に宛てた書面ではなく，贈与の履行を目的として，亡Aに所有権移転登記義務を負うB
に対し，中間者である亡Aを省略して直接Yに所有権移転登記をすることについて同意
し，かつ，指図した書面であって，その作成の動機・経緯，方式及び記載文言に照らし
て考えるならば，贈与者である亡Aの慎重な意思決定に基づいて作成され，かつ，贈与
の意思を確実に看取しうる書面というのに欠けるところはなく，民法550条にいう書面に
当たるものと解するのが相当である。」

は，単独行為であることである。もっとも，どの規定が準用されるかは必ず
しも明らかではない。遺贈の承認，放棄の規定（986条以下）は，すでに贈与を承
知し，受諾していた死因贈与の受贈者には適用されないと解される。その他，
遺贈の能力，方式の規定は準用されないと一般に解されている。

第3節 売　買

　売買契約は，Aが所有する住宅の所有権をBに移転することを約束し，Bがこれに対して代金を支払うことを約束する場合や，Aが所有していたパソコンの所有権をBに移転すると約束して，Bがこれに代金を支払うことを約束する場合などに成立する（555条）。要するに，特定の物（の所有権…ただし，所有権に限らない。財産権が目的となる）と金銭を交換する契約であるといえよう（586条の交換契約は，物と〔金銭以外の〕物との交換を内容とする）。

　上で述べたように，両者の意思表示（約束）のみで成立するから，諾成・不要式契約であり，両当事者が形式面で対価性のある債務を負担するから双務契約である。

　また，実質面において両当事者が対価性のある出捐を行うから有償契約である。売買契約は，有償契約の典型的なものとみられるので，売買以外の有償契約にも売買の規定が準用される（559条）。

　ところで，われわれも日々コンビニでおにぎりを買ったり，駅の売店で雑誌を買ったり，物の売り買いをしている。この場合は，双方の給付がその場で完了してしまい，その後に債権・債務関係を残さない。こういう売買の形式を「**現実売買**」という。民法の売買契約は，意思表示の合致で成立し，後に互いの債務の履行が残るものを前提としているので，厳密には「現実売買」とは異なる。しかし，契約が締結されて即時に履行されたとみることができるから，適用するのが妥当な規定（560条以下の売主の義務の規定など）については，適用しても差し支えなかろう。

1──売買の成立

① 諾成契約と契約書

　売買契約は，財産権の移転の意思表示と代金支払いの意思表示の合致によって成立する。財産権を体現する物は，動産の所有権，不動産の地上権などの物権，貸金や売買代金請求権など債権，著作権などの無体財産権などでもよい。しかし，これらの対価は，金銭でなければならない。諾成契約であるから，契

約書の作成を要しないが，不動産売買などでは，契約書の作成によりはじめて契約が成立すると取り扱われることも多い。これは，その当事者間の契約の解釈により，そのように理解されるケースが多いことを意味する。

2 売買の予約

(1) **双務予約・片務予約**　売買の予約とは，将来において正式の売買契約を締結することを合意の内容とする契約（たとえば，AとBが，B所有の土地を1000万円で売買する契約を後日締結しようという合意）である。その正式の契約を予約に対して「本契約」という。この意味からすると，われわれが日常的に予約といっているものが真の意味の予約ではない場合がある。たとえば，旅行会社でする列車の予約などは，その時点で旅客運送契約が正式に成立していて，その履行期が将来（特定の出発日）に設定されているにすぎないと解すべきであろう（もちろん，これは売買契約ではない）。いずれにしろ，このような売買の予約が締結された場合，当事者の一方が本契約を成立させる意思を表示すると（本契約の申込み），相手方はこれを承諾しなければならない。本契約を成立させる権利を有する者が，当事者の一方のみの場合を片務予約といい，双方ともである場合を双務予約という。

(2) **売買の一方の予約**　上に述べた予約の形式では，相手方の承諾がなければ本契約が成立しない。もし，相手方が任意に承諾しないと，申込者は，承諾の意思表示を求める訴え（414条1項，民執177条参照）を提起せざるをえなくなる。それでは不便なので，民法は，一方当事者の意思表示だけで本契約が成立するような予約の制度を規定した（556条）。すなわち，AとBが「A所有の土地を1000万円でBに売却する契約を，後日Bが望めば正式に締結する」という合意（予約）をすれば，Bが正式締結の意思をAに表示した時，Aの承諾を待たずに本契約が成立する。この予約を「売買の一方の予約」（双方の当事者が予約完結権を有する場合は，双方の予約）といい，一方当事者が有する本契約を成立させる権利を「**予約完結権**」という。

　契約により予約完結権の行使期間を定めることができるが，期間を定めなかったときは，相手方（予約義務者）が不安定な地位に置かれるので，相当の期間を定めて完結権を行使するか否かを答えるように催告することができ，完結権者がこれに答えない場合は，権利は失効する（556条2項）。

③ 手　　付

（1）**手付の種類**　　売買契約締結の際に，当事者の一方から他方に対していくらかの金銭（あるいは，その他の有価物。およそ代金額の10％ほどといわれる）が交付されることがある。これを「手付」というが，一般に内金，約定金，保証金と呼ばれるものの中にもこの手付けを意味するものが含まれる場合がある。しかし，ひとくちに「手付」といっても，交付される目的は，必ずしも一様ではない。その種類には，証約手付（契約の成立を証明する），成約手付（契約の成立要件となる），違約手付（相手方の債務不履行の場合に没収される。ただし，その内容により，それ以上の損害があれば没収された手付以上の損害賠償の請求が許される「違約罰」と，かかる損害賠償が許されない「損害賠償額の予定」〔420条参照〕の性質を持つものに分けられる），解約手付（解除権留保の対価の意味を持つ）がある。

（2）**解約手付の推定**　　手付が交付された場合，それが上のどの意味を持つのであろうか。これは，当事者の意思解釈の問題であるが，少なくとも，証約手付としての意味は，どの場合も共通して持っているであろう。そうすると，それに加えて，どのような性質を合わせ持つか。その趣旨が明らかでない場合は，「解約手付」であると推定される（557条1項。最判昭29・1・21民集8巻1号64頁）。これによると，手付を交付した買主は，手付の返還請求権を放棄して，契約を解除することができ（手付流し），交付された売主は，手付の倍額を現実に提供して契約を解除することができる（手付倍戻し）。一般にかかる意味における手付の額に多寡の制限はないとされている（大判大10・6・21民録27輯1173頁──代金額900円に対し6円の手付を解約手付と認めた）。

（3）**拘束力との関連**　　解約手付は，それを放棄したり，倍額を返還したりするだけで理由なく契約関係から離脱できることになるので，契約の拘束力を弱めるという批判がある。しかし，逆にいうと，拠出した（収受した）手付額の損を覚悟しないと契約関係を離脱することができないのであるから，拘束力を強めているともいえる。両側面あるわけで一概に言えない。

（4）**履行の着手**　　解約手付による解除は，相手方が履行に着手するまで可能である（解除をしようとする側が着手していても解除は可能である）。履行の「着手」とは，履行の「準備」ではなく，履行行為自体の着手である。判例は，「客観的に外部から認識し得るような形で履行行為の一部をなし又は履行の提供を

するために欠くことのできない前提行為をした場合を指す」と説明している
（最大判昭40・11・24民集19巻 8 号2019頁）。具体的には，不動産の買主が，売主に
請求されればいつでも残代金を支払う準備ができていた場合や，借家人のいる
家屋について売主がしばしば借家人に明渡しを求めていた場合にすでに着手が
あると解される。

④ 売買の費用

　売買契約に関する費用は，当事者双方で等分に負担する（558条）。ここでい
う売買の費用とは，目的物の価値評価や証書の作成に要した費用など（土地測
量費用や印紙代）のことである。契約から生じる債務を履行する費用は，これと
は異なる（弁済の費用，485条参照）。

2 ── 売買の効力(1)：売主の義務

① 財産権移転義務

　売主は，売買契約の履行として財産権を買主に移転しなければならない。登
記など対抗要件を備えさせたり（560条），占有を移転したり，目的物に関する
証書を移転させることが内容となる。たとえば，土地の売買なら，土地の占有
を買主に引き渡し，登記名義を売主から買主に移転することに協力しなければ
ならない。

② 果実の引渡し

　民法89条によると，天然果実は，元物から分離する時に収取する権利を有す
る者に帰属すると規定されており，仮に買主に収取権が移転しているとすると
（所有権の移転時期に関する判例理論からすると，売買契約成立後は，買主に収取権が
あるようにみえる），果実は，買主に引き渡さなければならないだろう。しかし，
売買契約では，目的物の引渡し前は，売主が果実を収取すると規定されている
（575条 1 項）。この規定は，これのみで理解してはならない。同条 2 項が，買主
は代金の利息を目的物が引き渡された日から払えばよいとしているのと対応し
ている。すなわち，「売主の取得する果実の利益の価値」から「売主にかかる目
的物の管理費用」を差し引いた価値が，「買主の免れる代金の利息の価値」にほ
ぼ匹敵する（そのようにみなした）ので，双方の価値を最終的に交換することに
よる複雑な関係を，各々がその価値をそのまま収取することにして，簡潔に処

理しようとしたものである。

3 ── 売買の効力(2)：売主の契約不適合責任 (担保責任)

1 緒　　論

　売主が目的物を引き渡し，登記名義を移転したとしても，それで一件落着とはいかない場合がある。たとえば，別の人が現れて，その物は実際には自分のだと言って，所有権を主張したり，あるいは，抵当権の負担が付いていて，その実行により別の人（買受人）の物になってしまったり，購入した家の柱に白蟻が巣食っていたり，といったトラブルが生じることがある。これらの場合にどのような責任を売主が負うのか，また，それは契約の不完全な履行ではないのか（債務不履行責任との関係）といった問題がある。

2 他人の権利の売買

　AがC所有の土地をBに売却する契約を締結した場合どうなるであろうか。そもそも，Aは，自分の物ではない土地の所有権を移転するなどということは不可能だから，かかる契約は無効だと言えないことはない。しかし，民法は，このような契約を有効とし，売主は，その他人 (C) から権利を取得して買主に移転する義務を課した (561条)。この義務は，売買目的物の権利の一部が他人に属する場合も同じである（同条）。他人の物であることを前提にした売買も同様である（最判昭50・12・25金法784号34頁）。引渡し後に目的物が売主の物でないことが判明し真実の所有者から取り戻された場合もそうである。

　そして，売買目的物の権利全部が他人に属する場合で，売主が561条の権利移転義務を履行しない場合は，買主は，一般の債務不履行の規定により損害賠償 (415条) および解除 (541条・542条) をすることができる。もし，履行が可能なら，履行請求もできる。また，売買目的物の権利の一部が他人に属する場合で，売主がその権利移転義務を履行しない場合は，追完請求 (562条)，代金減額請求 (563条)，損害賠償及び解除 (564条) をすることができる (565条)。買主の善意・悪意を問わない。なお，これらの権利行使は，166条 1 項の債権の消滅時効に関する一般原則（権利行使できることを知ってから 5 年，権利行使できる時から10年）により制限される。

③ 他人の権利の売主の相続

　AがCの所有物をBに売却する契約を締結した後，Aが死亡し，真の所有者Cが Aを相続した場合，Cは契約を履行しなければならないか。判例は，信義則に反する特別の事情がない限り，Cは，履行を拒絶することができるとしている（最大判昭49・9・4民集28巻6号1169頁）。Cは，もともと自ら契約を締結したわけではないからである。これとは逆に，AがCを相続した場合には，履行を拒絶できず，当然に権利は，買主Bに移転する。

④ 数量不足の場合（数量に関する契約不適合）

　AがBに200平方メートルの面積の土地であるとのことで売買契約を締結し，引渡しを受け実測したところ180平方メートルしかなかった場合などに買主Bは完全な履行を求める追完請求（562条），代金減額請求（563条），415条に基づく損害賠償および541条・542条に基づく解除（564条）をすることができる（詳しくは→71頁参照）。また，これらの権利行使は，166条1項の債権の消滅時効に関する一般原則（権利行使できることを知ってから5年，権利行使できる時から10年）により制限される。

　ここで述べる事例は，改正前565条においては，「数量指示売買」と称されていたが，どういう内容の売買契約が同条の「数量を指示」したことになるのか問題があった。たとえば，「200平方メートルの甲土地200万円」と表示した場合と「甲土地，1平方メートル1万円を単価とし，200平方メートル200万円」と表示した場合を比較してみると，前者において，200平方メートルの表示が，単に甲土地の登記簿上記載された面積を転記しただけで，甲土地を特定する目的で記されたにとどまる場合は，同条の「数量を指示」にあたらない，と解される。これに対して，後者のように，平方メートル数が表示され，1平方メートルあたりの価格の割合で，代金を定めた場合は，通常「数量を指示」したことにあたると解される。判例が，「当事者において目的物の実際に有する数量を確保するため，その一定の面積，容積，重量，員数または尺度あることを売主が契約において表示し，かつ，この数量を基礎として代金額が定められた売買を指称する」（最判昭43・8・20民集22巻8号1692頁）としているのはこの意味である。

　そして，562条における数量に関する契約不適合は，かかる「数量指示売買」

に限定されることなく，契約の内容により判断されることになろう。

　なお，実際の数量が契約に示された数量を超過する場合は，563条を類推適用して代金の増額請求をすることはできないというのが判例（最判平13・11・27民集55巻6号1380頁）・通説である。

5 占有を目的とする権利によって制限を受ける場合

　Bが建物建築の目的でAより購入した土地にCが地上権を有しており，Bが予定した建物を建てることができないことがわかった場合には，Aはどのような責任を負うであろうか。

　売買の目的物が地上権・永小作権・地役権といった用益物権，留置権・質権といった担保物権，登記やその他の対抗要件を備えた賃借権の対象となっている場合，購入した土地にあると称せられた地役権が実はなかった場合，建物売買でその建物の敷地利用権がなかった場合は，これらの権利はいずれも占有を伴うものであるので，買主の所有権の行使が著しく制限される。これらの場合も，565条にいう「買主に移転した権利が契約の内容に適合しないものである場合」に該当し，562条〜564条が準用されて，追完請求，代金減額請求，損害賠償請求，解除の対象になる。

6 抵当権等がある場合の買主による費用償還請求

　買い受けた不動産について，契約内容に適合しない先取特権，質権または抵当権が存在していた場合に，買主が費用を支出して（抵当権消滅請求〔379条〕，第三者の弁済〔474条〕による）その不動産の所有権を保存したときは，買主は売主に対してその費用の償還を請求することができる（570条）。

　他方，不動産を買い受けた者が，これらの担保権の実行により，当該不動産の所有権を失った場合は，売主は債務不履行の一般規定によって責任を負う。

　ただし，570条は，買主が所有権を失うことにより，契約代価と買主の取得利益との差に不均衡が生じる場合が念頭に置かれている。そうであるなら，当初，買主が担保債務を引き受け，それが売買代価に反映している場合（担保の負担が付いた土地なので格安で売買された場合など）は，かかる不均衡は折り込み済みのはずであるから，償還請求権は発生しない。

7 種類・品質に関する契約不適合の場合

　BがAより購入した家屋に住んでから，数日経ったある日，たまたま床に置

いたゴルフボールが勝手に転がるのを見て，床が傾いていることがわかった場合，BはAに対してどのような責任を追及することができるだろうか。

（1）**緒　説**　引き渡された目的物が種類・品質に関して契約の内容に適合しないものであるときは，買主は，その不適合が買主の責めに帰すべき事由によるものでない限り，売主に対して，目的物の修補や代替物の引渡しによる履行の追完を請求することができるが，売主も，買主に不相当な負担を課すものでないときは，買主が請求した方法と異なる方法による履行の追完をすることができる（562条）。そして，責めに帰すべき事由のない買主が相当の期間を定めて履行の追完を催告しても，その期間内に追完されない場合（追完不能や売主の明確な追完拒絶等の場合は催告なしで）は，買主はその不適合の程度に応じて，代金減額請求をすることができるし（563条），一般債務不履行の規定により，損害賠償請求及び解除も可能である（564条）。ただし，これらの救済方法は，売主が引渡しの際にその不適合について悪意または善意であるが重過失である場合は除いて，買主が不適合を知ってから1年以内にその旨を売主に通知しないとき，許されない（566条）。

（2）**「種類・品質に関する契約不適合」の意義**　新民法は，改正前570条の「瑕疵」概念を避け，「契約適合性」という概念を採用した。

改正前民法においては，「瑕疵」という概念が採られており，瑕疵とは，その種の目的物が通常備えるべき性質が欠如していることであるが（客観説），売主が通常以上の性質・性能を有していることを見本などによりあらかじめ買主に表示していた場合は，それが基準となる（主観説）と考えられていたところ（「売買契約の当事者間においてどのような品質・性能を有することが予定されていたか」が基準となる〔最判平22・6・1民集64巻4号953頁参照〕），新法における「契約不適合」を基準としても，実質的内容は変わらない。したがって，たとえば，デジタル腕時計を買って，画面に時刻表示がでなければ，性能についての表示が事前に何もなくとも，これは瑕疵といえるが，音声により時刻が表示されなくても，瑕疵とはいえないだろう。もっとも，音声による表示機能のあることがカタログ等で説明されているのに，音声による表示がでない場合は，「契約不適合」であるといえる。

改正前民法では，「瑕疵」が「隠れた」ものでなければならないとしており，

図表 4 - 1　契約不適合責任の概要

「不適合」の類型	救済方法	期間制限
全部他人の権利	損害賠償（415条） 解除（541条・542条） 履行請求	権利行使可能認識時から 5 年・権利行使可能時から10年（166条 1 項）
種類・品質	追完（562条） 代金減額（563条） 損害賠償（564条・415条） 解除（564条・541条・542条）	認識後 1 年以内の通知懈怠による失権（566条） 権利行使可能認識時から 5 年・権利行使可能時から10年（166条 1 項）
数　　量	追完（562条） 代金減額（563条） 損害賠償（564条・415条） 解除（564条・541条・542条）	権利行使可能認識時から 5 年・権利行使可能時から10年（166条 1 項）
権利 （一部他人の権利）	追完，代金減額，損害賠償，解除（565条・562条〜564条）	権利行使可能認識時から 5 年・権利行使可能時から10年（166条 1 項）
抵当権等	保存費用償還（570条）	（166条 1 項）

　この「隠れた」とは，一般の取引において用いられる注意をもってしては，発見できないような状態にあることであり，通説・判例は，買主の善意・無過失の意味であると解していた。改正後はやはり「契約不適合」の判断の中に含まれる。要するに契約解釈の中にとりこまれる。

　「契約不適合」には，購入した建物の屋根や壁に亀裂があって雨漏りがするとか，木造家屋の柱がシロアリに食われていて中が空洞になっていたなどの「物理的欠陥」の事例はもとより，購入したマンションに日が当たらないなどの「環境的欠陥」，中古住宅を購入したところ，前所有者が一家心中をした事実があった等の「心理的欠陥」も含まれる。

　ところで，たとえば，BがAより買った土地の上に建築基準法42条 2 項による道路位置指定がされて，土地の利用が一部制限されている場合，目的物の品質の契約不適合があるといえるか。このような問題は，改正前民法においては，法律上の制限も物の瑕疵といえるかという問題として議論されてきた。学説は，法律上の制限のある場合を「権利の瑕疵」と解する傾向にあったが，判例（最判昭41・4・14民集20巻 4 号649頁等）は，「品質の瑕疵」（改正前570条）で処理していた。今回の改正でもこの点は解釈に委ねられている。

　また，AがCより賃借している土地上にある建物とCに対する借地権をBに売却したところ，その借地の一部に亀裂が生じ，その上の建物が危険な状態になった場合に，BはAの不適合責任を追及することができるだろうか。類似の

事案で、「借地」の瑕疵ではある（したがって、BはCに対して修繕を請求できるし〔606条〕、賃貸借の目的物の瑕疵担保責任を追及することはできる〔559条、改正前570条〕）が、売買の目的物である「借地権」の瑕疵ではないという理由でAの瑕疵担保責任を否定した判例がある（最判平3・4・2民集45巻4号349頁。→WINDOW 4-2）。契約の解釈により適合性を判断する新民法においても同様に考えられよう。

(3) 「種類・品質に関する契約不適合」の効果　(a) 追完請求権　引き渡された目的物が種類・品質に関して契約の内容に適合しないものであるときは、それが特定物か種類物かに関わりなく、買主は、その不適合が買主の責めに帰すべき事由によるものでない限り、売主に対して、目的物の修補、代替物の引渡しなど、しかるべき適切な方法による履行の追完を請求することができる（どちらかを選択して指定しなければならないわけではない）が、買主に不相当な負担を課すものでないときは、売主は、買主が請求した方法と異なる方法による履行の追完をすることができる（562条）。

(b) 代金減額請求権　責めに帰すべき事由のない買主が相当の期間を定めて履行の追完を催告しても、その期間内に追完されない場合は、買主はその不適合の程度に応じて、代金減額請求をすることができる（563条1項・3項）。請求権と称されているが、借地借家法上の賃料増減請求権（借地借家11条・32条）と同様に形成権である。もっとも、①履行の追完が不能であるとき、②売主が履行の追完を拒絶する意思を明確に表示したとき、③契約の性質または当事者の意思表示により、特定の日時又は一定の期間内に履行をしなければ契約をした目的を達することができない場合において、売主が履行の追完をしないでその時期を経過したとき、④上記①〜③に掲げる場合のほか、買主が563条1項の催告をしても履行の追完を受ける見込みがないことが明らかであるときは、催告なしに直ちに代金減額請求ができる（同条2項）。ただし、このように代金減額がされると、給付された物は、契約に適合していたことになるので、損害賠償請求・解除はできなくなる。

(c) 損害賠償請求権・解除権　一般債務不履行の規定（415条）により損害賠償請求、また、541条・542条により解除をすることができる（564条）。

契約不適合責任の性質は債務不履行責任であるので、履行利益賠償が認めら

□ WINDOW 4-2

借地権瑕疵事件（最判平 3・4・2 民集45巻 4 号349頁）

　Ｘは，Ｙから本件建物の所有権および本件借地権（本件建物敷地の賃借権）を買い受け，代金を支払った。本件土地は，南側が幅員6メートルの公道に接し，北側は高さ約4.4メートルの崖に臨む地形となっており，本件土地北側の崖は，基部が高さ2メートル弱のコンクリート擁壁で，その上に高さ約2.4メートルの大谷石の擁壁が積み上げられたいわゆる二段腰の構造となっていた。ところが，台風に伴う大雨により，右擁壁（以下「本件擁壁」という）に傾斜，亀裂を生じ，崖上の本件土地の一部に沈下および傾斜が生じ，構造耐力上および保安上著しく危険な状態となったため，Ｘは，本件建物の倒壊の危険を避けるため，やむなく，これを取り壊した。Ｘは，Ｙに対して，書面により，改正前570条・566条1項の規定に基づき本件売買契約を解除する旨の意思表示をし，売買代金および建物購入費用の賠償を求めた。原審は，その借地権には契約上当然に予定された性能を有しない隠れた瑕疵があったものとしてＸの主張を認容した。Ｙの上告に応えて，最高裁はつぎのように判断した。

　「建物とその敷地の賃借権とが売買の目的とされた場合において，右敷地についてその賃貸人において修繕義務を負担すべき欠陥が右売買契約当時に存したことがその後に判明したとしても，右売買の目的物に隠れた瑕疵があるということはできない。けだし，右の場合において，建物と共に売買の目的とされたものは，建物の敷地そのものではなく，その賃借権であるところ，敷地の面積の不足，敷地に関する法的規制又は賃貸借契約における使用方法の制限等の客観的事由によって賃借権が制約を受けて売買の目的を達することができないときは，建物と共に売買の目的とされた賃借権に瑕疵があると解する余地があるとしても，賃貸人の修繕義務の履行により補完されるべき敷地の欠陥については，賃貸人に対してその修繕を請求すべきものであって，右敷地の欠陥をもって賃貸人に対する債権としての賃借権の欠陥ということはできないから，買主が，売買によって取得した賃借人たる地位に基づいて，賃貸人に対して，右修繕義務の履行を請求し，あるいは賃貸借の目的物に隠れた瑕疵があるとして瑕疵担保責任を追及することは格別，売買の目的物に瑕疵があるということはできないのである。なお，右の理は，債権の売買において，債務の履行を最終的に担保する債務者の資力の欠如が債権の瑕疵に当たらず，売主が当然に債務の履行について担保責任を負担するものではないこと（民法569条参照）との対比からしても，明らかである。

　これを本件についてみるのに，前記事実関係によれば，本件土地には，本件擁壁の構造的欠陥により賃貸借契約上当然に予定された建物敷地としての性能を有しないという点において，賃貸借の目的物に隠れた瑕疵があったとすることは格別（民法559条，570条），売買の目的物に瑕疵があったものということはできない。」

WINDOW 4-3

種類・品質に関する契約不適合責任の性質——改正前民法の様相

　ここまで述べてきたように，改正前民法の売主担保責任，とくに瑕疵担保責任（改正前570条）については，その法的性質を巡って激しい論争が繰り広げられてきた。一方では，長きにわたって通説と目されてきた「法定責任説」が，改正前570条は，特定物売買にのみ適用され，不特定物売買には，債務不履行責任（415条）が適用されると主張してきた。この見解は，特定物売買では，売主は，引渡し時の現状で引き渡す義務のみを負う（483条参照）から，仮にその目的物に欠陥がもともとあったとしても（すなわち「原始的瑕疵」），債務は完全に履行されたことになり，債務不履行にならない（この論理を「**特定物ドグマ**」という）。しかし，買主は，そのような欠陥がないものとして評価して値をつけ買っており，実際の「欠陥を持った目的物の価値」と「売買契約価格」との間に不均衡が生ずる。そこで，民法が特別にこの不均衡を埋めるために，売主に無過失責任を課したのが，この瑕疵担保責任であると説く。かかる趣旨から，損害賠償の範囲も瑕疵が存在しなかったと信頼したことによる損害の範囲（信頼利益）あるいは，欠陥ある物と契約価格の差額の範囲（対価的制限）に限られる。反対に，不特定物の場合は，債務の本旨に従った，完全な履行をすることが要請され，給付したものに欠陥があれば，取り替えるなどして完全な履行をすることが可能である。したがって，不完全な履行は，債務不履行責任を生ぜしめることになるという。もっとも，債務不履行責任の追及期間が改正前民法では10年（改正前167条1項）であるのはいかにも売主に不利であるので，この見解の主張者も信義則などにより制限すべきであると考えていた。

　判例も，基本的に不特定物売買には，瑕疵担保責任の規定は適用されないという法定責任説の立場に立ちながら，買主が瑕疵ある目的物を「瑕疵の存在を認識した上でこれを履行として認容して」受領した場合，それ以後は，瑕疵担保責任の規定のみが適用される，という見解をとっていた（最判昭36・12・15民集15巻11号2852頁）。いわば，不特定物売買の不完全履行による債務不履行責任の追及に時的限界を設けて，それ以後は，瑕疵担保責任の追及のみとすることにより，売主の地位の長期にわたる不安定を回避しようとしていたといえる。

　上のような法定責任説に対して，昭和30年代から，このような区別は不当であるとして，瑕疵担保責任を債務不履行責任の特則であるとする見解（契約責任説）が有力に唱えられてきた。

　今回の民法改正においては，かかる論争に終止符を打ち，また，外国法や国際統一売買法（1964年ハーグ条約，1980年国連ウィーン条約）の趨勢とも合致させるため，法定責任説，特定物ドグマを廃し，全面的に契約責任説が採用されるに至ったのである。

れる。

　なお，415条ただし書が「その債務の不履行が契約その他の債務の発生原因及び取引上の社会通念に照らして債務者の責めに帰することができない事由によるものであるときは，この限りでない」と規定しており，単純な「帰責事由＝過失」の定式を採っていないことに注意すべきである。また，解除においては，責めに帰すべき事由が要件とされていない（541条・542条）。

　さらに，契約目的不達成の場合にかぎらず，催告解除も可能である（564条・541条参照）。

　なお，以上の(a)～(c)の説明は，前述の「**4** 数量不足の場合（数量に関する契約不適合）」にも妥当する。

　(d)　期間制限　　これらの種類・品質の契約不適合に対する救済方法は，売主が引渡しの際にその不適合について悪意または善意であるが重過失である場合は除いて，買主が不適合を知ってから1年以内にその旨を売主に通知しないときは，それらの権利を失う（566条）。最判平4・10・20民集46巻7号1129頁の定立した要件を緩和するものであるが，その通知は不適合の内容を把握することが可能な程度に具体的でなければならない。1年の期間の起算点は，買主が契約不適合を知った時点である。売主の履行終了の期待保護と経年変化による品質劣化との区別が短期間でつかなくなる可能性を慮って1年という短期の制限にした。

　また，種類・品質の契約不適合責任についても，債権の消滅時効の一般規定（166条1項）の適用は排除されない。この消滅時効の起算点は，買主が目的物の引渡しを受けたときと考えられる（最判平13・11・27民集55巻6号1311頁）。

　なお，566条に従って，買主が契約不適合を知ってから1年以内に売主に通知した場合は，買主が契約不適合を知った時から5年の消滅時効にかかる。

　(4)　**種類・品質の契約不適合と錯誤**　　たとえば，1年前に買ったという友人の普通乗用車を，同クラスの自動車にはエアコンが装備されているので，エアコンが付いていると思って買い受けたところ，それが付いていなかったという場合，契約不適合責任を追及できる可能性もあろうし，錯誤（95条）の主張も許されるようにもみえる。このように，契約不適合責任と錯誤が競合するかのようにみえる場合に，どちらの主張が許されるべきであろうか。もっともか

かる場合は，動機の錯誤にあたるから，従来の判例理論からすると，動機の表示があったことが前提となる（「［（法律行為の基礎とした）事情が法律行為の基礎とされていることが表示されていた」ことが前提になる〔95条1項2号・2項〕）が，要素に錯誤があれば（「法律行為の目的及び取引上の社会通念に照らして重要」であれば），瑕疵担保（契約不適合）の規定は排除されると述べている（最判昭33・6・14民集12巻9号1492頁）。ただし，判例が契約不適合の規定を排除したと理解するのは必ずしも相当でなく，当事者の主張に合わせて，錯誤の主張があれば錯誤を，契約不適合の主張があれば瑕疵担保をそれぞれ認めているとみたほうがよさそうである。

　これに対して，学説は，どちらを主張するのも自由だとする説もあるが，従来，売買当事者の権利義務関係の早期の安定を図る趣旨から，瑕疵担保責任（契約不適合）の主張のみが許される（瑕疵担保責任〔契約不適合〕の主張は不適合を知った時から1年に限定されるが，錯誤無効の主張に期間制限はない）とするのが通説であった。錯誤の効果は取消権の発生であるが，それでも，126条により少なくとも5年ということになるから，両者の選択が自由であるというのが最も適切であろう。

8 債権の売買の場合

　すでに弁済期が到来している債権を売却した場合に，売主が債務者の資力を担保したときは，民法は，売買契約締結時における債務者の資力を担保したものと推定した（569条1項）。弁済期未到来の債権を売却した場合で，売主が債務者の将来の資力を担保したときは，弁済期での資力を担保したものと推定される（同条2項）。債権を買ったといっても，その債務者が財産を持っていなければ，「画に描いた餅」だからである。この場合の「担保」は，債務者が無資力の場合に弁済されない部分を，代わって債権の売主が弁済することを意味するのである。

9 競売による場合

　民事執行法その他の法律の規定に基づく競売（一般には「きょうばい」とも呼ばれている）の買受人は，買い受けた目的物に権利に関する契約不適合があった場合は（種類・品質に関する契約不適合は除かれる。568条4項），債務者（引当財産の所有者→売主の地位に立つ。したがって，物上保証人を含む）に対し，541条・542条・

563条（565条において準用する場合も含む）により，契約の解除，または代金減額請求をすることができる（568条1項）。請求債権の債務者に履行の追完をすることは相当ではないので，562条は含まれていない。追完がありえないとすると，代金減額請求や解除についても催告を要しないことになる。しかし，債務者が無資力の場合は，競売代金の配当を受けた債権者に対して代金の返還を請求することができる（568条2項）。追完が認められないのと同様の理由で，原則として損害賠償も認められないが，債務者が物または権利の不存在を知りながら申し出なかったとき，または債権者がそれを知りながら競売を請求したときに限り，それぞれに対し買受人は損害賠償を請求することができる（同条3項）。

10 同時履行の抗弁権

売主の契約不適合責任（追完または追完に代わる損害賠償）と買主の義務（代金支払義務）の間にも同時履行の関係が成立する（533条参照）。

11 担保責任免除特約

契約不適合責任の規定は，任意規定であるから，これを負わないとする特約も原則的に許される。しかし，契約不適合責任を生じさせる事実を知りながら売主が買主に伝えなかったり，あるいは，売主が自ら第三者のために権利を設定したり第三者に譲渡したりした場合は，そのような特約は許されない（572条）。

12 目的物滅失等の危険の移転

(1) 売買契約締結後いつの時点までに，目的物が両者の責めに帰すべき事由がなく滅失すれば，それを理由として買主は，追完などを求めることができるのだろうか。

567条は，基本的に，売主が売買の目的として特定したものを引き渡した後に，当事者双方に帰責事由なく滅失・損傷しても，その滅失・損傷を理由として，買主は追完請求・代金減額請求・損害賠償請求・解除をすることができず，また，代金の支払いを拒めないことを規定する。目的物滅失・損傷に関する危険（給付危険）は，所有権の所在ではなく，目的物の引渡し（とその受取り）により売主から買主に移転するのである（本条1項）。しかし，滅失・損傷が「売主」の責めに帰すべき事由の場合は，これらの権利主張が許されると解される。ただし，不特定物売買の場合は，引渡し前に特定していることが求められる（同項。括弧書）。

　(2)　売主が契約に適合する目的物でその引渡債務の履行を提供したにもかかわらず，買主がその履行を受けることを拒み，または受けることができない場合は，その履行の提供があった時以後に当事者双方の責めに帰することができない事由によってその目的物が滅失し，または損傷したときも，物の滅失・損傷の危険が買主に移転し，滅失または損傷の担保責任を追及できず，代金の支払いを拒めない（同条2項）。

4 —— 売買の効力(3)：買主の義務

① 代金支払義務

　買主の最も重要な義務は，売主に代金を支払う義務である（555条参照）。民法には，代金の支払時期（573条），代金支払場所（574条）について規定がある。

　目的物に権利を主張する者がいるなど，権利の全部または一部を取得できなかったり，失うおそれがある場合にはその危険の程度に応じて代金の全部または一部の支払いを拒絶できるし（576条），買い受けた不動産に契約の内容に適合しない先取特権，質権，抵当権の登記があるときは，買主は，抵当権消滅請求の手続が終わるまで代金の支払いを拒絶できる（577条）。これらの場合，売主は，買主に代金の供託を請求することができる（578条）。

② 目的物引取義務

　目的物を受領するのは，買主の権利であり，義務ではないと従来説明されてきたが，近時買主に目的物を受領する義務を信義則に基づき認めるのが多数説である。判例も受領義務の一種とみられる引取義務を認めている（最判昭46・12・16民集25巻9号1472頁）。

5 —— 消費者と売買

① 緒　　論

　民法の売買契約の規定は，その当事者について抽象的に売主・買主というだけで，その他何も区別していない。しかし，大企業どうしの売買や専門業者間の売買と消費者が業者から購入した場合とでは，専門的・法的知識，情報力，交渉力に格差があり，これを同列に扱うのは，公平を欠く場合があろう。そこで，消費者の利益を保護する特別法がいくつか制定されてきた。なかでも，事

図表4-2 「ローン提携販売」のしくみ　　　図表4-3 「信用購入あっせん」のしくみ

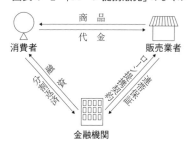

業者の一定の行為により消費者が誤認し，または困惑した場合について契約の申込みまたはその承諾の意思表示を取り消すことができることとするとともに，事業者の損害賠償の責任を免除する条項その他の消費者の利益を不当に害することとなる条項の全部または一部を無効とすることを柱とする**「消費者契約法」**が2000年に制定されたことは特筆に値するが，未だ万全とは言い難い。ここでは，そのような特別法により規制を受ける消費者売買の主要な形態と法的な問題点を簡単に説明する（なお，特殊の売買としては，ここで説明するもののほかに，「見本売買」〔見本を示してなされる売買〕，「試味売買」〔試用のうえ気に入ったら買うという売買〕がある）。

2 割賦販売

　買主が代金を相当長期に分割して支払う旨の特約のついた売買をいう。これにより買主は，代金の一部を支払うだけで商品を手に入れることができ，その後で時間をかけて支払えば足りるという利点がある反面，販売業者が苛酷な契約約款を買主に押しつけてくることがままみられたので，政令で定める「指定商品」を対象に**割賦販売法**が1961年に制定され，数度の改正を経て今日に至っている。

　割賦販売は，その形式により「前払式割賦販売」，「ローン提携販売」，「信用購入あっせん」などに分かれる。**「前払式割賦販売」**は，その名のとおり，先に割賦金を積み立ててその後に商品やサービスの供給を受ける形式をいい，冠婚葬祭互助会などにその例がみられる（もちろん，後払い式もある）。**「ローン提携販売」**（→図表4-2）は，消費者が商品を購入する際に，販売業者があらかじめ提携している金融機関を紹介し，そこから融資を受けさせると同時に，販売業

者も連帯保証人となり，融資された金銭は代金に充当される一方，消費者は，購入と同時に商品を入手し，その代金を金融機関に分割返済するというスタイルをとる。また，「**信用購入あっせん**」（→図表4-3）では，商品の代金を信販会社が売主に立替払いし，その立替金を買主が信販会社に分割または一括して返済していく方法をとる（信販会社が売買ごとに代金を立て替える「個別信用購入あっせん」と信販会社が消費者にあらかじめクレジットカードを発行しておいて，提携業者との購入の際にクレジットカードを使用することにより信販会社が立て替えをする「包括信用購入あっせん」に分かれる。クレジットカード取引については，→WINDOW 6-5参照）。

　積立ての場合は，販売業者の倒産の場合における消費者の保護が問題になるし，信用購入あっせんでは，商品の不引渡しや欠陥の場合の保護が問題になる。すなわち，後者の問題は，消費者が商品を購入する販売業者と，その代金の立替払いをする信販会社とは，別主体であり，別々に契約をするという形式をとるため，売買契約の売主の不履行が，消費者の信販会社との返済契約に影響しないことにある。信販会社から代金の返済を迫られた消費者は，商品の未受領や欠陥の存在を理由に弁済を拒絶できない建前である。しかし，販売業者と信販会社の分離は，そもそも消費者の便宜のために導入されたシステムではなく，業者側の利益によるものであるから，それにより消費者が不利益を受けるのは不合理である。そこで，割賦販売法30条の4，35条の3の19は，販売業者に対抗できる事由をもって，信用購入あっせん業者に対抗することができると規定して（「**抗弁の接続**」），たとえば，商品を受領していないことをもって信販会社からの返済金支払請求を拒絶することができるようにしている。

③ 訪問販売

　消費者が販売店に出向いて商品を購入する場合は，当初から少なくともある程度は，購入する意図をもって店員の対応を受けているだろう。ところが，セールスマンが消費者の家庭を訪問して，売り込みをする場合は，消費者は，いわば不意打ちを食らうわけで，熟慮する暇もなく買ってみたり，場合によっては，長居するセールスマンに困惑して投げやりに買ってしまったりすることもあろう。このような場合は，必ずしもセールスマンに詐欺，強迫があるわけでもないので，取り消すことにより，原状に復させることも困難である。そこ

で，このような場合に消費者の利益を保護するため，1976 (昭和51) 年に「訪問販売等に関する法律」が制定された。同法は，政令で定める「指定商品」(商品だけでなく，リゾート会員権などの「権利」，「役務」についても同様) に限ってではあるが，消費者の利益保護のためにいくつかのシステムを規定する一方，またその対象も訪問販売だけでなく，次第に通信販売，電話勧誘販売，**ネガティブ・オプション** (一方的に消費者に商品を送りつけ，消費者が商品を返送するか購入を拒絶しない限り，契約が成立したものとみなす商法)，業務提供誘引販売取引 (いわゆる内職・モニター商法)，**特定継続的役務提供** (エステティックサロンや外国語教室などにおけるサービス提供) にまで拡大されてきた。2000 (平成12) 年に同法が「特定商取引に関する法律」(「特定商取引法」) に改称されたのは，そのような規制対象となる取引形態が増加してきたことを受けたものである。その後も指定商品 (役務) 制が廃止されたほか (2008年)，訪問購入への対象拡大 (2012年)，電話勧誘販売への過料販売規制の導入 (2016年)，ネガティブ・オプションの即時処分可能化 (2021年) などの強化が図られている。ここでは，訪問販売を例にとり，主な消費者保護システムを説明する。

①書面の交付　営業所等以外の場所で買主から売買契約の申込みを受けたり，売買契約を締結したときは，価格，代価支払時期，権利移転時期等を記載した書面を申込者に交付しなければならない (特商 4 条・5 条・18条・19条・37条等)。

②クーリング・オフ　①の書面受領から 8 日間 (連鎖販売取引・業務提携誘引取引では20日間) は，自由に申込みの撤回，契約の解除をなしうる (特商 9 条・40条・58条。詳しくは，→WINDOW 1-1)。

③損害賠償等の額の制限　契約解除の場合および対価支払義務不履行の場合の損害賠償額 (損害賠償額の予定または違約金の定めのある場合も含む) について詳細な基準で制限している (特商10条)。

④申込承諾の取消し　不実告知や故意の不告知により消費者が誤認して申込みまたは承諾をした場合，取り消すことができる (特商 9 条の 3。過量契約について特商24条の 2 等)。

④ 悪徳商法

現代社会には，人々の無知につけこみ，恐怖心や射幸心をあおって，不当な利益を貪ろうとする詐欺まがいの商法がはびこっている。このうちとくに違法

性の強いネズミ講は法律により全面的に禁止され（無限連鎖講の防止に関する法律），「マルチ商法」も法の規制を受けるに至っている（特商第3章「連鎖販売取引」参照）。

　このほか，二束三文の土地をさも値上がりするかのように不当な価格で売りつける「原野商法」や，不吉な運命を予測し，恐怖心をうえつけて，大した価値のない壺や印鑑を高価で売りつける「霊感商法」なども社会問題化した。また，近年では，和牛などの共同所有のためと称して出資を受けてその配当を給付するという出資法違反の投資商法も広がりをみせている。

　これらに対処する特別の規制法がない場合は，詐欺，強迫，錯誤などの規定（96条・95条）や，消費者契約法の規定（消契4条・10条）により，法律効果を否定する方法もあるが（前記，霊感商法〔消契4条3項8号〕やデート商法〔同項6号〕が困惑類型の例として挙げられる。※2022年消費者契約法改正後の号数で表記），これとは別に，不法行為，債務不履行の損害賠償による救済が試みられる場合も多い。

第4節　買戻し

① 買戻しとは何か

　不動産の売買契約と同時に売主が解除権を留保しておき，その解除権の行使によって売買契約を解除することをいう。この当初の売買において売主に支払われる代金は，実質的には買主から売主に対する融資であり，買主に所有権が移転した不動産は，実質的にはその担保の役割を果たすように使われる場合が多い。したがって，当初の売主が代金を返済できない場合は，所有権は買主（融資者）に確定的に帰属する。

　また，いったん債権担保の目的で買主に売却された債務者の不動産を，後に買う旨の「売買の一方の予約」を締結しておき，債務の履行があると，予約完結権が行使されて買い戻す形態もある。これを「**再売買の予約**」といい，同じく債権担保の目的で使われる。買戻しは，民法の厳格な要件が定められているが，再売買の予約は，法律上の制限がないので（目的物は動産，不動産どちらでもよい），こちらのほうが多用されるといわれている。

② 買戻しの有効要件

買戻しの目的物は不動産に限定される（579条）。

買戻しの特約と登記は，当初の売買契約と同時にしなければならない（579条・581条1項）。この登記により，目的不動産の譲受人に対しても買戻権を対抗することができる。また，返還額は，代金（別段の合意をした場合は，その合意による金額）と契約の費用に限られる（579条）。別段の意思表示がない限り，利息は付されない（同条後段）。

買戻しの期間は，10年を超えることはできない（580条1項）。期間を定めたときは，後日伸長できないし，期間を定めなかったときは，5年内に行使しなければならない（同条2項・3項）。

買戻権は，譲渡可能であり，その対抗要件は，登記（付記登記。不登4条2項。登記事項については，同96条参照）である。この権利の性質については争いがあるが，多数説は「物権取得権」と解している。

③ 買戻権の実行

買戻権は，相手方に対して売買契約解除の意思表示をして行使する。判例は，目的物が第三者に譲渡されたときは，その転得者に対して意思表示をするものとした。また，期間内に代金（別段の合意をした場合は，その合意による金額）および契約費用を相手方に提供しなければならない（583条1項）。

なお，その他の規定（582条・584条・585条）も参照されたい。

④ 買戻し行使の効果

通常の契約解除の効果と同じく双方が原状回復義務を負担する（545条1項参照）。また，売主は，費用償還義務を負う（583条2項）。一定の範囲で買主からの賃借人は保護される（581条2項）。

他方，買戻権が行使されない場合は，買主の所有権は確定する。しかし，担保の実質からすれば，清算して，残額は売主に返還されるべきだと解される。

第**5**章

貸借型の契約

●**本章で学ぶこと**

　前章では，契約によって所有権が一方当事者から他方当事者に移転するような形態の契約について学んだ。つぎに，本章では，物の貸し借りに関する契約を学ぶ。もっとも，貸し借りといっても，お金を借りる人は，借りたお金を家で鑑賞するために借りるのではない。借りたお金は，いったん服などを買うために使ってしまって，返すときは，借りたのと同じ額のお金を返せば通常は足りるだろう。このような形態の貸し借りの契約を，消費することを目的とするので，消費貸借契約という。

　これに対して，物の貸し借りの契約においては，借主は，物を使用して，そのままの形で返さなければならないはずである。民法は，このような形態の貸し借りの契約について，2つの類型に分けて規定している。使用貸借契約と賃貸借契約である。これらの相違点は，前者が，借主が物の使用に対して対価を支払う義務がないのに対して，後者においては，借主が物の使用に対して対価を支払う義務を負うことになる。

　本章ではこれらの契約類型について要件・効果を学ぶことになる。

第1節 序　説

　消費貸借，使用貸借，賃貸借は，共通して「貸借」という名称がつくが，それぞれにおいてその目的，形態が異なることは当然である。所有権の所在という点でも，消費貸借では，所有権がいったん借主に移転するので自由に消費することができるが，使用貸借，賃貸借では，所有権は貸主に留保され，利用権が与えられるだけである。

　経済的意義に着目すると，いうまでもなく，有償契約である利息付消費貸借契約，賃貸借契約が重要である。これは，銀行など金融機関の企業に対する融資が経済活動の根幹であり，不動産の利用が企業の経済活動の本拠になり，さらに，土地や住居の一般市民に対する利用権限の付与が生活の基礎を形作っていることを考えれば容易に理解できよう。これに対して，利息の付かない消費貸借契約や使用貸借契約は，親族間やごく親しい知人間のように，特殊な人的関係が背後にあって締結される場合が多いであろう。

　もっとも経済的意義からいうと「売買」のほうがより重要性が高いかもしれない。いずれにしろ，それは他人のものの利用を欲する人が，対価の高低や陳腐化の速度などを考慮して，一回的に所有権を取得してしまう（売主からすると手放してしまう）ことに利益を見出せば，売買という形態が選ばれることになろうし，継続的に対価を払いつつ（貸主からすると対価を受けつつ）状況の変化に即応できることに利益を見出すときは賃貸借という形態が選ばれ，そこでは，長期にわたる関係が生じるので，事情の変更による両者の利益の調整が大きな問題となる可能性がある。

第2節 消費貸借

① 消費貸借とは何か

　消費貸借とは，借主が，種類・品質・数量の同じ物で返還することを約束して，貸主から金銭その他の物を受け取ることによるか，または，貸主が金銭そ

の他の物を引き渡すことを約束し，借主がその受け取った物と種類，品質および数量の同じ物をもって返還をすることを書面で約束することによって，成立する契約である（587条・587条の2第1項参照）。前者は，要物契約としての消費貸借契約であり，後者は，要式契約でありかつ諾成契約としての消費貸借契約である。借主は，引き渡された物の所有権を取得して，それを消費してしまい，同種同質同量の物を貸主に返還すればよい。目的物は，金銭に限らず，米，醤油などの場合もありうるが，現代社会では，金銭であることがほとんどであろう。

　587条は，両当事者の約束だけで契約が成立するのではなく，借主が目的物を受け取ってはじめて契約が成立する**要物契約**の体裁をとっている。この場合，契約成立に貸主の物の引渡しを要しているので，貸主にそれ以上の債務はなく，残るは借主の返還債務のみである（片務契約）。さらに，規定の文言のうえでは，対価の支払いが要件になっておらず，無利息（無償契約）を原則とするが，利息を付けて返還することを特約で定めることができ（589条。金銭その他の物を受け取った日以後の利息を請求することができる），その場合は，有償契約となる。他方，587条の2は，貸主の目的物交付約束と借主の返還約束の合致のみで成立する諾成契約の体裁をとっている。しかし，かかる貸主の意思と借主の意思が書面に表れていなければならないので，要式契約である。この書面は，電磁記録によってもよい（同条4項）。また，無利息が原則であることは，要物契約の場合と同じである（589条）。

　ところで，このような消費貸借，それも利息付金銭消費貸借契約は，われわれ個人の友人からの借金や，銀行の住宅ローンから，企業の受ける融資に至るまで，大小さまざまに行われる。その意味では，現代社会において，欠くべからざる契約形態といえる。それだけに，取引力，交渉力の差から一方当事者（とくに消費者）に異常に高い利息が付けられるなど，不利な契約が結ばれることもあるので，種々の特別法により規制が加えられている。その最も重要なものが暴利を規制する利息制限法であり，昭和50年代以降のサラリーマン金融の隆盛と悪質な取り立てをする業者の跋扈に伴い，出資法を改正する一方，新たに，貸金業法の制定がなされた。利息規制については，債権総論で詳述される。

　バブル崩壊後は，銀行が融資を約束していながら，それを翻し，貸付けを拒

絶したことによって，借り手事業者が多大の損害を被るケースも目立った。このような場合に，借主から貸主に対して損害賠償を請求する事件もあり，「**レンダーズ・ライアビリティー** (lender's liability，貸し手責任)」の問題として注目を集めた。このような経緯を背景として，諾成的消費貸借契約が明文化された。

② 消費貸借の成立

要物契約としての消費貸借契約は，借主の同種・同質・同量の物の返還約束と貸主の目的物の引渡し (借主の受領) により成立する (587条)。かかる性質は，利息の付かない消費貸借を基本としたローマ法の沿革によるもので，利息付消費貸借が普通である現代には必ずしもそぐわない。したがって，この要物性は，緩和される傾向にある。すなわち，抵当権については，かなり早くから，金銭授受前に設定されたものでも有効であると判断してきた (大判明38・12・6民録11輯1653頁，大判大2・5・8民録19輯312頁)。このような判例は，一面，抵当権の付従性の緩和を示している (債権が発生していなくても抵当権の成立を認める) ものでもあった。

諾成的消費貸借契約は，前述のとおり，貸主が金銭その他の物を引き渡すことを約束し，借主がその受け取った物と種類，品質および数量の同じ物をもって返還をすることを書面で約束することによって成立する (587条の2第1項)。この書面要件は，軽率な契約の成立を防ぐ目的を持っている。書面には，詳細な内容まで示す必要はないが，金銭などを貸す意思と借りる意思が表れている必要がある。なお，要物的な契約を書面ですることも可能である。

③ 消費貸借の効力

(1) **貸主の義務**　要物契約としての消費貸借契約では，契約成立後に貸主に給付義務は残らない。他方，諾成契約としての消費貸借契約では，目的物の給付義務が生じる。

無利息の消費貸借契約において目的物に契約不適合がある場合は，贈与契約における契約不適合の規定を準用して目的物が特定した時の状態で引き渡せば足り，これと異なる合意が立証され，違反があれば，責任を負う (590条1項)。他方，物の (金銭が除外されるか争いがある) 利息付き消費貸借契約の場合は，売買契約における契約不適合に関する規定が準用され，代替物の引渡し等の追完義務・損害賠償義務を負う (559条・562条・564条)。

(2)　**借主の義務**　借主は，借りた物と同種・同質・同量の物を返還する義務を負う。また，利息付きか否かにかかわりなく，貸主から引き渡された物が種類または品質に関して契約の内容に適合しないものであるときは，借主は，その物の価額を返還することができる（590条2項）。種類・品質の不適合物を受け取った場合は，同様の不適合物を探して返還することは難しいからである。また，同種・同質・同量の物の返還が不能となった場合は，その時の物の価額を返還しなければならない（592条）。しかし，金銭消費貸借で特殊の通貨で返還する約束があった場合，弁済期にその通貨が強制通用力を失っているときは，他の通貨で弁済しなければならない（同条ただし書）。

④ 消費貸借の終了

借主の返還時期がここでの問題である。返還時期の定めのない場合は，貸主は，相当の期間を定めて返還の催告をすることができ，他方，借主は，返還時期の定めの有無に関係なく，いつでも返還することができる（591条）。

学説は，相当期間経過後に返還義務が生じると解しているが，判例は，貸主の催告で遅滞に陥り，借主は，催告がなかったことを抗弁できるにとどまるという。

当事者が返還の時期を定めた場合で，借主が期限前に返還をしたことによって貸主が損害を受けたときは，借主に対し，その賠償を請求することができる（591条3項）。これは，現に損害が生じていることが必要で，機械的に弁済期までの利息相当額の賠償が認められるわけではない。

⑤ 諾成的消費貸借

書面による合意だけで成立する諾成的消費貸借契約の成立により，貸主に貸す義務は生じるが，借主に借りる義務は生じない。借主に生じる引渡請求権に対する貸主の履行により，借主の返還義務が生じる。また，借主は，貸主から目的物を受け取るまで，契約の解除をすることができる。この場合において，貸主は，その契約の解除によって損害を受けたときは，借主に対し，その賠償を請求することができる（587条の2第2項）。ただし，この損害は，金銭調達費用等に限定され，弁済期までの利息相当額まで請求できるわけではない。借主が貸主から金銭その他の物を受け取る前に当事者の一方が破産手続開始の決定を受けたときは，経済状態の著しい変動を理由に，契約は効力を失う（同条3

項)。

6 消費貸借の予約

　民法556条の（売買の）一方の予約が消費貸借契約にも準用されるのだろうか（559条参照）。準用を認めるとすると，利息付き消費貸借契約について，予約完結権の行使によって成立するのは諾成的消費貸借契約であるとするのが一般的である。587条の消費貸借契約は，要物契約であり，目的物の交付を要するから，予約完結権の行使だけで成立すると解するのは論理的に無理があろう。ただし，587条の2第1項は，書面要件を課しているので，その書面をどの時点で求めるのか，すなわち，予約締結時か予約完結権行使時かも問題である。

7 準消費貸借

　(1)　**総　説**　　売主Aが買主Bに売却した商品の代金債権を，消費貸借契約の貸金債権に切り替えて存続させるように，金銭その他の物を給付する義務を負う者（この場合のB）がいる場合に当事者がその物を消費貸借の目的物とすることを約束したときには，消費貸借契約が成立したものとみなされる（588条）。これを「準消費貸借」という。

　準消費貸借は，債権がすでに生じていることを前提に合意のみで成立するのであるから，諾成契約であるが，実際に金銭が交付されることが予定されていないので，書面を必要としない。また，複数の債権をまとめて債権管理を容易にする目的でなされるばかりでなく，消費貸借によりすでに発生し，まだ支払われていない利息債務を元本と合わせて新たな消費貸借契約の目的とすることも可能である。

　(2)　**旧債務との関係**　　旧債務が成立していなければ，準消費貸借も成立しない。では，旧債務に付けられていた担保，抗弁権は新債務に承継されるか。たとえば，上の例でA・B間の取引に継続関係があり，B所有の不動産に根抵当権が設定されていた場合，この根抵当権は，準消費貸借による新たな債務も担保するであろうか。原則として，人的・物的担保は新たな債権債務関係に承継されると解されている。その他，旧債務に付着していた抗弁，旧債務について進行していた消滅時効についても同様の問題がある。いずれも，準消費貸借契約をした当事者の意思の探究により決せられる。

第**3**節　使用貸借

① 使用貸借とは何か

　当事者の一方がある物を引き渡すことを約し，相手方がその受け取った物について無償で使用および収益をして契約が終了したときに返還をすることを約することによって成立する契約を使用貸借契約という（593条）。物の使用収益を目的として貸与し（所有権が移転しない），合意のみで成立する（諾成契約）点で，賃貸借契約と共通するが，使用貸借契約は，無償契約である点で異なる。

　使用貸借は，その無償性ゆえに，友人間や親族間など，親密な関係において行われることも多いが（たとえば，被相続人と生前同居していた相続人との間に使用貸借の合意を推認した事例として最判平8・12・17民集50巻10号2778頁），取引社会での重要性に鑑みて，改正前民法が要物契約としていたのを諾成契約に変更した。

② 使用貸借の成立

　(1)　**諾成契約**　　貸主の引渡約束と借主の無償による使用収益後の返還約束により成立する（593条）。

　(2)　**無償性**　　使用貸借が成立したのか，賃貸借が成立したのであるかは，無償・有償の区別で一見明白であるようであるが，賃料としてではなく，たとえば，借主が目的物の大修理をするなど，他の面で負担をした場合には，有償性が認められる場合もあろう。近親者間の契約かどうかなど，人的関係も含めて慎重に吟味されるべきである。

③ 使用貸借の効力

　(1)　**貸主の権利・義務**　　貸主は，借主に目的物を引き渡す義務を負うが，借主の使用収益を妨げない消極的義務を負うにすぎない。また，賃貸借契約とは異なり（606条参照），貸主に目的物の修繕義務はない。また，貸主は，種類，品質および数量に関して契約の内容に適合した目的物を引き渡す義務を負うことを前提としつつ，使用貸借の目的として特定した時の状態で引き渡し，または移転することを約したものと推定される（596条・551条）。

　なお，貸主は，書面で契約をしていない限り，借主が借用物を受け取るまで，契約の解除をすることができる（593条の2）。

(2) **借主の権利・義務**　借主は，契約に定められた用法に従い，または，その目的物の性質によって定まる用法に従い，目的物を使用することができ，またそのようにしなければならない（594条1項）。また，借主は，貸主の承諾がなければ第三者に目的物を使用収益させることはできない（同条2項）。借主がこれらの義務に違反する場合は，貸主は契約を解除することができる（同条3項）。

借主は，目的物の通常の必要費（公租公課など）を負担する。地震後の崩壊箇所の修補費用等その他の特別の必要費あるいは有益費は，196条によって償還請求することができる（595条）。

594条による用法遵守義務違反の場合の貸主による損害賠償請求，および，借主による費用償還請求は，目的物が返還を受けた時から1年以内にしなければならない（600条1項）。1項に規定する用法遵守義務違反に対する損害賠償請求権の時効は，貸主が返還を受けた時から1年を経過するまでの間は完成しない（完成猶予）。これは，貸主が借主の用法違反により損害賠償請求権を行使できることを知らなかったとしても，実際に用法違反による損害が生じて損害賠償請求権を行使できる時から10年間を経過すれば消滅時効が完成してしまうため（166条1項2号），使用貸借継続中で，貸主が物件の状況をわかりにくいままで，損害賠償請求権が消滅して，不利益を受けることを防ぐ目的による。

④ 使用貸借の終了

(1) **期間満了等による場合**　使用貸借契約は，契約に期間を定めた場合は，その期間の満了により終了し（597条1項），期間を定めなかった場合で，使用収益の目的を定めたときは，借主がその目的による使用収益を終えることで終了する（同条2項）。また，借主の死亡によっても相続されず，終了する（同条3項）。

(2) **契約解除による場合**　先に述べたように，契約締結後，書面で締結した場合を除いて，借主が目的物を受け取るまでは，貸主は，契約を解除することができる（593条の2）。また，使用貸借の期間を定めなかった場合（597条2項の場合）で，使用収益の目的に従い借主が使用収益をするのに足りる期間を経過したときは，貸主は契約を解除することができる（598条1項）。さらに，使用貸借の期間も使用収益の目的も定めなかったときは，貸主はいつでも契約を

解除することができる（598条2項）。他方，借主は，いつでも契約の解除をすることできる（同条3項）。

(3)　使用貸借が終了したときは，借主が目的物に付属させた物は（付合〔242条等〕により貸主の所有に属する場合も），分離不能や分離に過分の費用がかかる場合を除いて（それでも履行不能に帰責事由があれば損害賠償を請求できよう），収去する義務があり（599条1項），借主には，付属させた物を収去する権利がある（同条2項）。目的物を受け取った後に生じた損傷がある場合は，借主に責めに帰すべき事由のない場合は除いて，使用貸借終了時に原状に復する義務を負う（同条3項）。なお，通常損耗等（621条参照）については個々の契約解釈による。

第4節　賃　貸　借

1 緒　　論

賃貸借契約は，当事者の一方（貸主）が相手方にある物の使用収益をさせることを約束し，これに対して相手方（借主）が対価を支払うこと，および引渡しを受けた物を契約が終了したときに返還することを約束することによって成立する（601条）。賃貸マンションの入居契約やレンタカーを借りる契約など，売買についでわれわれの身近で日々行われている契約である。なかでも，不動産の賃貸借契約は，生活の本拠を確保する意味からも重要であり，数々の特別法により，借主の権利が強化されてきた。また，契約の性質としては，諾成・有償・双務・不要式である。

2 ファイナンス・リース

近年，高額のオフィス機器や医療機器については，必要とする者が直接業者から買うのではなく，リース業者に依頼し購入してもらい，そのリース業者から賃貸を受けるという方式で調達する例が増加している。これにより，高額で技術進化の速い商品の陳腐化リスクを減らすことができる。このようなリースは，外観上は，賃貸借契約と変わりないが，実質的には，リース業者からの融資であり，賃料支払いはその割賦返済といえるから，**ファイナンス・リース**と呼ばれている。

③ 賃借権の物権化

　前述したように，賃貸借契約のなかでも不動産の賃貸借契約は，不動産の有効利用を促進するうえできわめて重要である。しかし，民法による借主の権利の保護は，必ずしも強くない。それは，賃借権の対抗要件である登記の具備（605条）に，賃貸人は協力する義務はないと解されているので，実際上，賃借人は，対抗要件を備えることができないことに象徴的に現れている。しかし，すでに明治時代からこの点は修正されるようになり，やがて，債権たる賃借権も物権である地上権と同じくらいに強化されるようになった。このような経過から，賃借権は「**物権化**」したといわれる。その他，賃借権に基づく妨害排除請求，賃借権の譲渡および転貸についても物権同様の強化が図られてきたが，詳しくは後述する。

1——賃貸借の成立

　賃貸借契約は，貸主側の使用収益させる約束と借主側の賃料を支払い，契約終了時に目的物を返還する旨の約束の合致のみで成立する諾成・不要式契約である。しかし，今日，不動産の賃貸借契約では，契約書を作成するのが普通である。

　賃貸借についても一方の予約が成立しうる。その場合には，原則として予約権利者の完結の意思表示で賃貸借契約が成立する（559条・556条）。

① 処分能力・処分権限のない者の賃貸借

　処分権限のない者（不在者の財産管理人〔28条〕，権限の定めのない代理人〔103条〕，後見監督人がいる場合の後見人〔864条〕等）は，一定の期間を超える長期の賃貸借契約を締結することはできず，これより長い期間の契約をしても規定の期間に限定されると規定されている（602条）。すなわち，樹木の栽植・伐採を目的とする山林の賃貸借では10年，その他の土地の賃貸借では5年，建物の賃貸借では3年，動産の賃貸借では6か月である。長期の賃貸借は，貸主・借主の双方に不利益であると考えられたためである。もっとも，この期間は更新することができる（603条）。この「**短期賃貸借**」と呼ばれる602条の規定は，かつて旧395条において，抵当権設定後の抵当権設定者による目的不動産の賃貸借契約の効力の問題として頻繁に議論されてきたが，同条は2003年改正で廃止された。

② 存続期間

賃貸借の存続期間は，最長50年と規定されており，これを超えて約定した場合は，50年に短縮される（604条 1 項）。更新期間も50年に制限される（同条 2 項）。改正前民法は，それぞれ20年としていたが，太陽光パネル設置用の土地や大型プロジェクト等によるニーズもあったので，これに応えてそれぞれ50年に改正された。

最短期間の定めはないが，不動産の賃貸借で 1 年， 2 年というのは合理性に欠ける。そこで，これまでも「例文解釈」のようなテクニックを用いて無効と解されたが，特別法により大きく修正を受けるようになった（→第 5 節）。

③ 更　　新

賃貸借の期間満了後も賃借人が賃借物の使用収益を継続する場合に，賃貸人がこれを知りながら異議を述べないときは，従前の賃貸借と同一の条件でさらに賃貸借をしたものと推定される（619条 1 項）。「黙示の更新」である。ただし，①更新後の賃貸借は，期間の定めのないものとなるので，617条の規定により簡易に解約の申入れができるようになる（同条 1 項後段），②前の賃貸借について当事者が提供していた担保（賃借人の債務の保証人など）があれば，それは消滅するが，敷金は引き継がれる（同条 2 項・622条の 2 第 1 項）点で，従前の賃貸借と異なる。この点も特別法により大きく修正されている。

2 ──賃貸借の効力(1)：当事者間における効力

① 賃貸人の義務

(1)　**使用収益**　　賃貸人の第 1 の義務は，賃借人に目的物を使用収益させることである（601条）。これにより，賃貸人は，目的物を賃借人に引き渡す義務を負い，第三者が賃借人の使用収益を妨害するときは，それを排除する義務を負う。

(2)　**修繕義務**　　(a)　賃貸人は，目的物の修繕義務を負う（606条 1 項）。また，賃借人は，賃貸物の保存に必要な行為をするのを拒むことはできない（同条 2 項）。修繕を要するに至った事情について賃貸人の側の帰責事由の有無は問題とならないが，賃借人の側に帰責事由が存した場合は，修繕義務は発生しない（同条 1 項ただし書）。

(b) 特約により，賃貸人の修繕義務が軽減，あるいは免除されることもある。また，一定範囲の修繕を賃借人にさせることもできる。ただし，大修繕をする義務までは課せられない。

修繕を要するに至った場合は，賃貸人がすでに知っている場合は除いて，賃借人は賃貸人にその旨を通知しなければならない（615条）。この通知により，賃貸人が修繕の必要性を知ったのにもかかわらず，賃貸人が相当の期間内に必要な修繕をしない場合は，賃借人自身が修繕をすることができる（607条の2第1号。なお，同条第2号には，急迫の事情ある場合にも同様に賃借人が修繕できることが規定されている）。こうして賃貸人に修繕義務があるにもかかわらず，賃借人が修繕を行ったときは，必要費の償還を請求できる（608条1項）。

(c) 賃貸人が修繕義務を履行しない場合は，債務不履行になる。賃借人は，使用収益の不十分な程度に応じて賃料支払いを拒絶できる。すなわち，使用収益がまったく不可能な場合は，賃料全額の支払いを拒むことができる（大判大4・12・11民録21輯2058頁）。使用収益が一部妨げられたにとどまるときは（雨漏りがするなど），その割合に応じて借賃の一部の支払いのみを拒絶できる（大判大5・5・22民録22輯1011頁）。

なお，使用収益できないことが，賃借人の責めに帰することができない事由によるものであるときは，賃料は，その使用及び収益をすることができなくなった部分の割合に応じて，減額される（611条）。

(3) **有償性**　賃貸借は，有償契約であるから売買の規定が準用され，契約不適合責任が課される（559条）。すなわち，562条・563条・564条・565条の規定が準用される。

(4) **費用償還請求権**（賃貸人の償還義務）　借家における屋根の葺き替えのように，本来賃貸人が負担すべき「**必要費**」を賃借人が支出した場合は，直ちに賃貸人に償還請求することができる（608条1項）。必要費とは，通常の用法に適する状態に目的物を保存するのに必要な費用をいう。ただし，この賃貸人の義務を軽減したり，免除したりする特約は有効である。

また，借家人が前の道路に街灯をつけた場合のように，賃借人が目的物の改良のために出した費用すなわち「**有益費**」については，賃貸借終了の時に196条2項の基準に従って（支出した額か増価額かを賃貸人が選択して）賃貸人に償還請

求することができる（608条2項）。ただし，賃貸人の請求により裁判所は，償還に相当の期間を許与することができる（同項ただし書）。

　必要費・有益費の償還請求権の存続期間について，622条が600条を準用しているので，目的物の返還を受けたときから1年内に制限されている。

　賃借人は，費用償還を受けるまで，留置権（295条1項）を行使して，建物の明渡しを拒むことができる。しかし，明渡しまでの間の使用利益（賃料相当額）は，不当利得として返還しなければならない。

② 賃借人の権利・義務

　(1) **目的物の使用収益権**　賃借人の使用収益権の範囲は，第1に契約によって定まる。とくに，廊下に自転車を置かない，ペットを飼わないなどの義務が特約で課される。このような特約も原則として有効と考えられるが，借地契約における増改築禁止特約は，制限的に解される。

　契約で使用収益権の範囲を定めなかった場合は，目的物の性質によって定まった用法に従い使用・収益をすることを要する（616条・594条1項参照）。そして，返還義務が賃借人にある以上（601条参照），400条の善管注意義務を負うと解される。これに違反する場合は，損害賠償，解除の問題となる（541条参照）。詳しくは後述する。

　(2) **賃料支払義務**　賃借人の中心的な義務である（601条参照）。賃料の額は，契約で定められるが，耕作または牧畜を目的とする土地の賃借人は，不可抗力のため賃借人が賃料より少ない収益しか上げられなかった場合は，その収益の額まで減額することの請求ができる（609条）。かかる状態が2年以上続く場合は，契約の解除権が与えられる（610条）。これらの規定は，農地および採草放牧地の賃借人保護の目的にでたものである（農地2条1項・24条も参照）。また，賃借人の責めに帰することができない事由により，賃借物の一部が滅失その他の事由により使用および収益をすることができなくなった場合，賃料は，その使用および収益をすることができなくなった部分の割合に応じて，減額される（611条1項）。さらに，賃借物の一部が滅失その他の事由により使用および収益をすることができなくなった場合，残存する部分のみでは賃借人が賃借をした目的を達することができないときは，契約を解除することができる（同条2項）。この解除については，賃借人の帰責事由の有無に関係なく認められ

る。一部滅失について賃借人に帰責事由があるなら，賃貸人は賃借人に対し損害賠償を請求することができる（415条）

　賃料の変更については，特別法によりかなり修正されている（→後述）。

　賃料の支払時期は，動産，建物，宅地は，毎月末，その他の土地は毎年末と規定されているが（614条），特約でこれと異なる定めをしたときはそれによる。

　(3)　**権利金・敷金**　賃貸借契約締結の際に，保証金とか礼金とかさまざまな名称で賃借人から賃貸人に金銭が支払われる。かかる金銭は，どのような意味を持つのだろうか。

　(a)　**敷　金**　(i)　敷金とは　敷金は，「賃料債務その他の賃貸借に基づいて生ずる賃借人の賃貸人に対する金銭の給付を目的とする債務を担保する目的で，賃借人が賃貸人に交付する金銭」をいう（622条の2第1項柱書参照）。したがって，契約終了後，賃借人の債務に充当された後，残額が賃借人に返還される。担保される債務には，賃借人が賃貸人に無断でした目的物の変更を復旧する費用，契約終了までの賃料債務のほか，契約終了後明渡しまでの間の賃料相当額などが含まれる。ただし，契約存続中は，賃借人も保証人も，敷金をもって延滞賃料等の金銭債務に充当する旨を主張することができない（同条2項。したがって，賃貸人は，敷金を賃借人の債務に充当することができる）。

　(ii)　敷金の返還請求権　判例は，借家人の敷金返還請求権と賃貸人の建物明渡請求権は同時履行の関係に立たないとしている（最判昭49・9・2民集28巻6号1152頁）。これは，敷金が建物明渡しまでの賃料相当額も担保するため，敷金返還請求権が明渡し時に発生すると考えられるためである。すなわち，たとえば，敷金が80万円交付されていたところ，契約関係が解除されたのちも賃借人が居座っていた場合，それから3か月後にやっと立ち退いたとすると，その間の利用対価（たとえば45万円）が敷金額から差し引かれて（この例で35万円が）返還されることになる。622条の2第1項第1号は，このことを規定したものである。

　(iii)　敷金返還請求の当事者　賃貸人が目的物の所有権を第三者に譲渡して，譲受人が新たな賃貸人となった場合（詳しくは，後述），賃借人は，譲受人から敷金の返還を受けられる（605条の2第4項。→図表5-1〔上段〕）。判例は，賃借人との関係では，敷金関係も当然に新所有者に承継されるが，承継される

額は，元の賃貸人に対して負担する債務額
を差し引いた残額のみであるとしている
（最判昭44・7・17民集23巻 8 号1610頁）。もっ
とも，判例は，賃貸借契約終了後に目的物
が譲渡された場合は，敷金返還請求権が新
所有者に当然承継されるわけではない，と
している（最判昭48・2・2民集27巻 1 号80頁）。

図表 5 - 1　敷金請求権の行使

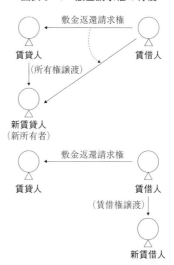

　賃借権が譲渡され，賃借人が代わった場
合（→図表 5 - 1〔下段〕）は，622条の 2 第 1
項第 2 号が，賃借権譲渡人が敷金返還を受
ける権利を有することを規定する。

　(b)　権利金　(i)　権利金とは，不動産
賃貸借契約に伴って，敷金のほかに賃借人
から賃貸人に交付される金銭を意味する。その性質は，①場所的利益・営業上
の利益（営業も含めて賃借する場合）の対価，②賃料の一部の前払い，③賃借権に
譲渡性を与えた対価，に分類されている。

　(ii)　権利金の返還　　原則として権利金の返還請求は認められない。とく
に，③の場合，現実に賃借権の譲渡がなくても返還は認められないであろう。
②の場合は，残りの期間（と考えられるもの）に応じて返還すべきだとする説が
多い。①の場合は微妙である。判例には，十数年の借家の使用の後，賃貸借が
終了しても権利金の返還は受けられないとしたものがある（最判昭29・3・11民集
8 巻 3 号672頁）。

　(4)　目的物返還義務　　契約終了時に賃借人が目的物を返還することは，当
然の義務である（601条参照）。契約に定めた時期に返還しなければならず，そ
の際は，原状に復して，目的物に付属させたものを収去する権利があり，それ
は義務でもある（621条・622条・597条 1 項・599条 1 項・同条 2 項）。

3——賃貸借の効力(2)：第三者との関係における効力

① 賃借権の譲渡・目的物の転貸

(1) **緒 論**　賃借権の譲渡とは，もともと賃貸借契約がある場合に（賃貸人をA，賃借人をBとする），賃借人Bが譲受人Cとの間の契約で，賃借人の権利義務をすべて移転させること（借主の地位の移転）をいう。この場合，もとの賃借人Bは，契約関係から離脱する。他方，賃借物の転貸は，BがAから賃借した物を第三者Cに貸すこと（又貸し）である。転貸の場合は，元のA・B間の賃貸借関係はそのまま残る。

民法612条は，賃借権を譲渡したり，賃借物を転貸するには，賃貸人の承諾を要すると規定しており，これに反して，賃貸人に無断で譲渡・転貸した場合は，賃貸人は，契約を解除することができると規定している。要するに賃借人には，譲渡・転貸の自由は与えられていない。この点は，地上権（明文はない），永小作権（272条）などの物権と大きく異なる。民法が賃借権について，このように厳格な態度をとったのは，賃貸人と無関係に譲渡・転貸を認めると，賃貸人としては，新たな賃借人から賃料の支払いを受けられるか不安が生じるし，賃借人の個性で賃借物の使用方法が異なり，思わぬ損害を被る可能性があることが懸念されたためである。もっとも，こうしたことは，借地関係には当てはまらない。特別法によってこの点は修正されている（後述）。

(2) **解除権とその制限**　先に述べたように，無断譲渡・転貸は，契約解除事由となる（612条2項）。しかし，この点は，判例によって修正・制限されるようになった。

そもそも，家族や家事使用人に使用させるのは，転貸借にあたらないのはいうまでもない。借地人がその所有する建物を第三者に賃貸することは，建物の使用収益にすぎないから，土地の転貸にあたらない。しかし，借地上建物の所有権譲渡は，借地権の譲渡が伴うから，地主の承諾がなければ，解除事由にあたるとされている。借地上建物の譲渡担保権設定は，その後も譲渡担保権設定者（借地人）が建物を使用している敷地の使用状況に変化がなければ，本条の譲渡にはあたらない（最判昭40・12・17民集19巻9号2159頁）が，譲渡担保権者が建物の使用収益をする場合は，本条の譲渡にあたる（最判平9・7・17民集51巻6号2882頁）。

また，賃貸人の承諾の得られない賃借権譲渡・賃借物転貸でもそれにより賃

□ WINDOW 5-1　　　　　　　　　　　　　　　　　　　　　　　　◀◀

倉庫敷地借地権譲渡事件（最判昭28・9・25民集 7 巻 9 号979頁）

「元来民法612条は，賃貸借が当事者の個人的信頼を基礎とする継続的法律関係であることにかんがみ，賃借人は賃貸人の承諾がなければ第三者に賃借権を譲渡し又は転貸することを得ないものとすると同時に，賃借人がもし賃貸人の承諾なくして第三者をして賃貸物の使用収益を為さしめたときは，賃貸借関係を継続するに堪えない背信的行為があったものとして，賃貸人において一方的に賃貸借関係を終止せしめ得ることを規定したものと解すべきである。したがって，賃借人が賃貸人の承諾なく第三者をして賃借物の使用収益を為さしめた場合においても，賃借人の当該行為が賃貸人に対する背信的行為と認めるに足らない特段の事情がある場合においては，同条の解除権は発生しないものと解するを相当とする。」

なお，この判決には，賃貸人の承諾を得ないでほしいままにその借地上に賃貸人と何ら信頼関係のない第三者をして，多年にわたる土地の使用を必然とする建物を建設せしめるという事実関係自体が賃貸人に対するはなはだしい背信行為であるとする藤田裁判官および霜山裁判官の反対意見，また，多数意見を支持する谷村裁判官の補足意見がある。

貸人がとくに利益を害されない場合にまで形式的な法文の適用により，解除を認めることに疑問が出されるようになり，判例は，「賃貸人に対する背信的行為と認めるに足らない特段の事情がある場合」には612条の解除権は発生しないと判示した（最判昭28・9・25民集 7 巻 9 号979頁。→WINDOW 5-1）。このような判例理論は，「**信頼関係破壊法理**」または「背信性法理」などと呼ばれる。しかし，なお，譲渡・転貸が自由になったわけではない。上の判決の文言からすれば，背信性があり解除が認められるのが原則で，解除権が発生しないのが例外（特段の事情がある場合のみ認められる）であることが読み取れるであろう。したがって，この「特段の事情」の主張・立証責任は，賃借人にある。

　具体的にどのような場合に背信性が否定されるか，判例から抽出すると，①譲渡・転貸が一時的とか一部とか軽微な場合，②利用者の実体が変化していない場合（同一団体が単に法人成りしたような場合など。なお，最判平 8・10・14民集50巻 9 号2431頁は，同種の事案で，そもそも賃借権譲渡に当たらないと述べている），③営利性がなく，動機において人道性を持っている場合（離婚に際して，夫の借地上に建物を所有していた妻に借地権を譲渡した場合など）があげられる。

(3)　承諾のない場合の法律関係　　転貸借を例にとると，賃貸人Aの承諾が得られない場合でも賃借人（転貸人）Bと転借人Cとの賃貸借契約自体は有効で

ある。BからCに対しては明渡請求はできないし，BはCに対し遅滞なくAの承諾を得る義務を負う。また，CはBに対して賃料を支払わなければならない。しかし，CはAに対して権利を対抗することができない。Aは，Bとの間の賃貸借契約を解除するまでもなくCに対して明渡しを請求することができる。Cが結局対抗力ある転借権を取得できない場合は，BはCに対して債務不履行責任を負わなければならない。

(4) **承諾を受けた場合の法律関係**　Aの承諾は，B・Cいずれに対して行ってもよい。賃借権の譲渡にAが承諾した場合は，契約関係はA・C間に移転して，元の賃借人Bは，契約関係から離脱する。

BからCへの賃借物の転貸についてAが承諾した場合はどうか。この場合，転借人Cは，AとBとの間の賃貸借に基づく賃借人の債務の範囲を限度として，Aに対して転貸借に基づく債務を直接履行する義務を負う（613条1項前段。A・B間の契約関係も存続する＝同条2項）。これにより，Aは直接にCに対して賃料を請求することができるが，Cの負担する賃料の額は，CがBに対して負う債務とBがAに対して負う債務の小さいほうに限定されることになる。また，CはBに対して賃料弁済期以前に賃料を前払いしたことでAに対する支払いを免れることはできない（同条1項後段）。

(5) **賃貸借解除の転貸借への影響**　土地の賃貸人Aと賃借人Bとの間の土地賃貸借契約が合意解除されてもAは，特別の事情のない限り，借地上の建物の賃借人には対抗することができない（最判昭38・2・21民集17巻1号219頁）。土地の転借人である場合も同様である（大判昭9・3・7民集13巻278頁）が，解除当時，Bの債務不履行のため，Aが解除することができたのであればCに対して合意解除の効果を主張することができる（最判昭62・3・24判時1258号61頁）。613条3項は，このことを規定する。なお，前述の特別の事情としては，A・B間の賃貸借が合意により近く終了することを，Cが転借前にあらかじめ知っている場合などが考えられる。

賃貸人Aと賃借人Bとの契約がBの賃料不払い等の債務不履行により解除された場合はどうか。これにより当然に転貸借が終了するのではないが，転借人Cの権利はAに対抗できないものとなるので，AがCに対して返還請求した場合は，BがCに対して負う債務の履行不能により終了するとされている（最判

□ WINDOW 5-2

サブリース

　サブリースは，もともと転貸借と同じ意味であるが，1980年代後半のバブル期において賃貸ビル不足が恒常化したためデベロッパーが土地の有効利用を名目に土地所有者に賃貸用ビルの建築を働きかけ，これを一括して借り上げ，自らの採算で個々の転借人に転貸することを示す。デベロッパーは，賃借人・転貸人として転借人から収受する賃料と賃貸人に支払う賃料の差額から収益を得る目的を持つのである。もっともその形態は，用地確保，建物建築，建物賃貸借・管理まで一貫してデベロッパーに委託される「総合受託方式」や，用地の確保，建物建築を賃貸人側でなし，借主側が一括して借り上げ，ビル賃貸事業のノウハウを提供し，最低賃料を保証する「賃貸事業受託方式」，ビルを一括して借り上げ，自らも使用しながら，他にも転貸する「転貸方式」などがあるといわれる。ところが，いずれの形態でも賃貸借契約において賃借人（転貸人）が賃貸人に最低賃料を保証したり，自動増額条項が付けられるのが通常であるため，バブル経済崩壊後は，賃貸ビル需要の激減に起因して，転借人を呼び込むため賃料を減額せざるを得なくなったので，賃貸人に保証した最低賃料を実現できなくなり，賃貸人に対して賃料減額を請求する訴訟が相次いだ。そこでは，サブリースに賃料増減額請求権を規定する借地借家法32条1項の適用があるか，適用が肯定されたとしても賃料減額は認められるか，また，自動増額特約の有効性などが争点となり，賃料減額の肯定否定判決例が公表されてきたところ，最高裁は，サブリースに借地借家法が適用されること，したがって，32条1項が適用され，それは強行法規であるから，自動増額特約があっても同様であることを明らかにした（最判平15・10・21民集57巻9号1213頁等）。

　ところで，収益の悪化を理由に賃借人が賃貸人に対して契約の更新を拒絶し，賃貸借契約が終了した場合に，賃貸人はこれをもって転借人に対抗することができるかという問題が争われた判決がある（最判平14・3・28民集56巻3号662頁）。本文に述べたように通常の賃貸借契約が合意解除された場合は，転借人に対抗できないというのが判例である。しかし，この事例はサブリースに関するものである。最高裁は，本件賃貸借が当初から転貸されることを予定して締結されており，それは，賃借人の知識経験等を活用して第三者に転貸し収益を上げさせる一方，賃貸人は，個別に賃貸する煩わしさを免れ，賃借人から安定的な収入を得るためになされたもので，また，転借人も転貸人のそのような趣旨目的で賃貸借契約が締結され，転貸，再転貸が賃貸人により承諾されることを前提に再転貸がなされたものであり，現に再転借人が占有しているという事実関係のもとでは，賃貸人は，単に転貸，再転貸を承諾しただけではなく，本件再転貸借の締結に加功し，再転借人の占有の原因を作出したものであるから，更新拒絶期間満了による賃貸借終了をもって，信義則上対抗できないと判示した。学説では，このような場合，賃貸人と賃借人を共同事業体ととらえるなどして，賃貸借契約の解消の影響が転借人に及ばないように主張するものもあったが，本判例は，こうした構成はとらなかったものの，転借人保護の方向性では一致したものとなった。

　バブル崩壊による上記のような問題は，最近ではあまり見られなくなったが，業者による家賃保証とその後の減額請求によるトラブルは，後を絶たない。国土交通省でも，これらの点を説明義務とするように努めており，金融庁，消費者庁と連携して注意喚起している。

昭36・12・21民集15巻12号3243頁，最判平9・2・25民集51巻2号398頁）。しかし，これでは，無責のCが不意に借地等から退去しなければならなくなる。そこで学説は，Aは解除前にCに対しても賃料支払いを催告し，弁済の機会を与えるべきだと主張している（ただし，判例は否定。最判昭37・3・29民集16巻3号662頁）。なお，賃借人の更新拒絶による賃貸借関係解消に関してWINDOW 5-2参照。

② 賃借人の第三者に対する関係

(1) **目的物の新所有者との関係**　　賃貸人Aがその賃借物の所有権を第三者Cに譲渡した場合，賃貸人の地位は原則としてCに移転するが（詳しくは次項で述べる），賃借人Bはこの新所有者Cに対して賃借権を主張することができるだろうか。これが賃借権の対抗力の問題である。

ローマ法の原則は「**売買は賃貸借を破る**」であった。すなわち，債権である賃借権は，契約当事者のみに主張できるものであるから，第三者である新所有者には主張できない。したがって，上のCは，Bの賃借権を否認して，賃借物の返還を求めることができた。

わが国の民法はどうか。民法は605条で，不動産の賃借権は登記することにより，その不動産の物権を取得したものに対しても効力を生ずるとしている。したがって，上の例のBは，登記をすることによりCに対して自らの賃借権を主張することができ，返還する必要はない。ところが，判例・通説は，賃貸人にこの賃借権の登記に協力する義務はないと解しており，実際，登記が経由されることは稀である。起草者は，他人の不動産利用権設定には地上権が用いられるものと予想していたのだが，現実は，かかる予想に反したのである。

賃貸人は，こうした権利状態を前提に，賃借人に地代値上げを迫り，これに応じなければ，賃貸人の所有権を第三者に譲渡すると脅すような手口もみられるようになった（第三者に譲渡されれば，賃借権には対抗力がないので，新しい所有権者により立ち退きを迫られることになる）。こうして賃貸人から第三者に賃貸土地が譲渡されるのを「**地震売買**」と呼ばれる。

かかる状況は，社会問題化し，ようやく，1909（明治42）年に「建物保護に関する法律」（建物保護法）が制定され，借地人の保護が図られた。すなわち，この法律によると，借地人が借地上に建物を建て，その建物の登記が経由されれば，以後この土地の物権取得者に対抗することができることになる（建物保護

1条)。借地上建物は，借地権者の所有であり，その登記については，賃貸人の協力を要せず，独力で経由できる。さらに，1921 (大正10) 年には，借家法が制定され，借家については，目的物の引渡しのみで対抗力を備えられることになり，借家人の保護が十全に図られるようになった。以上のような建物保護法の規定および借家法の規定は，現行の借地借家法に受け継がれている (借地借家10条1項・31条)。

　いずれにしろ，賃貸人より目的物の所有権を譲り受けた者に対抗することができるというのは，その所有者から明渡請求を受けないことを意味する。また，登記事項 (不登81条) を新所有者に主張することができる。また，旧所有者と賃借人との間に存した賃貸借関係 (転貸承諾の特約なども含めて) が法律上当然に新所有者と賃借人の間に移り，旧所有者はまったく離脱する。

　なお，不動産賃貸借の前に登場した者についても不動産賃借権の登記により対抗することができる。さらに，二重賃借人や不動産を差し押さえた者についても登記により優劣が決せられる。本条が「その他の者」としているのはその趣旨である。

　(2)　**不法占拠者に対する関係**　　AがBにA所有の土地を賃貸する契約を締結した後，Cが当該土地を不法占拠した場合，賃借人Bは，どのような措置をとることが可能であるか。Bがすでに当該土地を占有しており，Cがその占有を妨害した場合であれば，占有の訴え (とくに198条の占有保持の訴え) により排除することも可能であろう。しかし，契約をしただけで，いまだ占有を始めない段階である場合は，これは難しい。また，Aが有する所有権に基づく物権的請求権 (妨害排除請求権) を「債権者代位権 (423条) の転用」(本来，債権者代位権の要件とされる債務者の無資力要件が不要とされる) によりBが代位行使してCに返還を求めることも可能ではある。もっとも，AがCに二重に賃貸した場合は，Aが所有権に基づく妨害排除請求権を有するとする構成自体が矛盾する。そこで，賃借権を根拠に妨害排除を請求することができないかが問題となる。物権ならば対世的効力があり，これを妨害する者に排除を請求できることは当然といえるが，賃借権は債権であり，契約当事者間においてのみ効力を有するのであるから，第三者による妨害排除を請求できるかは，当然にこれを肯定することができないのである。判例は，対抗力を備えた不動産賃借権については，**妨**

害排除請求権を認めていたが（最判昭28・12・18民集7巻12号1515頁），605条の4がこれを明文で規定した。1号は，妨害排除請求を，2号は返還請求を規定している（逆に，妨害予防請求までは認められない）。ただし，不法占拠者に対しては，対抗力を備えなくても妨害排除請求を認めるべきだと主張する学説も有力である。

③ 賃貸人の地位の移転

(1) 賃貸人が賃貸目的物の所有権を第三者に譲渡した場合，賃貸借関係はどうなるか。前項では，賃借人の側から新しい所有者に賃借権を主張できるかという点を説明したが，そもそも，賃貸人が賃貸目的物の所有権を第三者に譲渡した場合，賃貸人の地位は，譲受人に引き継がれるのか，元の所有者にとどまるのかが必ずしも自明ではない。賃貸人の債務は所有者なら誰でも履行することができるし，賃借人が対抗要件を備えているなら，不動産譲受人は賃借人から対抗される。そこで，605条の2第1項は，契約上の地位の移転の一般的規定（539条の2）と異なり賃借人が605条やその他の特別法上の規定により賃貸借の対抗要件を備えた場合で，その不動産が譲渡されたときは，その不動産の賃貸人の地位は，譲受人に移転すると規定し，従来の判例準則（大判大10・5・30民録27輯1013頁）を明文化した。ただし，不動産の譲渡人と譲受人が，賃貸人の地位を譲渡人に留保する旨と当該不動産を譲受人が譲渡人に賃貸する旨の合意をした場合は，賃貸人の地位は，譲受人に移転しない（同条2項前段）。こうして合意された譲渡人と譲受人又はその承継人との間の賃貸借が終了したときは，譲渡人に留保されていた賃貸人の地位は，当該譲受人又はその承継人に移転する（同項後段）。かかる賃貸人の地位留保は，資産の流動化を目的とした賃貸不動産の譲渡が行われる場合に，賃貸人の地位を留保するニーズがあるため認められた。

(2) 賃貸人の地位は，賃貸人である不動産譲渡人と譲受人の合意によっても移転することができる（605条の3）。この場合は，賃借人の対抗要件の具備を前提にしない。また，賃借人の承諾も要しない（同条）。賃貸人の使用収益をさせる債務の履行態様は，賃貸人が誰であるかにより変わらないし，賃貸人の地位が譲受人に引き継がれることは賃借人にとって有利であるからである。この点は，賃借人に対抗力がある場合も同様と解される。

（3）　以上述べたことは，不動産譲渡人と譲受人との間の賃貸人の地位移転の問題であり，この賃貸人の地位の移転を不動産譲受人（新賃貸人）の側から賃借人に主張できるかは，また別の問題である。これについて，賃借人に登記等の対抗要件がある場合（605条の2第1項・第2項後段）についても，また，そのような対抗要件を前提としない合意による場合（605条の3）についても，賃貸物である不動産について所有権の移転の登記をしなければ，賃借人に対抗することができない（605条の2第3項，605条の3）。従来の判例準則の明文化である。

（4）　賃貸人の地位の移転（605条の2第1項・第2項後段，605条の3）により，費用償還請求債務（608条）および敷金返還債務（622条の2第1項）も当該譲受人またはその承継人に移転する（605条の2第4項，605条の3）。

4——賃貸借の終了

① 賃借物の全部滅失

賃借物の全部が滅失その他の事由により使用収益できなくなった場合には，賃貸借は，終了する（616条の2）。

② 期間満了・解約申入れ

期間の定めのある賃貸借は，更新がない限り期間の満了により終了する。ただし，当事者が期間内の解約権を留保することはできる（618条）。

期間の定めのない場合は，各当事者はいつでも解約の申入れができる（617条）。619条により黙示の更新がなされた場合も，以後，期間の定めのない賃貸借になるので同様である。この解約申入れに関しては，特別法により修正されている。

③ 解　　除

賃貸借の終了原因の1つとして契約の解除がある。民法には，賃借人に解除権を与えた規定がいくつかある（607条・610条・611条2項）が，あまり重要性はない。重要なのは，無断譲渡・転貸による賃貸人の解除権（612条2項）（前述）と債務不履行を理由とする解除の一般規定（541条以下）の適用の問題である。いずれにしても賃貸借契約の解除には，遡及効がなく，将来に向かって契約関係を消滅させるものである（620条。このような性質の解除を「告知」という）。つぎに，債務不履行を理由とする解除について述べる。

4 債務不履行を理由とする解除

　賃借人の債務不履行（賃料延滞やペット禁止の特約違反・居住用住居での営業行為など）を理由として541条を根拠に契約を解除することができるか。借地や借家の場合も同様に考えられるべきか。

　たとえば，賃借人が1か月分の賃料を支払わなかった場合，賃貸人は，541条により賃料支払いを催告したうえ，契約を解除できるだろうか。たしかに，賃借人の賃料不払いは，債務不履行であり，民法の規定に則って解除をするのは一応問題ないといえる。しかし，これでは，賃借人の営業・生活の本拠が安易に奪われることになるので，酷である場合もあろう。そこで，最高裁は，基本的に541条の適用を肯定する立場に立ちながら，無断譲渡・転貸の場合の解除権の制限法理をとりいれ，信頼関係を破壊したと認められない場合は，契約を解除することはできないと判断した（最判昭39・7・28民集18巻6号1220頁）。

　この判決は，解除権を制限する側面と拡張する側面があることに注意すべきである。すなわち，軽微な契約違反（一度の賃料延滞など）では解除が許されないことを意味する（541条ただし書参照）一方，「信頼関係破壊」という要件を満たしていれば，そのことだけを理由に（厳密には債務不履行がなくとも）契約を解除することができることをも意味するであろう（たとえば，借地の隣の賃貸人の所有土地を駐車場として無断で使用するような行為）。

　また，賃借人の義務違反の程度が著しく，信頼関係が完全に破壊された場合は，催告も要せず解除できると解されよう（最判昭27・4・25民集6巻4号451頁。なお，542条1項2号・5号も参照）。

　なお，この「信頼関係」は，即物的信頼関係のみを指すのか，人的信頼関係も含むのか議論のあるところである。

5 目的物の滅失・朽廃等による使用不能

　借家が火災により滅失したり，老朽化して床が落ちて住み続けることができなくなったような場合のように，賃貸人の債務が履行不能となった場合に，賃借人の賃料債務はどうなるか。場合を分けて述べる。

　①　双方とも責めに帰すべき事由のないとき　　536条1項によって，賃料債務の履行を拒絶することができる。

　②　賃貸人に責めに帰すべき事由があるとき　　賃貸人は，債務不履行の損

害賠償責任を負う。

　③　賃借人に責めに帰すべき事由があるとき　　536条2項により，賃料債務の履行を拒絶することができない。他方，賃貸人が債務を免れたことによる利益を償還しなければならない（同項後段）。

6 賃借人の原状回復義務・収去義務

　賃借人に責めに帰すべき事由がない場合は除いて，賃借物を受け取った後に生じた損傷がある場合は，賃貸借終了時に賃借人が当該損傷を原状に復する義務を負う（621条）。通常の使用および収益によって生じた賃借物の損耗（最判平17・12・16判時1921号61頁）や賃借物の経年変化は，その「損傷」にはあたらない。

　また，賃借人が賃借物を受け取った後に賃借物に付属させた物につき，賃貸借が終了したときに，賃借人が収去義務を負う。このことについては，使用貸借の規定が準用されているので（622条・599条1項），前節**4**(3)を参照すること。

 第5節　借地借家の特別法

1──序　　説

1 特別法の系譜

　第**4**節で見たとおり，改正前民法の賃貸借契約に関する規定は，賃借人，とくに，借地人や借家人には不利なものが多い。対抗力，存続期間，譲渡・転貸に関して際立っていた。

　このうち，対抗力に関しては，先に詳しく述べた（→100頁）。

　しかし，農地に関しては，第二次大戦終了前には，抜本的修正がなされず，1953（昭和27）年制定の農地法によりようやく賃借人保護が本格化した。

2 借地借家法による修正：改正の背景

　建物保護法，借地法，借家法の制定により，不動産賃借人の権利は，著しく強化された。とくに，存続期間の点では，借地契約につき，長期のものに限定し，正当事由がなければ更新を拒絶できないことにしたので，実質的に，一度賃貸すれば，きわめて長期にわたって所有権者が利用をすることができないこ

とになった。これにより、土地所有者は、賃貸するのを躊躇するようになり、都市部の土地の有効利用が滞り問題視されるようになった。そこで、一定期間のみ存続し、更新されない借地権（「定期借地権」という）の創設をはじめ、その他、行き過ぎた賃借人保護を是正すべく、借地法、借家法の大改正が論議され、1991（平成3）年に借地借家法として成立し、翌1992（平成4）年8月1日に施行された。もっとも、新法（本節「5　借地借家の特別法」で新法というのは、借地借家法を示す）が借地人の保護に欠けるという意見にも配慮し、新法は、原則として施行前に生じていた事項にも適用されるとしつつ、施行前に旧法により生じていた効力については、影響ないものとし（付則4条）、種々の事項につき「従前の例」によるとしている（同5条〜11条）。

　以下、借地、借家、農地の順に分説する。

2 ── 借地関係

1 借地権とは

　借地権とは「建物の所有を目的とする地上権及び土地の賃借権」をいう（借地借家1条）。物権である地上権が含まれることに注意を要する。建物所有が「主たる」目的であることを要すると解されている。たとえば、ゴルフ練習場が使用目的であれば、たとえ事務所用建物の築造が計画されていても、借地借家法の適用はない（最判昭42・12・5民集21巻10号2545頁）。

　臨時設備等一時使用のための借地権には、借地人保護の規定が適用されない（同25条）。一時使用か否かは、土地の利用目的、建物の種類、設備等諸般の事情を考慮して判断される。

2 存続期間

　旧借地法は、期間の約定がない場合は、堅固建物で60年、非堅固建物で30年存続するものとした（法定期間。同条1項）など、存続期間があまりにも長く、そのうえ、更新を避けることが困難であったので、土地所有者が賃貸に供するのに躊躇するようになった。そこで、新法は、借地権の種類を存続期間により、大きく、普通借地権と定期借地権の2種に分け、旧法を修正している。

　第1に、普通借地権は、これまでの建物の種類による分別を廃止し、存続期間を一律30年にし、契約でこれより長期を定めたときはその期間とした（借地

借家3条）。これより短い期間を定めても無効である（同9条）。また，後述のように強力な更新規定がある。ただし，朽廃による借地権の消滅は廃止された。

　第2に，**定期借地権**である。更新のない借地権であるが，これもさらに3種に分かれる。

　①　一般定期借地権　　存続期間50年以上で，契約の更新および建物築造による存続期間の延長がなく，建物買取請求権（同13条）がない旨の特約を有効にすることのできる借地権である（同22条）。利用目的は限定されないが，賃貸マンションや賃貸ビルなどの用途が見込まれる。しかし，公正証書等の書面により当該特約をしなければならない（同22条後段）。

　②　事業用借地権　　2007（平成19）年に，最長期間が50年未満に引き上げられた（同23条）。堅固の建物の築造が可能になり，倉庫営業などがしやすくなった。10年以上30年未満のものには，法定更新の規定の適用がなく，30年以上50年未満のものには，法定更新排除特約をすることができる。

　③　建物譲渡特約付借地権　　借地権の設定から30年以上経過したのちに借地上建物を貸主に譲渡する特約のついた借地権である（同24条）。

③ 更　　新

　(1)　**合意による更新**　　合意による更新の場合は，その期間は当事者が自由に決めることができるが，最初の更新の際は20年，2回目からは10年と，最短期間が決められている（借地借家4条）。

　(2)　**法定更新**　　①　借地権者の更新請求　　借地権存続期間満了の際，建物がある場合に限って，借地権者の請求に対し，借地権設定者（地主）が遅滞なく異議を述べなければ，従前と同一の契約条件で（期間については4条の規定により）契約が更新されたものとみなされる（同5条1項）。

　地主からの異議には，「**正当事由**」を要する。すなわち，借地権設定者および借地権者（転借地権者を含む）が土地の使用を必要とする事情だけでなく（旧法はこれのみを例示），「借地に関する従前の経過及び土地の利用状況並びに借地権設定者が土地の明渡しの条件としてまたは土地の明渡しと引換えに借地権者に対して財産上の給付をする旨の申出をした場合におけるその申出を考慮」して正当事由を判断するとしている（同6条）。この最後の「財産上の給付」は，いわゆる「立退料」の意味である（→WINDOW 5-1）。

立退料提供事件（最判平 6・10・25民集48巻 7 号1303頁）

「土地所有者が借地法 6 条 2 項（著者注・新法 5 条 1 項 2 項）所定の異議を述べた場合これに同法 4 条 1 項（著者注・新法 6 条）にいう正当の事由が有るか否かは，右異議が遅滞なく述べられたことは当然の前提として，その異議が申し出られた時を基準として判断すべきであるが，右正当の事由を補完する立退料等金員の提供ないしその増額の申出は，土地所有者が意図的にその申出の時期を遅らせるなど信義に反するような事情がない限り，事実審の口頭弁論終結時までにされたものについては，原則としてこれを考慮することができるものと解するのが相当である。けだし，右金員の提供等の申出は，異議申出時において他に正当の事由の内容を構成する事実が存在することを前提に，土地の明渡しに伴う当事者双方の利害を調整し，右事由を補完するものとして考慮されるのであって，その申出がどの時点でされたかによって，右の点の判断が大きく左右されることはなく，土地の明渡しに当たり一定の金員が現実に支払われることによって，双方の利害が調整されることに意味があるからである。このように解しないと，実務上の観点からも，種々の不合理が生ずる。すなわち，金員の提供等の申出により正当の事由が補完されるかどうか，その金額としてどの程度の額が相当であるかは，訴訟における審理を通じて客観的に明らかになるのが通常であり，当事者としても異議申出時においてこれを的確に判断するのは困難であることが少なくない。また，金員の提供の申出をするまでもなく正当事由が具備されているものと考えている土地所有者に対し，異議申出時までに一定の金員の提供等の申出を要求するのは，難きを強いることになるだけでなく，異議の申出より遅れてされた金員の提供等の申出を考慮しないこととすれば，借地契約の更新が容認される結果，土地所有者は，なお補完を要するとはいえ，他に正当の事由の内容を構成する事実がありながら，更新時から少なくとも20年間土地の明渡しを得られないこととなる。」

②　**使用継続による更新**　借地権の存続期間が満了した後，借地権者が土地の使用を継続するときは，建物がある場合に限り，遅滞なく異議を述べなければ，前契約と同一の条件で（期間については，4 条の規定により）契約が更新されたものとみなされる（同 5 条 2 項）。異議の正当事由については，①と同様である。更新後，地主が遅滞なく異議を述べた場合，正当事由は，異議申し出時を基準として判断されるが，立退料の提供ないしその増額の申し出は，事実審の口頭弁論終結時まで原則として考慮される（最判平 6・10・25民集48巻 7 号1303頁）。

(3)　**建物滅失の場合**　存続期間満了前に建物が滅失した場合に，借地権者が残存期間を超えて存続すべき建物を築造したときは，築造に対する借地権設

図表 5 - 2　借地契約における主要項目に関する民法および特別法の概要対比

	民　法	借地法	借地借家法
対抗力	借地権の登記（605条）	地上建物の登記（建物保護 1 条）	同左（10条）
存続期間	最長50年（604条 1 項）	堅固建物最短30年（定めない時60年）非堅固・最短20年（定めない時30年）（ 2 条）	30年（ 3 条）（ただし，定期借地権あり―22条以下）
更　新	50年（604条 2 項）（黙示の更新可―619条）	堅固建物最短30年非堅固・最短20年＊（ 5 条）	初回20年以降10年＊（ 4 条）
転　貸譲　渡	要承諾（612条）	承諾に代わる許可の裁判（ 9 条の 2・9 条の 3 ）	同左（19条・20条）
賃料額	収益減による減額請求可（609条）帰責事由のない滅失による減額請求可（611条）	増減請求権（12条）	同左（11条）

＊借地法，借地借家法には種々の更新の制度がある。

定者の承諾ある場合に限って，承諾のあった日または築造された日のどちらか早い日から20年間存続するが，残存期間がこれより長いとき，または当事者がこれより長い期間を定めたときは，その期間による（同 7 条 1 項）ことなどが定められている（同条 2 項・3 項も参照）。

　また，契約更新後に建物滅失があった場合には，借地権者は，地上権の放棄または土地の賃貸借の解約を申し入れることができる（同 8 条 1 項）。借地権設定者の承諾を得ないで残存期間を超えて存続すべき建物を築造したときは，借地権設定者は，地上権の消滅の請求または土地の賃貸借の解約を申し入れることができる（同条 2 項。同条 3 項～ 5 項も参照）。

④ 対 抗 力

　借地上の建物の登記を備えれば，借地権を第三者に対抗することができる（借地借家10条 1 項）。しかし，いくつか問題点がある。

　第 1 に，登記の表示が真実と異なっていても保護されるか，という点である。判例には，「79番地」にある建物が「80番地」と登記されていた事案で，現地を検分すれば容易に誤りがわかることを前提に，対抗力を肯定したものがある（最大判昭40・3・17民集19巻 2 号453頁）。

　では，名義人の表示はどうか。借地権者の長男名義で登記された事案で対抗

力が否定された判例がある（最大判昭41・4・27民集20巻4号870頁）。譲渡担保権者名義についても否定した（最判平元・2・7判時1319号102頁）。これには，学説の強い反対がある。

第2に，登記は保存登記でなければならないであろうか。登記には，権利関係を公示する保存登記のほかに，建物新築後1か月内に建物の所在・構造を示す表題の登記があるが（不登47条），この**表示の登記**でも対抗力を備えることができるとした判例がある（最判昭50・2・13民集29巻2号83頁）。

第3に，建物が存在しない場合，あるいは建物が未登記である場合はどうか。建物が存在しない場合は，もちろん借地借家法10条1項の保護は受けられない。もっとも，従前建物があったがそれが滅失してしまった場合は，借地権者が建物を特定するための必要事項，建物滅失の日，建物を新たに築造する旨の表示を土地の見やすい場所に掲示したときは，滅失の日から2年内に限り同様の保護を受けることができる（同条2項）。

建物はあるが未登記である場合においては，当然対抗力を有さないはずであるが，元の賃貸人が賃貸土地を第三者に譲渡し，この第三者が借地人（未登記建物所有者）に明渡しを請求したが，土地の新所有者が借地人の存在を知っており，借地人追出しの意図で土地の譲渡を受けた等の事情があった事案で，最高裁は，権利の濫用を理由に明渡請求を斥けた（最判昭38・5・24民集17巻5号639頁）。

5 借賃増減請求

民法典は，賃料の減額（請求権）のみを認めたが（609条・611条），借地借家法は，借賃が，土地に対する租税その他の公課の増減，土地の価格の上昇もしくは低下その他経済事情の変動，近傍類似の土地の地代との比較で不相当となった場合には，一定の期間増額しない特約がある場合を除いて，地代等の増減を請求することができると規定している（借地借家11条）。

「請求権」と称されているが，請求により直ちにその額に変更される「**形成権**」である。相手方がその額を争う場合は，その額が正当であることの裁判を受けることになり，その裁判の確定するまでは，増額請求の場合は相当と認める額を支払えば足り，減額請求の場合は相当と認める額の支払いを請求することができる（借地借家11条2項・3項。なお，両項ただし書も参照）。もっとも，支払

額の相当性については，賃借人自身が相当と認めていない従前の賃料額を支払っても相当とはいえないし，公租公課を下回ることを賃借人が知っていた場合も相当とはいえないと判断した判例がある（最判平 8・7・12民集50巻 7 号1876頁）。また，地代等自動改定特約があっても，その後の著しい経済事情の変動により，特約の基礎となった事情が失われたときは，借賃増減額請求権を行使できると解すべきである（最判平15・6・12民集57巻 6 号595頁）。

　なお，この増減額請求の紛争に関しては，調停前置がとられるようになった（民調24条の 2 ）。

⑥ 建物買取請求権

　賃貸借契約が存続しえない場合，土地所有者に時価で建物を買い取ることを請求することができる。1 つは，借地権の存続期間満了時に契約の更新がされないとき（借地借家13条），他は，第三者が借地上の建物等を取得したが賃貸人が借地権の譲渡・転貸に対して承諾を与えないとき（同14条）である。

　「請求権」と称されているが，請求をすればそれだけで売買契約が成立する「形成権」である。そこで，土地所有者から代金が支払われるまでは，建物所有者が同時履行の抗弁権ないし留置権により，建物と敷地の明渡しを拒むことができるが，明渡しのときまでの賃料相当額を不当利得として土地所有者に支払わなければならない。

　なお，契約が更新されない場合の建物買取請求権（同13条）は，借地人の債務不履行により契約が解除された場合は，行使することができないというのが判例である（最判昭33・4・8民集12巻 5 号689頁）。

　賃借権の譲渡・転貸が承諾されない場合の建物買取請求権（同14条）は，投下資本の回収とともに土地所有者の承諾を促す目的にでたものであるが（その意味では同13条も投下資本の回収や契約の更新を促したものである），この目的は，より直接的には，賃貸人の承諾に代わる許可を求める裁判（同19条・20条）により実現される。

⑦ 借地条件の変更

　建物の種類，構造，規模または用途を制限する旨の借地条件がある場合で，法令の変更などの事情の変更でその条件と異なる建物を所有することが相当であるにもかかわらず，当事者間で条件変更の合意が調わないときは，条件変更

を裁判所に求めることができる（同17条1項）。増改築制限の借地条件がある場合も同様に、土地所有者の承諾に代わる許可の裁判を求めることができる（同条2項）。

3 ── 借家関係

① 適用対象

旧借家法は、借家権の保障につきとくに分類せず、同一の保護形態をとったが、借地借家法は、存続が保護されている建物賃貸借とそうでない建物賃貸借を分け、後者を「期限付建物賃貸借」として別に規定していた。後者は、2000（平成12）年に「建物定期賃貸借」の制度が導入（成立は前年）されたことにより廃止された。

「借家」にあたるか否かが問題になるのは、「間借り」の場合である。判例は、他の部分との境界が明確に区切られている場合は、旧借家法の「借家」にあたるとしていた。

公団・公営住宅には、公営住宅法および条例の規定が適用されるが、それに特別の規定がなければ、民法および借地借家法が適用される。なお、判例は、公営住宅の契約関係にも「信頼関係破壊法理」が適用されることを認めた（最判昭59・12・13民集38巻12号1411頁）。

② 期限付建物賃貸借

旧借家法においても一時使用のための建物賃貸借には、同法の適用がない旨の規定があったが、同様の規定が借地借家法にも置かれている（同法40条）。この「一時使用」という意味について、判例は、期間の長短ではなく、賃貸借の目的、動機その他諸般の事情から短期間内に限り存続させる趣旨のものであることが客観的に判断されるものをいうとする（最判昭36・10・10民集15巻9号2294頁）。

借地借家法は、新たに、更新が認められない「定期建物賃貸借」（同38条。いわゆる定期借家権）と「取壊し予定の建物の賃貸借」（同39条）の規定を設けた。とくに前者については、一定の期間を定めたうえ、更新がないことを特約しなければならないが、この契約は書面にしなければならない等の要件が定められている（同38条参照）。

③ 存続期間と法定更新

　上記の「定期建物賃貸借」および「取壊し予定の建物の賃貸借」のほかは，借地借家法により権利の存続が保護されている。すなわち，契約において期限の定めのある場合は，その期間存続するが（最長期間の制限はない。同29条2項），期間を1年未満とする建物賃貸借は，期間の定めがないものとみなされる（同29条1項）。その場合は，民法617条によりいつでも解約申入れができるが，特別法により申入れから6か月を経過した時点で契約は終了する（借地借家27条1項）。もっとも，この解約申入れには，「**正当事由**」を要し（同28条），また，契約が終了しても使用を継続していて，賃貸人が遅滞なく異議を述べない場合は，更新される（同27条2項）。

　期間の定めがある場合において，当事者が，期間満了前1年から6か月前までの間に，相手方に対し，正当の事由をもって更新をしない旨の通知，または条件を変更しなければ更新しない旨の通知をしなかったときは，従前の契約と同一の条件（期間は定めのないものとなる）で更新されたものとみなされる（借地借家26条1項・28条）。以上の通知があった場合でも，期間満了の後賃借人が使用を継続し，それに対して賃貸人が遅滞なく異議を述べない場合も更新される（同26条2項）。同条3項も参照。

④ 対 抗 力

　借家権の対抗要件について借地借家法は，「建物の引渡し」で足りると規定している（同31条）。対抗力が認められると，新たな建物所有者との間で賃貸借契約関係が成立し，旧賃貸人への家賃前払いや敷金返還債務，転貸許容の黙示の特約も新所有者に引き継がれる。

⑤ 造作買取請求権

　借家人は，期間満了または解約申入れによる終了時に，賃貸人の同意を得て建物に付加した畳，建具等の造作（賃貸人から買い受けた造作も）を時価で買い取るように賃貸人に請求することができる（同33条）。旧借家法にも同旨の規定があり（借家5条。ただし，借地借家法では任意規定とされている――37条），それに関する判例によれば，賃借人の債務不履行による解除の場合には認められない（学説は反対）。造作は，その分離可能性のゆえに費用償還請求権の対象にならないものを指し，建物の使用に客観的便益を与えるものをいう。具体的には，

雨戸，ガラス戸，障子などを含む。また，借地権における建物買取請求権と同様，形成権である。

買取権行使による代金支払義務と造作引渡義務は同時履行の関係に立つが，借家人は，代金の支払いがあるまで建物の明渡しを拒むことはできないとするのが判例である（最判昭29・7・22民集8巻7号1425頁）。

⑥ 家賃増減額請求

借地権の場合と同様の家賃増減額請求権の規定が置かれている（借地借家32条）。

⑦ 借家権の承継

賃借権は相続されるので，被相続人死亡前から相続人が借家に同居していた場合などはそのまま当該借家に居住し続けられることは言うまでもない。しかし，相続権をもたない内縁配偶者等の居住権保護が問題である。借地借家法36条は，内縁配偶者・事実上の養子に借家権の承継を認めているが，これとて相続人がいない場合の保護であるから，相続人が他にいる場合には役に立たない。そこで判例は，賃借人と同居していた事実上の養子は，事実上の養親死亡後相続人が相続した賃借権を援用して賃貸人に対して借家権を主張することができると判示した（最判昭37・12・25民集16巻12号2455頁。内縁配偶者について最判昭42・2・21民集21巻1号155頁）。

また，被相続人と同居していなかった相続人が従前同居の内縁配偶者等に立ち退きを求めるのは，権利濫用にあたると考えられよう。

4 ── 農地関係

① 農地法による規制

農地法は，農地および採草放牧地その賃借権の設定ないし移転については農業委員会（場合によっては都道府県知事）の許可を得なければならないと規定している（農地3条1項）。この許可を受けない場合は，効力が生じない（同7項）。期間の定めがある場合には，原則として，期間満了の1年前から6か月までの間に相手方に更新しない旨の通知をしないときは，従前と同一条件で更新したものとみなされる（同17条）。また，賃貸借の解除，解約の申入れ，合意による解約，更新しない旨の通知は，都道府県知事の許可がなければしてはならず，

その許可も，賃借人の信義に反した行為がある場合など正当事由がなければ，してはならない（同18条）。

② 借賃・地代

　借賃ないし地代（小作料）は，経済事情の変動による増減額請求権が認められている（農地20条）が，最高裁は，小作地の宅地並課税による固定資産税の額が増額したことをもって増額請求はできないとした（最大判平13・3・28民集55巻2号611頁）。

③ 対 抗 力

　対抗力についても借家の場合と同じく，農地の引渡しにより備わると規定している（同16条1項）。

第**6**章

労務提供型の契約

●**本章で学ぶこと**

　本章では，譲渡型・貸借型に対して，有償または無償で労務（サービス。有体物引渡し以外の行為を主要部分とする行為をすること）を提供することを目的とする典型契約（雇用，請負，委任，寄託）について学ぶ。

　サービス供給契約は，今日，社会のニーズに応じて著しく多様化し，民法の規定ではまかないきれない場合が多くなってきている。関係業界の標準約款や，特別法が果たす役割も大きい。

　雇用契約は，すでにほとんどの領域が労働法制（労働基準法など）に委ねられている。請負のうち，運送営業は商法や道路運送法・海上運送法・航空法などに規律されている。寄託が重要なのも，商法上の倉庫営業としてである。銀行預金（消費寄託）には各銀行が預金取引約款を整えている。

　とはいえ，請負のもう1つ代表的な例である建築請負については，約款（民間連合協定工事標準請負契約約款や公共建設工事標準請負契約約款）や業法（建設業法）も整備されているが，なお民法の規定とその解釈論が，約款や契約の解釈・補充に有効に機能している。また，委任の規定は，「最善の注意による任務の遂行」を目的とする法律関係を律するモデル規定としての意義を有している。

第1節　序　　説

　雇用契約は，労働者が使用者の指揮命令に従って労働することを目的とする。使用者への従属性の強さと，労働それ自体が目的であることが，契約類型としての特徴である。

　請負契約では，請負人の独立性・専門性が強く，また，仕事を完成して一定の結果を出すことが目的になる（「**結果債務**」）。目的とされた結果が出なければ請負人の債務不履行になり，仕事を終えても欠陥（契約不適合）が残れば担保責任（債務不履行の特則）を課せられる。服の仕立て・クリーニング，時計の修理から各種運送，大規模公共工事まで，広い範囲に及ぶ。

　委任契約は，受任者の独立性・専門性が強い点で雇用と異なり，最善の注意を尽くして任務を遂行すること自体が目的である（「**手段債務**」）点で請負と異なる。医師，弁護士・司法書士，不動産仲介業者などの業務はひろく委任関係である。この本の原稿も，法律文化社から執筆依頼を受け，委任契約を履行した結果である（下請けが考えられないなどの点で，請負契約とは異なる）。いずれの場合も，結果がうまくいかなくとも，客観的な水準にてらして最善の注意が尽くされた以上，しかたのないことと評価される。

　寄託は，物の保管に特化したサービス契約である。場所の提供だけならその場所の貸借となる。寄託は，目的物の状態を保つための積極的行為を含むものである。

第2節　雇　　用

1 雇用契約から労働契約へ

　「雇用契約」とは，雇われる者による労務の提供と，雇う者による報酬の支払いを交換しようとする諾成の双務有償契約である（623条）。

　「労働契約」といえば，労働基準法の適用を受ける契約をさす。必ずしも雇用契約に限らず，使用従属関係の存在をメルクマールとして，場合によって

は，請負や委任なども含まれうる。

家事使用人・同居親族事業労働者に対する労働基準法の適用は除外されている（労基116条2項）。

民法の雇用規定は，労働基準法をはじめとする労働法制に優先されるから，たしかにその意義がきわめて小さくなっている。しかしそれでも，雇用の類型的要素（623条），報酬の支払時期（624条），権利義務の一身専属性（625条），期間・解約（626条〜631条）にわたるその諸規定が，労働契約関係の通奏低音として機能していることは否定できない。

なお，2007（平成19）年には，「労働契約法」が制定された（2008年3月1日施行）。同法は，当事者の自主交渉による合意の原則に立脚し，労働契約と就業規則の関係や解雇権濫用禁止の法理を定めることによって，労働者保護と個別的労働関係の安定に資することを目的とするものである。

② 労働契約の成立

雇用契約は，当事者の合意だけで成立し，書面の作成を要しない。労働基準法上，使用者は，労働契約の締結に際し，賃金・労働時間その他の労働条件に関する事項を労働者に明示しなければならない（労基15条。一般には就業規則の交付による）。

企業からの**採用内定**通知は，求人募集への応募（労働契約の申込み）に対する承諾であって，誓約書の提出とあいまって，就労の始期を学校卒業の直後とし，それまでの間誓約書記載の採用内定取消事由に基づく解約権を留保した労働契約が成立したものと考えられている（最判昭54・7・20民集33巻5号582頁）。

未成年者の親権者・後見人は，未成年者に代わって労働契約を締結することができない（労基58条）。強欲な親が子どもをクイモノにするのを防ぐ趣旨である。したがって，未成年者の労働契約は，法定代理人の同意のもとで未成年者自身の意思によって，締結されるべきものである（ただし，使用者が使用できる児童は，原則として，満15歳に達した日以後の最初の3月31日が終了した者に限る。労基56条）。

労働者の募集・採用について，事業主は，男女両性に均等な機会を与えなければならない（男女雇用機会均等5条）。

派遣労働の場合には，労働契約は労働者と派遣元会社の間に締結され，派遣

元会社は，労働者に就業規則類を明示しなければならない（労基15条）ほか，派遣先との労働者派遣契約に基づいて労働者を派遣するにあたっては，派遣先での労働条件を労働者に明示しなければならない（労働者派遣34条）。

3 労働契約の効力

(1)　**期間の定め**　労働契約には，期間の定めをおいても，おかなくても，どちらでもよい。期間を定める場合，その期間は，民法では最長5年となっているが（626条），労働基準法では，労働者の長期拘束を嫌い，最長3年（原則）としている（労基14条）。高度な専門的知識等を有する者を新たに雇い入れる場合，あるいは，満60歳以上の者を雇う場合には，期間の定めの上限が5年とされる。

(2)　**労働者の義務**　(a)　労働者は，使用者の指揮・監督・命令に従い，善良な管理者の注意（善管注意）をもって労務を提供しなければならない。ただし，使用者の命令等が公序良俗に反するときは，それに従わなくてもよい。労働者は，使用者の承諾なしに，他の者に労働を代わらせてはならない（625条2項）。労働時間は，1日8時間，1週間で40時間を限度とし（労基32条），法定事由（労基33条）のある場合のほかは，いわゆる**36（サンロク，サブロク）協定**（労基36条参照。他に，労基32条の2〜5までの協定の余地がある）によるのでなければ，時間外労働・休日労働を命じられない。

　乳幼児の養育または要介護状態にある家族の介護の必要がある場合，労働者は，育児介護休業法により，事業主に申し出ることによって，一定期間休業することができる（雇用関係は継続）。事業主は，一定の場合を除き，その申出を拒んではならない。

(b)　**付随義務**　労働者の善管注意は，使用者の正当な利益を守護することにも向けられなければならない。仕事の上で知りえた使用者の秘密を漏らしたり，使用者の事業を妨げるような競業行為をしてはならない。ただし，退職後も競業してはならないと定める合意は，退職者の自由を不当に奪うことにならないよう，その効力を慎重に吟味する必要がある。

(3)　**使用者の義務**　(a)　使用者は，労働の対価として，毎月1回以上，一定の期日を定め，通貨によって，直接に，労働者に賃金全額を支払わなければならない（労基24条）。賃金の男女差別は禁じられ（労基4条），その額は，最低

□ WINDOW 6-1　　　　　　　　　　　　　　　　　　　　　　　　◀◀

個別労働関係紛争の解決手段

　昨今の労働環境の変化に伴い，労働紛争の態様も，集団的なもの（企業対労働組合）から個別的なもの（企業対個々の労働者）への変遷の傾向が著しくなってきた。集団的紛争については労働委員会制度（労働関係調整法）が機能してきたところであるが，個別的紛争の解決についても，最近，行政と司法とに役割を与える立法がそれぞれ行われるに至った。

　(1)　**個別労働関係紛争解決促進法（2001年10月1日施行）**　　都道府県の労働局長が，個別労働関係紛争に関し，当事者に対して必要な助言・指導を行い，また，当事者の一方または双方からの申請に基づいて，労働局におかれた紛争調整委員会に，紛争解決のあっせんを行わせることができる。あっせん案にそって労使当事者間に合意が成立すれば，民法上の和解契約として取り扱われることになる。

　(2)　**労働審判法（2006年4月1日施行）**　　個別労働関係紛争解決促進制度では，複雑案件への対応が困難であるし，またその解決に強制力が欠ける点に弱点がある。そこで，裁判所における特別な司法手続を用いて権利義務に関する個別労働関係紛争を迅速かつ強力に解決することができるように，2004（平成16）年に労働審判法が制定された。労働審判官1人（裁判官）と労働審判員2人（使用者側と労働者側）から成る労働審判委員会が，当事者からの申立てにより，原則として3回以内の期日で集中審理を行い，事案の実情に応じて柔軟な解決策を模索し，調停を試み（成立すれば裁判上の和解と同一の効力を有する），調停による解決に至らないときは審判を下す。

　審判内容は権利義務の確定にとらわれる必要はない。2週間内に異議申立てがなければ審判に裁判上の和解と同一の効力が認められる。適法な異議があれば審判は失効し，審判申立ての時に訴え提起があったものとして通常訴訟手続に自動的に移行する。審判手続が当該事案の解決に適さないために審判委員会が審判手続を中途終了させたときも，同じく自動的に通常訴訟手続に移行する。

　なお，当事者は，労働審判手続によらずに，はじめから通常の民事訴訟手続を選択することも妨げられない。

賃金法に基づいて国の定める最低水準以上でなければならない（労基28条，最賃5条1項）。賃金債権は，一般の先取特権（308条）によって保護される一方，5年の消滅時効にかかる（労基115条〔当分は3年。附則143条3項〕。退職手当は5年）。

　使用者に帰責事由なくして労働従事ができなくなったときには，使用者はすでになされた労働の割合に応じて賃金を支払わなければならない（624条の2）。使用者の責めに帰すべき事由によって労働者が労働に従事できなくなったときは，使用者はその（労働従事なき）期間についても賃金を支払わなくてはならな

124

い（536条2項）。使用者の責めに帰すべき事由による休業の場合は，使用者は，休業手当を支払わなければならない（平均賃金の6割以上。労基26条）。

なお，企業倒産（事実上の倒産を含む）により賃金が支払われないままで退職した労働者のために，一定の場合に未払賃金の一部を立替払いする制度が，全国の労働基準監督署と労働者健康福祉機構で実施されている。

(b)　安全配慮義務　　契約その他の法律関係に基づく社会的接触の特定当事者間には，互いの安全に配慮する義務があると考えられている（最判昭50・2・25民集29巻2号143頁）。信義則を根拠とする債務であって，必ずしも契約上の債務ではない。とくに雇用の場において有用であり，これによると，労働環境の不備によって生じた事故を，使用者の債務不履行によるものととらえることができる。そうすると，安全配慮の積極的当為の懈怠を理由として，不法行為法上は困難な被害者（労働者）救済に，途を開くことができるのである（最判昭59・4・10民集38巻6号557頁〔宿直勤務中従業員殺害事件〕参照）。ただし，遺族固有の慰謝料は，不法行為特有の制度であって（711条），安全配慮義務違反を理由としては認められない（最判昭55・12・18民集34巻7号888頁）。

男女雇用機会均等法（同法11条）・労働施策総合推進法（同法30条の2）は，事業主に，**セクハラ・パワハラ**の防止につき雇用管理上必要な配慮をすることを義務づけている。私法上の安全配慮義務としても，同様に考えることができよう。

(4)　**就業規則・労働協約**　　(a)　**就業規則**とは，使用者が事業場における労働条件や服務規律などを定めた規則のことである。その作成・変更にあたっては，労働者側の意見を聴かなければならない（労基90条）。常時10人以上の労働者を使用する使用者は，就業規則を作成して労働基準監督署に届け出なければならない（労基89条）。

賃金・労働時間をはじめとする労働条件は，労働契約で定めるのが基本であるが，就業規則があるときは，就業規則の定めが労働条件の最低水準となる（労基93条）。さらに，就業規則の内容が合理的なものである限り，当該事業場の労働者は，当然にその適用を受ける（最大判昭43・12・25民集22巻13号3459頁）。労働契約に対して就業規則は，いわば，約款のようなはたらきをするのである。

(b)　労働組合と使用者が労働条件等について協定を結び，これを書面にし

□ WINDOW 6-2 ◀◀

働き方改革の要点

　一億総活躍社会の実現を目指し，「働き方改革」関連法が，2019年4月からの段階的施行に入った。その内容は多岐にわたるが（最低5日の年休付与義務，高度プロフェッショナル制度，産業医の権限強化，勤務間インターバルの努力義務など），基軸をなすのは「長時間労働の是正」（大企業は2019年4月，中小企業は2020年4月から）と「非正規雇用の待遇改善」（大企業は2020年4月，中小企業は2021年4月から）である。

　「**長時間労働の是正**」は，過労死問題に直面して，喫緊の課題である。その根幹は，36協定による時間外労働（休日労働は別）に，月45時間かつ年360時間の上限を法定することにある（労基36条4項）。36協定が法定上限以下で定めた範囲を超過してまたは36協定なし（協定の定めが上限規制に反する場合を含む）時間外労働がなされたときは，事業主とその残業を指示した上司は，労働基準法による刑罰の対象となる。

　繁忙期など臨時の必要のためには，36協定上，年720時間以内かつ月100時間未満（休日労働を含み，年に6回までで，2～6か月平均80時間以内）の法定上限による特別条項を，具体的事由について定めることが許される（労基36条5項）。

　なお，研究開発業務には，時間外労働の上限規制の適用が除外される（労基36条11項）。月100時間超の時間外・休日労働がなされたときは，医師の面接指導が必要。労働時間の全体規制〔1日8時間・1週40時間＋36協定〕が適用除外となるわけではない）。

　「**非正規雇用の待遇改善**」は，正規雇用（フルタイムの無期直接雇用）と非正規雇用（主にパートタイム・有期・派遣労働）の間の待遇格差による負の社会的影響を縮小することを目的とする。労働の質（職務内容〔業務の内容，責任の程度〕，職務内容と配置の変更範囲）に応じた均衡待遇の確保を主眼として，労働契約法・パート労働法・労働者派遣法が一括改正された（パート労働法はパート・有期雇用労働法に衣替え。通常の労働者と同視される非正規労働者の待遇は，正規労働者のそれと均等たるを要する）。

　均衡待遇とは，労働条件の各項目ごとに，正規・非正規間の待遇差が実態に照らして不合理なものであってはならない，との趣旨である（パート・有期8条〔労契20条は削除〕，労働者派遣30条の3）。厚労省ガイドラインによれば，業務内容と関連の薄い項目（時間外・深夜・休日労働や通勤・出張などの手当，食堂等利用・慶弔休暇・病気休暇などの福利厚生）については格差は認められないが，基本給（職能給，業績給，勤続給，昇給など）や賞与については，その意味合いに従い，職務内容・成果・意欲・能力・経験等を勘案してある程度の格差が生ずることもやむを得ない（家族手当や退職金についての考え方は示されていない）。

　事業主は，非正規労働者から求められれば，正規との待遇差の内容と理由を説明しなければならない（パート・有期14条2項，労働者派遣31条の2）。均等待遇・均衡待遇の履行確保のため，非正規労働者・事業主いずれの側からも，労働局長の解決援助やADR（調停）の制度を利用することができる。不合理な労働条件の定めは実体法上無効となり，就業規則等の合理的解釈による内容補充を受けるべきことになる。

て，双方が署名または記名押印したものを，**労働協約**という（労組14条）。労働協約は，個々の労働契約のみならず，就業規則に対しても，上位の規範となる（労組16条，労基92条）。さらに労働協約は，一定の要件を満たせば，当事者たる労働組合の組合員のみならず，当該工場事業場の同種の労働者や，当該地域の同種の労働者・使用者にまで，拡張適用される（労組17条・18条）。

④ 労働契約の終了

（1） 期間の満了（ただし更新の推定がありうる。629条。更新後は期間の定めなき契約になる。無期契約への転換につき，労契18条参照），定年（60歳を下回ってはならない。高年齢者雇用安定法8条），労働者の死亡，合意解約（依願退職），労働者による解約（辞職，626条・627条），使用者による解約（解雇）などの事由により，労働契約は終了する。使用者の死亡は，個人企業であっても，廃業とならない限り，労働契約を当然終了させる事由にはならない。使用者の破産の場合には，労働者または破産管財人が，解約の申入れをすることができる（631条）。

有期労働契約の場合のいわゆる「雇止め」については，使用者に対する行政指導基準（労基14条2項・3項）として，使用者は少なくとも30日前に予告するなどの措置をとらねばならないものとされている（雇止め自体の制限につき，労契19条参照）。

（2） 使用者の一方的な解雇を制限することは，労働法理・労働法制の主要任務である（公益通報者保護法にも注意）。解雇には，事業継続が不能になるほどのやむをえない事由がある場合，労働者の帰責事由がある場合を除いては，30日以上の予告期間をおかなければならない（労基20条。労基21条に除外規定あり）。また，従来の判例（最判昭50・4・25民集29巻4号456頁）にそって，解雇に関する新たな規定も設けられている。すなわち，解雇は，客観的に合理的な理由を欠き，社会通念上相当であると認められない場合は，その権利を濫用したものとして，無効である（労契16条）。なお，就業規則には，解雇の事由を記載しなければならない（労基89条3号）。

第**3**節 請 負

1 請負契約とは何か

　請負契約とは，A（請負人）の仕事の完成とB（注文者）の報酬の支払いを交換しようとする，諾成の双務有償契約である。

　請負と雇用・委任の類型的相違については前述したが，スーツのオーダーのように，「注文を受けて作って売る」ことを内容とする契約（「**製作物供給契約**」）の場合，それが売買か請負かが問題とされる。請負ならば注文者に完成前解除権（641条）があるが売買にはない点で，どちらの契約類型に当てはめるべきかが，実際上も重要なのである。目的物が代替物なら売買で不代替物なら請負だとか，製作段階（請負）と供給段階（売買）を分けて考えればいいとか，考え方はいろいろある。

2 請負の成立

　諾成契約である。ただし建設業法上，請負当事者は，工事内容・代金額等々の契約内容を書面に記載して，署名または記名押印のうえ相互に交付しなければならない（建設19条。契約の成立要件ではない）。

　請負代金（報酬）の額を概算にとどめ，きっちり確定させていなくとも，請負契約の有効な成立は妨げられない（概算請負）。

3 請負の効力

　(1) 請負人の義務　（a）仕事完成義務　請負人Aが注文者Bに対して負う債務の目的は，「**仕事の完成**」である（632条）。建物の建築（新築）を請け負ったAは，その敷地上で工事を行い，工程を終了して建物ができあがれば（竣工），これをBに引き渡すことになる。雇用と異なり，仕事の結果こそが大事だから，Aが，その請け負った仕事の全部または一部を第三者Cにさせることも，原則として認められる（Aを元請人，Cを下請人という）。ただし，建設業法では，Bの承諾書なしに仕事の全部を下請けさせることは禁じられており（建設22条），また，Bの承諾書なしに選定された下請人が施工上著しく不適当なときは，Bからその変更を請求することができる（同23条）。

　できあがった建物が契約の内容に適合していれば「完成」にちがいない。「完

□ WINDOW 6-3　◀◀

建築条件付土地売買の性格

　不動産売買に，金融機関からの融資が得られなければ売買契約も白紙に戻す，という特約（ローン特約）をつけることがよくある。しかし，AからBがローン特約をつけて土地を購入し，そのうえでBがCに建物の建築を注文した場合，ローン特約で解除されるのはA・B間の土地売買契約だけであり，B・C間の請負契約には，工事不能による危険負担の問題が生じ，Bに帰責事由が認められれば報酬を支払わなければならなくなる。

　ところで，Aが宅地建物取引業免許のある建築業者で，自分に建物建築を請け負わせてくれることを条件にBに土地を売却するような場合，これを「建築条件付土地売買」という。BにAとの請負契約締結を事実上強制し，建築業者間の自由競争を妨げることになるため，一般には「不公正な取引方法」として独禁法19条によって禁じられるが，例外的に，つぎの要件を満たすならば許される。①土地売買契約後相当期間内に建築請負契約が成立することを条件として土地売買契約を締結する，②建築条件不成就のときは土地売買を白紙に戻し，受領した金銭をすべて遅滞なく返還する，という要件である。それでもやはり，土地売買に付せられたローン特約による解除は，やはり，請負契約に及ばない。

　このしくみに目をつけ，宅建業者の中には，実質は建売りなのに，建物の建築未了にかこつけて，形式だけ土地売買と建物建築請負とによる「建築条件付土地売買」にしておこうとする者もいる。実は，宅地建物取引業法では，建築工事完了前の建物について，建築確認前の広告や売買契約の締結・代理・媒介が禁じられている（33条・36条）。建売りという「既製品売買」には建築確認のアミをかぶせておこうという趣旨である。業者のほうは，この禁止規定にひっかからずに工事完了前・建築確認前にさばいてしまうために，建物のほうは請負だということにしておこう，と考えるらしい。そうしておいて，とうてい建築確認の得られないような建物を建て，これについては土地売買とは別だからローン特約の適用はなく，宅建業法上の重要事項説明義務も及ばない，などとうそぶく例もある。

　しかし，契約関係がどのようなものかは，その実質から判断すべきであって，契約書の形式にとらわれる必要はない。実質が土地付建物の売買なら，見せかけの形式にかかわらず，ローン特約の適用は土地建物の売買全体に及ぶと解すべきである（大阪地判平9・6・30，その控訴審・大阪高判平10・3・24。いずれも判例集未登載）。行政窓口にはとまどいもあるようだが，業法の適用範囲の問題としても，宅建業者による建売りの実質を有する取引には，宅建業法の適用が及ぶと考えるべきである。消費者自身も知恵をつけて身を守るべきであるし，行政当局にも，いっそう果断な指導監督が望まれる。

成」というのは仕事の結果の完全性を意味するのだから，請負人Aは，建物に**契約適合状態を実現すべき債務**を負っており，不適合の残る仕事はなお「未完成」である。しかし，竣工に至っていない「未完成」と，竣工したが不適合が

残っている「未完成」とでは，Ａの仕事の進みかたが質的に違う。竣工していないのなら，竣工までこぎつけなければならないのは明らかなのに対し，契約不適合を残すことを予定して仕事をするわけではない以上，竣工したからには，Ａとしては，あとは引き渡すだけと考えても無理はないからである。

そこで，竣工に至っていない未完成は「未完成」にちがいなく，Ａは「一般の債務不履行」の状態にあるが，**竣工までこぎつけたが瑕疵が残ってしまった**ことについては，その段階（「一応の完成」）に応じた「特別の債務不履行」としての制度を設けたほうがよい。それが請負人の「**担保**責任」である（559条・562条～564条・636条〔注文者の行為に起因する不適合についての担保責任の原則的排除〕・637条〔権利保存期間につき566条と同旨〕）。

(b)　引渡義務　　Ａが，Ｂの居住するままで建物の修繕や増築を請け負った場合は，あたりまえだが，引渡しを要しない。これに対し，Ａが敷地を占有して建物を新築する場合には，できあがった建物をＢに引き渡さなければならない。それはまるで当然のことであるが，「引渡し」は，それだけでなく，報酬支払いの時期を到来させ（633条），担保責任の起点となり（559条・562条・563条・636条），さらに，あとで述べるように，できあがった建物の所有権の帰属や，その建物が滅失・損傷した場合の報酬支払義務の運命を決める分岐点ともなる。

(c)　所有権の帰属　　できあがった新築建物の最初の所有者になるのは，請負人Ａと注文者Ｂのどちらであるか。もちろん，最終的に所有権を獲得すべき立場にあるのはＢであるが，Ａとしても，建物建築に資本を投下したのであるから，その所有権をまずはおさえて，Ｂから報酬を受け取るための担保としたい，という事情がある（不動産の先取特権〔327条・338条〕は手続的にうっとうしい）。また，どちらの所有物かは，どちらの側の債権者がその建物を強制執行として差押えできるか，という問題でもある。

最近の学説は，Ａには留置権や同時履行の抗弁権があるから，建物の所有者は最初からＢにしておけばよい，というのが有力であるが，判例は，**主要な材料をＡのほうが提供している**以上，できあがった建物も最初はＡの所有物であり，建物の引渡しによってその所有権がＡからＢに移転するのだ，と解している（大判明37・6・22民録10輯861頁，大判大3・12・26民録20輯1208頁）。

ただし，判例も，Ｂが最初の建物所有者になると定める**特約**を，有効と認め

☐ WINDOW 6-4 ◀◀

住宅品質確保促進法

　瑕疵担保責任と住宅性能表示制度を二本柱とする「住宅の品質確保の促進等に関する法律」が2000（平成12）年4月から施行されている（民間連合協定工事標準請負契約約款も、同法の内容に合わせて改正された）。

　「瑕疵担保責任」については、法施行後に締結された住宅新築請負契約と新築住宅売買契約につき、未入居の新築住宅（建設工事完了から1年を経過したもの、一時使用目的の明らかなものは除く）の基本構造部分（政令で定められる）の瑕疵（契約不適合）を対象とし、新築住宅の請負人・売主は、民法415条・541条・542条・562条・563条に定める内容の責任を、引渡しの時点（住宅品質95条1項かっこ書に注意）から最低10年間、負担する（民566条・637条の失権効規定も適用される）。住宅取得者に不利な特約は無効とされる（住宅品質94条2項・95条2項）。

　「住宅性能表示制度」のほうは、建築基準法による最低限の性能基準の充足を前提として、住宅の品質・性能のいっそうの向上を目指すものである。新築住宅の供給者や建て主が、国交大臣指定の「住宅性能評価機関」に対してその住宅の性能評価を自主的に申請すると、一定の基準に基づいて、設計図書の審査・3回の中間検査・完成段階の検査が行われ、構造安全性・火災安全性・省エネルギー性・採光換気性・長寿社会対応性・耐久性・遮音性・メンテナンス性などに関する「住宅性能評価書」が交付される。消費者は「評価住宅」相互の性能比較を、共通の指標で容易に行うことができるようになる。また、住宅性能評価書（写しでもよい）を契約書に添付するなり注文者・買主に交付するなりすれば、請負人・売主は、契約書に反対の意思を表示しない限り、評価書記載の性能を有するものとしての住宅の建築・売却を約したものとみなされる（6条）。住宅性能評価制度は2002（平成14）年8月より中古住宅も対象とすることとなったが、中古住宅の場合には、法6条のような扱いはなく、評価書記載の性能あるものとしての契約は、とくにその旨の合意をするのでなければ認められない。

　さらに、「評価住宅」の性能をめぐる紛争に対しては、裁判外紛争処理制度が用意されている。住宅新築という大きな買物について、消費者の性向が、公的な性能評価書と特別の紛争処理制度の裏付けのある商品に向かうであろうという期待のもとで、市場原理を尊重しながら、住宅品質の向上を導こうとしているのである。

ている（大判大5・12・13民録22輯2417頁）。特約は黙示でもよく、Bがすでに代金全額を支払っている場合（大判昭18・7・20民集22巻660頁）のほか、AがBの支払能力を疑うことなくBから代金全額について支払いのための手形を受領し、その際にAからBに建物の建築確認通知書を交付した場合（最判昭46・3・5判時628号48頁）に、特約の存在が推認されている。工事の進行に従って代金の大部分が支払われた事案で、特約の有無を問題とせずに、Bが最初から所有者になる

ものと認めた例もある（最判昭44・9・12判時572号25頁）。全体として，建物所有権を最初からBに帰属させる特約の存在を認めるのにゆるやかになってきていると評価されている。

　近年では，材料を供給したのが下請人であっても，契約の中途解除の場合に出来形部分を注文者所有とする旨の約定が元請契約にある場合は，現に契約が中途解除されたとき，下請人がこれと異なる権利関係を主張することは原則としてできない，とした最高裁判決（最判平5・10・19民集47巻8号5061頁）が重要である。元請業者の倒産に際し，請負代金を支払ってしまっている注文者と，下請代金を受けとっていない下請人と，どちらを保護するかを実質的な争点として，最高裁は，注文者との関係では下請人は元請人の履行補助者にすぎないとの理解に重点を置き，注文者保護の原則を明らかにしたのである。

　(2)　**注文者の義務**　　注文者は，報酬支払いの義務を負う。支払時期は，仕事の目的物の引渡し（引渡し不要の場合は仕事の終了）と同時とされている（633条）が，建築請負では工事進捗にあわせて段階的に支払う特約が結ばれることが多い。

　(3)　**双方債務の牽連関係**　　(a)　**報酬支払いと担保責任**（同時履行関係）報酬支払いと担保責任の履行（追完，損害賠償）との間には当然に同時履行関係がある（533条）。ただし，瑕疵の程度が報酬残額に比して非常に僅少であるとか，注文者が支払拒絶の意思を明確にしているなどの事情があるときは，信義則上，同時履行の抗弁権による注文者の報酬残額全部の支払拒絶が許されないこともありうる（最判平9・2・14民集51巻2号337頁）。

　(b)　**報酬支払いと仕事完成**（危険負担）　　建物建築請負（請負人A，注文者B）において，Aの帰責事由なしに，仕事の目的物が滅失した場合，A・Bそれぞれの債務はどのような運命に従うか。

　①　竣工・引渡し（Aの債務は履行済み）の後の滅失であれば，Bが対価支払いの危険を負担する（559条・567条1項）。

　②　竣工前ならばどうか。竣工に至っていないということは，仕事が完成されていないわけだから，とくに仕事の再開・続行が不可能になってしまったのでない限り，Aの仕事完成債務は存続する。したがって，いまだ対価危険負担の問題にならず，Bは，竣工・引渡しをまって，約定の報酬を支払えばよい。

もっとも，実際には，このような場合をおもんぱかって，報酬増額の約定があることも多い。Bに帰責事由があれば，約定報酬の支払（536条2項）に加え，損害賠償のかたちで処理されるであろう。

これに対し，超高級な資材を入手できないなど，仕事の再開・続行が不可能であると判明した場合には，Aは仕事完成債務を免れ，まさに対価危険負担の問題となる。債務者危険負担の規定（536条1項）によって，Bは，報酬支払債務の履行を拒むことができる（既払報酬については，契約を解除してその返還を求めることができる。542条1項3号・545条1項）。ただし，すでにした仕事の部分だけでもBに利益のあるときは（3棟の建物の建築請負において2棟がすでに完成済みであるなど），Bは，その利益の割合に応じた報酬を支払わなければならないし（634条1号），さらに仕事の再開・続行（残る1棟の建築）の不能についてBに帰責事由があれば，債権者危険負担の規定（536条2項）により，Bは，約定報酬の全額を支払わなければならない。

③　**竣工後，引渡し前**の滅失であればどうか。竣工に至った以上，もはやAに仕事のやり直し義務はなく，Aのなすべきことは建物の保管と引渡しに集中する。その保管・引渡しが，Aの帰責事由なしに履行不能になった状態である。契約関係展開のモメントは「引渡し」の時点に置かれ，引渡し前の対価危険はAにとどまる。すなわち，引渡し前の建物滅失の場合，Bは，自身に帰責事由があるのでない限り，報酬支払いを拒むことができる（536条1項・559条・567条1項）。請負人の側には保険による損失カバーを期待できるという考慮も含まれていよう。

④ 終　　了

仕事の完成前ならば，注文者は，いつでも契約を解除できる（641条）。ただし，注文者は請負人に履行利益を賠償する必要がある（解除の要件ではない）。3棟の建物の建築請負において2棟がすでに完成しているときは，注文者の任意解除権は，未完成の1棟の分についてだけ認められる（完成済み2棟分の報酬は支払わなければならない。634条2号）。

（第4節） 委　　任

1 委任とは何か

委任契約は，A（受任者）がB（委任者）から委託されて法律行為その他の事務処理をすることを目的とする，諾成契約である。厳密には，法律行為に関するときは委任といい，その他の事務のときは準委任というのであるが，準委任にも委任の規定が準用される（656条）から，両者をことさら区別する意味はない。

雇用と委任のちがいは，ときに困難である。主に労働基準法の適用の有無が問題になるのであるが，証券会社の歩合外務員契約は委任であるとした判例がある（最判昭36・5・25民集15巻5号1322頁）。

委任契約は，**原則として無償**であり，報酬支払いの特約によって有償契約となるが（648条1項），実際には有償であることが多い。

2 委任の成立

諾成契約である。たとえば医者にかかるとき，診療契約書を作成する者は普通いないであろう。ただ，事情によっては，法律関係を生じさせようというほどの意思を含まない，単なる好意関係（Gefälligkeitsverhältnis）にとどまることもあるから，注意が必要である。たとえば，近所の人に子どもを預けたという場合に，子どもの監護のための準委任契約の成立が認められるかどうかは，微妙なところである（隣人訴訟として問題になったいくつかの例がある）。

社会的事実としては，委任契約の締結に際して委任状の交付を伴う場合が多い。転々流通を予定する**白紙委任状**（受任者欄が白紙のもの）が交付されたときは，正当な所持人Aが受任者欄に記名すれば，Aと委任状作成者Bの間に，委任契約の成立が認められる（大判大7・10・30民録24輯2087頁）。

なお，公法上，医師は，正当事由なしに診療を拒めず（医師19条1項），弁護士は，委託を拒むについてその旨をすみやかに依頼者に通知しなければらない（弁護士29条）。

3 委任の効力

（1）**受任者の義務**　（a）**善管注意義務**　受任者は，有償無償にかかわらず，委任の本旨に従い善良な管理者の注意をもって事務を処理しなければなら

ない (644条)。当然のことながら，専門家は専門家としての高度の注意を尽くさねばならない。

医師が診療上尽くすべき注意の水準 (**医療水準**) をどのように定めるかは，大きな問題である。従来の判例は，「診療当時のいわゆる臨床医学の実践における医療水準」を基準とし (最判昭57・3・30判時1039号66頁)，ある療法をとるべきであったかどうかは，その療法の有効性についての認識・理解がその時点で臨床医療に一般的に普及しているかどうかによって判断されるものとしてきた。しかし，近年になって最高裁は，新規の治療法が仮説の段階から臨床医療の実践に普及するに至る過程を動態的にとらえ，地域の医療環境などをも考慮して，医療機関の性格 (先端病院か地域基幹病院か小規模病院ないし一般開業医か，など) に応じて相当と期待される医療水準を基準とすべきものとするに至った (最判平7・6・9民集49巻6号1499頁，未熟児網膜症姫路日赤事件)。個々の医師は，このような規範的医療水準に向けて研鑽すべき義務を負い，また，医療機関は，予算の制約等により規範的医療水準に応じた医療をみずから実施できないときには，他のしかるべき医療機関に患者を転送する義務を負う。

(b) 付随的行為義務としては，顛末報告義務 (645条)，受領物等引渡義務・権利移転義務 (646条) が定められている。委任者に渡すべき金銭を自分のために消費してしまったときは，金銭債務不履行についての一般原則 (419条) と異なり，受任者は，法定利率による利息のほか，委任者にそれ以上の実損を生じている限り，その実損害をも賠償しなければならない (647条)。

医師が診療上どのような情報をどのようなかたちで患者に開示・報告すべきかについて，わが国の社会通念は今日なお流動的である。いかなる医療行為がどんな理由でどの程度の治癒可能性をもって行われようとしているのかなど，患者が医師に説明を求めることができ，医師が患者に説明しなければならないのは，理論的には当然のことであるが (**インフォームド・コンセント**，説明と納得による医療)，わが国においてそれが社会的事実として浸透し始めたのは近年のことである。まずレセプト (診療報酬明細書) について患者本人・遺族が健康保険の各保険者に開示請求できる制度が整えられ (平成9・6・25厚生省通達。ただし病名告知は担当医師からなされることを予定している)，ついで，カルテなどの診療記録についても，個人情報保護法 (平成17・4・1全面施行。死者の情報には適用さ

れない）・「医療・介護関係事業者における個人情報の適切な取扱いのためのガイドライン」（平成16・12・24厚労省通達）およびこれらに先行して作定された「診療情報の提供等に関する指針」（平成15・9・12厚労省通達。死亡した患者の遺族も開示請求できるものとする）により，患者側からの開示請求の制度化が進められている。

（c）　復委任　　委任者は，受任者をこそ信頼して仕事をまかせたのだから，受任者は，履行補助の限度を超えて第三者Ｃに仕事を代わらせたりしてはならない（自己執行義務）。ただし，Ｂの承諾またはやむをえない事情のあるときは，復受任者の選任が許される（復受任者が復代理人ともなる場合，復受任者は委任者に対して原受任者と同一の権利義務を有する。644条の2）。

（2）　**委任者の義務**　　（a）　委任者は，受任者に，経済的負担や損失を帰せしめない義務を有する。費用前払義務（649条），費用償還義務（650条1項），債務代弁済義務・担保供与義務（650条2項），損害賠償義務（650条3項）が定められている。

（b）　報酬支払義務　　（i）　委任は，無償が原則であり，報酬支払いの特約がなければ，受任者は報酬を請求できない（648条1項）。もっとも，有償委任が広く行われる社会慣行のなかでは，黙示の合意も比較的容易に認められるだろう。また，受任者が商人である場合については，相当の報酬の請求権が認められる（商512条）。報酬請求権があると認められる以上，その額については，とくに合意がなくても，諸般の事情を考慮して相当額を算定すればよい（弁護士の報酬について最判昭37・2・1民集16巻2号157頁）。

後払いが原則（648条2項）である。受任者Ａの帰責事由なしに委任の履行が中途で終了したときは，委任者Ｂに帰責事由がなくとも，Ａは，すでに履行した分の割合に応じて報酬を請求できる（648条3項。Ｂに帰責事由あるときは，未履行分の報酬請求も可能。536条2項）。

（ii）　請負と異なり，委任では，結果達成はＡの義務には含まれないが，結果が達成されることを報酬請求権発生の条件とすること（成果に対する報酬支払い）はさしつかえない。弁護士や不動産取引仲介業者の成功報酬がその例である。この場合，結果達成に至らなければ，それだけの報酬は得られない（648条の2）。

　しかし，弁護士が委任者の行為によって事件処理の完結を妨げられたときは報酬全額を請求できる旨の特約は，一般に有効と解されている（『みなし成功報酬』）。

　また，宅建業者が委託を受けて不動産取引の仲介にあたる場合，その仕事が成果をおさめる見込みがでてきたところで，委任者と相手方が宅建業者を外して直接に取引し，仲介手数料の支払いを逃れようとすることがある。このようなとき，判例は，**民法130条**によって，条件が成就したものとみなしての報酬請求を認めている（最判昭45・10・22民集24巻11号1599頁）。ただし，その額は必ずしも約定の全額ではなく，取引成立への宅建業者の貢献度に応じて算定される。

④ 委任の終了

　(1)　**任意解除権**　(a)　委任の基礎は人間関係であり，たとえ一方的にでもいやになったときに，なおも委任関係を維持するのは無理がある。そこで，委任契約は，委任者も，受任者も，どちらからでも，委任事務終了の前ならばいつでも，解除できるものとされている（651条1項）。委任期間の定めがあっても解除は妨げられない。委任の解除に遡及効はない（652条）。

　ただし，教科書の原稿執筆を依頼されていながら，イヤになってやめた時期が締切日を大きくずれこんでおり，法律文化社としては新たな執筆者を手配するとしても，もはや新年度にあわせた刊行が不可能である，というような場合には，相手方に不利な時期の解除として，解除した者は，やむをえない事情があったのでない限り，無過失で損害賠償責任を負う（651条2項1号）。おそろしい話である。

　(b)　**任意解除権の放棄**　民法651条による任意解除権を放棄する特約は，一般に有効と解されている（もちろん脱法行為は別。最判昭30・10・27民集9巻11号1720頁は，恩給法11条に対する脱法行為の例）。ただし，それでも，やむをえない事情がある場合には，解除は妨げられず，損害賠償責任も生じない（大判昭14・4・12民集18巻397頁）。

　(c)　**任意解除できない委任**　ある種の委任契約では，民法651条の規定にかかわらず，性質上，任意解除することができないと解されている。①委任がある契約の従たる部分として含まれている場合（大判大6・1・20民録23輯68頁），②委任が主たる部分でも，これを含んで混合契約となっている場合（賃貸借の

□ WINDOW 6-5 　　　　　　　　　　　　　　　　　　　　◀◀

クレジットカードのしくみ

　信販系・流通系のクレジットカードは,委任者の費用償還義務を利用したシステムである。信販系・流通系カード会社Aと会員契約をむすんでカードの貸与を受けたBは,会員契約のなかで,カード・ショッピングのために,Aに対して代金の立替払いを委託している。BがC店でカード・ショッピングをすると,Aは,Bの委託に従い,Cに代金を立替払いし,これを委任事務処理に要した費用として,後日,Bに償還請求するのである（（包括）信用購入あっせん。金銭消費貸借でないから手数料率につき利息制限法の適用を受けない）。

　つまりBは,Cと売買契約,Aと立替払い委託契約を結んでいる。そうすると,売買契約上のトラブルは,Aの関知しないところであって,たとえば商品の引渡しがなかったり契約不適合があったりしても,Aとしては立替金の償還請求を妨げられる筋合いはないことになる。Bは,Cに対してなら代金支払いを拒絶できたはずだが,Aに対してその抗弁は通用しない。これを「抗弁の切断」という。

　しかしながら,カードのシステムは,そもそも,Bに便宜を提供して買物に誘引し,もって,提携関係にあるA・Cに利潤をもたらすことを目的としたものである。利潤をあげる側面ではA・Cは手をつないでおきながら,トラブルの面ではAとCは関係がない,というのでは少々身勝手である。また,ふつうの消費者Bには,カード・ショッピングは代金後払いの買物という程度の認識しかないことも多く,抗弁の切断は意外な不利益と感じられる。

　そこで,割賦販売法では,消費者Bがクレジットカードで一定額以上の商品等を2か月超の後払いで購入する場合につき,売買契約上Cに対して主張できるはずの抗弁をカード会社Aに主張して支払いを停止できることにした（割賦30条の4・30条の5）。これを「抗弁の接続」という。約款（カード会員規約のカード・ショッピング条項）にもとりいれられているから,確認されたい。

　また,Aが銀行系カード会社の場合には,Bの買物によるCの代金債権が,Bの抗弁権放棄（による468条1項の適用排除）を伴ってAに譲渡されることになっており,その結果,AがBに代金債務の履行を請求する際に（やはり利息制限法の適用はない),Cに対する関係で考えられるBの抗弁は,Aとの関係で切断される。法形式は異なるが,信販系・流通系カードの場合と同じく,割賦販売法上,消費者Bのために「抗弁の接続」が認められる。これも,約款とともに確認しておいてほしい。

　なお,抗弁の接続は,カードレス取引による信用購入あっせん,信用購入あっせんによる内職・モニター商法,ローン提携販売の場合にも認められるに至っている。

性格もある別荘地管理委託契約など。最判昭56・2・5判時996号63頁）は,委任部分だけを解除するということを認めるべきでない。

　また,**受任者の利益**（報酬そのものでない利益）**も目的とする委任**の場合,たとえば,取立委任による取立高の一部を報酬とし,これを受任者への弁済に充てる場合（大判大9・4・24民録26輯562頁）や,ビルの管理を委託された受任者が,

賃借人から受け取る保証金を自分の事業資金として利用できるものとされている場合（最判昭56・1・19民集35巻1号1頁）などにも，任意解除自体は妨げられないが，解除した委任者は，やむをえない事情があったのでない限り，やはり無過失で損害賠償責任を負う（651条2項2号）。

さらに，③委任が**三面契約**の一辺となっている場合。土地の売主・買主が，それぞれに，同一の司法書士に登記手続を委任したが，登記義務者である売主の請求を受けて，司法書士が一件書類を売主に返還したため，第三者への二重譲渡と登記手続が行われ，買主に損害を生じたという事案で問題になった。最高裁は，2つの委任契約の相互関連からみて，売主側の委任契約は買主の利益をも目的としており，売主から交付された一件書類の保管は買主のためでもあるから，買主の同意等特段の事情のない限り売主の任意解除は認められないとし，そのうえで，司法書士は買主に対して売主の書類返還請求を拒むべき義務があるのにこれに反したものであって，債務不履行責任を免れない，とした（最判昭53・7・10民集32巻5号868頁）。2つの委任契約は，それぞれ独立に結ばれたものであるが，売買契約履行という共通の目的につながれて，全体としては三面契約とみてよい関係であり，三角形の一辺を勝手に消去するような任意解除は認められない，と考えればよいであろう。

(2) どちらかの当事者の死亡もしくは破産手続開始決定，または，受任者の後見開始審判によって，委任契約は終了する（653条）。特約は一般に有効である。Bが，自分の死後の葬儀・法要取り計らいや諸般の支払い等をAに依頼した場合には，Bの死亡によって委任契約を終了させない旨の合意が当然に認められる（最判平4・9・22金法1358号55頁）。また，代理権にからんで，商法506条，民事訴訟法58条に特則がある。

(3) **委任終了の際の措置** 委任が終了しても，急迫の事情があるときは受任者は応急措置をとらなければならない（654条）。委任の終了事由があっても，当事者の一方がそれを相手方に通知し，または相手方がその事由を知るに至らなければ，相手方に委任終了を認めさせることができない（655条）。

□ WINDOW 6-6 ◀◀

任意後見契約

　民法の定める成年後見制度とならんで，「任意後見契約に関する法律」により，公的機関の監督を伴う任意後見制度が設けられている。そのあらましを紹介する。

　任意後見契約とは，自分がもし認知症等の状態になった場合には自分の生活の全般または一部について公的監督のもとに任意後見人による取り計らいがなされるように，あらかじめ特定の者にその役目を頼んでおくものである（任意後見2条1号）。

　任意後見契約が締結されると（法務省令で定める様式の公正証書による。任意後見3条），「後見登記等に関する法律」に従い，公証人の嘱託等により，登記所（法務局）において，任意後見契約の登記記録が編成される（後見登記5条）。

　任意後見契約が登記されている場合に，いざ委任者が認知症等の状態になったときは，家庭裁判所は，委任者本人，配偶者，4親等内の親族または任意後見受任者の請求により，任意後見監督人を選任する（任意後見4条1項）。本人以外の者の請求によって任意後見監督人を選任するには，原則として本人の同意を要する（任意後見4条3項）。任意後見監督人選任の時から，任意後見契約に基づく事務の委託および代理権授与の効力が生ずる。これ以後，受任者は，任意後見人と呼ばれる（任意後見2条3号・4号）。

　任意後見人がその事務を行うには，本人の意思の尊重と，その心身の状態，生活の状況への配慮を要する（任意後見6条）。

　任意後見監督人の職務は，任意後見人の事務を監督し，任意後見人の事務に関して家庭裁判所に定期的に報告し，急迫の事情がある場合には任意後見人の代理権の範囲内で必要な処分を行い，任意後見人と本人との利益相反行為について本人を代表することである（任意後見7条1項）。また，任意後見監督人は，いつでも，任意後見人に対し事務の報告を求め，または，任意後見人の事務もしくは本人の財産の状況を調査することができる（任意後見7条2項）。

　家庭裁判所は，必要があると認めるときは，任意後見監督人に対し，任意後見人の事務に関する報告を求め，任意後見人の事務もしくは本人の財産の状況の調査を命じ，または任意後見監督人の職務についてその他の必要な処分を命ずることができる（任意後見7条3項）。また，任意後見人に不正・不行跡などの事由があるときは，家庭裁判所は，任意後見監督人，本人，その親族または検察官の請求により，任意後見人を解任することができる（任意後見8条）。

　任意後見監督人の選任前には，本人と受任者のいずれも，いつでも，公証人の認証を受けた書面によって，任意後見契約を解除することができる（任意後見9条1項）。任意後見監督人の選任後は，本人からであれ任意後見人からであれ，任意後見契約を解除するには，正当事由と家庭裁判所の許可を要する（任意後見9条2項）。任意後見人の代理権の消滅は，登記をしなければ，善意の第三者に対抗することができない（任意後見11条）。

　なお，任意後見制度は，自己決定権尊重の趣旨から，民法上の成年後見制度に優先する。ただし，家庭裁判所は，本人の利益のためとくに必要があると認めるときに限り，成年後見開始の審判等をして，任意後見契約を終了させることができる（任意後見10条）。

第5節　寄　託

1 寄託とは何か・寄託の成立

　寄託契約というのは，AがBから物を預かり，返還のときまでそれをきちんと保管しておくための契約である。Aを受寄者，Bを寄託者という。保管料の約束は，ある場合もあれば，ない場合もある。保管料の約束のないのが原則になっているので，Aが保管料を請求するには，A・Bによる保管料支払いの合意のあったことが証明されないといけない。

　ただ，お金を銀行に預けるのは (銀行預金)，特定の物 (特定の書類とか宝石・貴金属とか) を預けるのとちがって，代替物を預け，預けている間の処分権は受寄者 (銀行) にあり，受寄者は同種同量の物を返還すればよいという点で，普通の寄託と異なる。消費寄託といい，寄託よりも消費貸借に近い (666条)。また，取引社会で大規模に行われる寄託はおおむね商法上の寄託となる (商593条以下。双務有償契約)。そのため，民法上の寄託の規定は，実際上はあまり大きな意味を持たなくなっているといわれる。

　目的物は，寄託者の所有物に限らない。動産でも不動産でもよい。

　諾成契約である (657条) が，目的物の受渡し前について，寄託者の任意解除権 (受寄者に損害を生ずるときはその賠償を要する)，非書面寄託の無償受寄者の任意解除権，書面による寄託の受寄者又は有償受寄者の催告後解除権が定められている (657条の2)。

2 寄託の効力

　(1)　**受寄者の義務**　(a) 保管義務　保管とは，物を保持して滅失毀損を防ぎ，原状維持のために保全の途を講じることである。貸し駐車場や貸し金庫などは，場所を提供するだけなので，賃貸借か使用貸借と考えられる。逆に，目的物を積極的に管理することまで頼むのであれば，委任や信託になる。

　保管に必要な範囲をこえて目的物を使用するには，寄託者の承諾が必要である (658条1項)。受寄者が第三者に保管させるのにも寄託者の承諾又はやむをえない事由の存在を要し，この場合，再受寄者は，寄託者に対し，原受寄者と同一の権利義務を有する (658条2項・3項)。

受寄者は，特定物を預かっていずれこれを寄託者に引き渡す義務を負っているから，その保管は善良な管理者の注意をもってしなければならない（400条）。しかし，民法は，**無償受寄者**については，その注意義務を軽減して，自己の財産に対するのと同一の注意で足りる，としている（659条）。ただし，商法上の寄託では，無償寄託であっても善管注意を要するし（商593条），場屋営業者（ホテルのクロークに荷物を預けた場合など）の免責は不可抗力の場合にしか認められない（商594条）。

(b) 通知義務　AがBから寄託を受けている場合に，第三者Cが，受寄者Aに対する訴えの提起や差押えなどにより，寄託物についての権利主張をしたときは，Aは，遅滞なくその事実を寄託者Bに通知しなければならない（660条）。寄託者Bに異議主張の機会を与えるためである。そのほかに，受任者の受取物引渡し・権利移転義務，金銭消費責任の規定が準用される（665条）。

(c) 返還義務　寄託が終了すれば，受寄者Aは寄託者Bに，預かった物を返還しなければならない。第三者Cから所有権に基づく返還請求を受けても，寄託者の指図のない限り，寄託者Bに返還しなければならず（Cの請求を拒絶できる），Bに返還したことによってCに対して損害賠償責任を負うことはない（ただし，Bに通知した一方で，Cへの引渡しを命ずる確定判決に従ったときは，Bへの返還義務違反を問われない。660条）。返還場所は原則としては保管すべき場所だが，受寄者Aが正当な事由によって保管場所を変えたときは，そちらの場所で返還してもよい（664条）。

受寄者Aは，保管費用償還請求権，有償寄託の場合の報酬請求権のために，留置権（大判昭9・6・27民集13巻1186頁）や同時履行の抗弁権（大判明36・10・31民録9輯1204頁）によって，受寄物の返還を拒むことができる。保管費用償還請求権のためには，動産・不動産保存の先取特権（320条・326条）もつかえる。

(2) **寄託者の義務**　受寄者Aに経済的負担や損失をかけないようにするため，委任者の費用前払い・償還義務，債務代弁済・担保供与義務，特約による報酬支払義務の規定が準用される（665条。費用償還請求は，寄託物返還の時から1年以内に限ってすることができる。664条の2）。損害賠償義務については特別の規定がある（661条）。すなわち，寄託者Bは，寄託物の性質または瑕疵から生じた損害を，受寄者Aに賠償しなければならない。ただし，その寄託物の性質や

瑕疵について，寄託者Bが善意無過失であったとき，または，受寄者Aが悪意であったときは，寄託者は免責される。委任者の無過失責任（650条3項）にくらべるとゆるやかな責任である。

③ 寄託の終了

継続的契約なので，寄託の終了に遡及効はない。特別の終了原因として，特別の解除権（任意解除権）がある。すなわち，寄託者Bは，返還時期の定めがあってもなくても，いつでも契約を解除して，目的物の返還を請求することができる（ただし，約定の返還時期前の返還請求によってAに生じた損害は賠償しなければならない。662条。消費寄託にも適用。定期預貯金の預貯金者による満期前解約権は，預貯金約款の定めにより，排除される）。他方，受寄者Aにおいては，返還時期の定めのない場合にはいつでも（663条1項），返還時期の定めのある場合にはやむをえない事由のあるときに限って（663条2項。ただし，預貯金につき適用排除。666条3項による591条2項・3項準用），契約を解除して目的物を返還することができる。

寄託は，通常は寄託者の利益のためになされるものであるから，受寄者Aのほうが任意解除権を放棄する特約は，一般に有効である。寄託者Bのほうの任意解除権の放棄は，受寄者Aの債権を担保するための寄託など，受寄者の利益をも目的とする例外的な場合に限って有効と解されている。ただし，やむをえない事由による解除は自由である。

有償寄託を寄託者Bが任意解除したときは，受寄者Aは，履行のすんだ割合に応じた報酬を請求することができる（665条による648条3項準用）。

④ 混合寄託

複数の寄託者から同種・同等の代替物を預かってこれを混合して保管する場合，この寄託を，混合寄託とか混蔵寄託と呼ぶ。各別に保管するのでなく，混合して保管するのには，，各寄託者の承諾を要する（665条の2第1項）。また，各寄託者は，自己が寄託したと同量の物の返還を請求できるのが原則だが（665条の2第2項），混合された寄託物の一部滅失のリスクは，各寄託者の按分負担となる（665条の2第3項。リスク負担による損害の賠償を受寄者に対して請求することは妨げられない）。

□ WINDOW 6-7 ◀◀

預金者の確定

　銀行預金について，通帳の上での名義人，預入れの行為をした者，自分のふところから金銭を出した者（出捐者）が，一致しないことがある。このとき，いったい預金契約の当事者（寄託者＝預金者）は誰なのであろうか。銀行は誰に払い戻せばいいのか，預金債権を譲渡できるのは誰か，預金債権を差し押さえることのできるのは誰の債権者なのかなどのことが，預金者を誰とみるかで変わってくる。

　その昔，太平洋戦争敗北後のインフレ対策として，無記名定期預金というものが行われたことがある。無記名の預金証書と届出印の呈示によって払戻しを受けるのだが，その預金に課税上の優遇を与え，市場から通貨を吸い上げようとしたのである。

　判例はまず，この無記名定期預金について（そもそも名義人はない），特段の事情（預入行為者が出捐者の金員を横領して自分の預金にしてしまおうとするなど）のない限り，出捐者を預金者とみる考え方を採用した（最判昭32・12・19民集11巻13号2278頁）。誰が窓口へやってこようと，出捐した者は客観的に決まっているはずだから，窓口へやってきた人が預金者であるとする考え方（主観説）に対して，判例のような考え方を，客観説という。その後，記名式定期預金について問題となり，判例は，この場合にも客観説を及ぼした（最判昭52・8・9民集31巻4号742頁）。つまり，名義人であっても，出捐者でなければ，預金者ではないのである。だから，名義人であることは確かな人が銀行にやってきて払戻しを受けた場合に，もしこの人が出捐者でなければ，その払戻しは預金者への払戻しではないから，真の預金者の払戻請求権はまだ失われないことになる。このことに対する学説の批判も強い。

　ただ，真の預金者である出捐者は原則として預金債権を失わないのだけれども，銀行が名義人を真の預金者と信ずるにつき無過失であったときは，民法478条の適用によって預金債権の消滅が認められる，というしくみになっているのである。

　また，銀行が，定期預金を担保として融資したうえで，預金債務との相殺によって貸金債権を回収する場合についても，判例は，あくまで預金者は出捐者であるとの客観説を維持しながら，たとえその預金者以外の者に融資したのだとしても，貸付けの時の善意無過失（相殺の時の善意無過失ではない）を要件として，民法478条による銀行保護を図っている（無記名式につき最判昭48・3・27民集27巻2号376頁，記名式につき最判昭59・2・23民集38巻3号445頁）。

　なお，普通預金については判例の解釈軸は流動的である（事案の特性を反映しつつ，名義人を預金者と認める傾向にある。最判平15・2・21民集57巻2号95頁，最判平15・6・12民集57巻6号563頁）。

⑤ 消費寄託

　銀行預金のように，金銭その他の代替物の寄託で，受寄者が契約により受寄物を消費する権限を与えられる場合，この寄託を，消費寄託とか不規則寄託と呼ぶ（銀行預金契約には委任契約の性質も含まれる。最判平21・1・22民集63巻1号228頁）。受寄者は，預かったのと同種・同等・同量の物を返還する義務を負う（666条1項）。金銭等の代替物の寄託でも，受寄者に消費の権限が与えられない場合には，消費寄託とはいえない（通常の寄託である）。

　消費寄託なのか消費貸借なのかは，主たる契約目的が保管なのか消費なのか，その当事者意思によって区別される。しかし，消費寄託にしても，消費貸借としての色あいを伴うから，民法も，消費貸借のいくつかの規定を準用している（666条2項・3項）。すなわち，消費寄託一般について，目的物の占有と処分権が移転する点で消費貸借と共通することから，寄託者に貸主の担保責任規定（590条），受寄者に借主の価額償還義務規定（592条）が準用される（666条2項）。

　また預貯金契約に限っては，金銭運用利益を受寄者が取得する点で消費貸借との共通性が高いことから，定期預貯金の場合にも金融機関の満期前払戻権が認められる（666条3項による591条2項の準用，663条2項の適用排除。これにより満期前定期預貯金債権を受働債権とする相殺実行の許容性が明確になる。ただし，預貯金者に生じる損害〔満期までの約定利息相当額〕の賠償を要する。663条3項による591条3項の準用）。

　実際上は，各業態ごとの約款や監督法令による規制の役割が大きい。

第 **7** 章

その他の契約

●**本章で学ぶこと**

本章では，組合契約，終身定期金契約，和解契約を学ぶが，これらに契約
類型としての共通性があるわけではないので，「その他の契約」ということ
になっている。

組合契約では，財産関係，業務執行，組合員の変動などについて，その団
体性と構成員の特定性のかねあいが問題である。終身定期金契約は，講学上
無視されることも多いが，実際の事件がないわけではない。和解契約は，私
的自治の社会において民事紛争解決の基本的手段であるということができよ
う。

第1節 組　　合

1——組合とは何か

① 組合と組合契約

　A・B・C・Dの4人が，交替で民法の講義に出てノートを作成する約束をすると，これが組合契約になる。その目的のために，それぞれの役割を決め，お金を出しあって筆記具や教科書を買い，講義に出てノートをとり，録音を起こしたりワープロで清書したりもする。組合契約とは，2人以上の者がそれぞれに何らかの出資をして共同の事業を営むことを目的とする契約である（667条。1人の意思表示の無効・取消しによって契約の効力は当然には妨げられない。667条の3）。この契約によって設立される団体を，組合と呼ぶ。組合契約は，この団体の規約ともなる。

　組合契約は，諾成契約である。船舶の共有者間（商693条以下），会社設立の発起人間，建物の区分所有者間などには，一般に組合関係が存在すると解されている。契約とはいうものの，法律行為の分類としては，**合同行為**とみられ，契約通則の適用が制限される（667条の2）。

　たとえば，出資債務未履行の組合員Aは，業務執行組合員Bや出資債務履行済みの組合員Cに対しては，自分以外に組合員Dも未履行だからといって，同時履行の抗弁権を主張することができない。組合員の1人Aの出資債務が帰責事由なき履行不能となって消滅しても，それでたちまち組合の事業が立ち行かなくなるなど特別の事情のない限り，他の組合員B・C・Dの間で組合は存続し，B・C・Dは出資債務の履行を拒絶できない。組合員の1人Aの出資について債務不履行がある場合，契約解除の規定ではなく，組合員の脱退や組合の解散の規定がその特則として適用される。

② 組合の団体としての性質

　団体としての組合は，**法人格をもたず**（法人と異なる），構成員からの独立性があまり強くない（社団と異なる）ことが，特徴である。**社団に比べて構成員からの独立性が強くないというのは，団体財産の独立性が小さい面と，構成員の**

□ WINDOW 7-1　　　　　　　　　　　　　　　　　　　　　◀◀

講

　年配の人から，「講（こう）」という集まりの話をきくことがある。一定のメンバーが定期的に掛け金を納め，会を開き，メンバーの中から抽選や入札などで選ばれた者に融資の便宜などが与えられる。そのようにして相互扶助を図るしくみを，講（無尽〔むじん〕，頼母子〔たのもし〕）という。今でも各地に存在する慣行のようである。講元（親）が自分の事業として行うもの（親無尽）と，会員の共同事業として行われるもの（親なし無尽）とがあって，親無尽は講元と各メンバーとの特殊な契約関係によっているが，親なし無尽のほうは，組合的性質が強いと考えられる。ただ，親なし無尽であっても，会が重なるにつれて，すでに講金の給付を受けた者とそうでない者との間の消費貸借のような関係になっていく。すでに給付を受けた者には，講金を納めて講を存続させようという関心も薄れてくる。そこで，すでに受給した者からの掛金取立て方法の変更（最判昭42・3・31民集21巻2号492頁）や，講自体の解散決定（最判昭42・4・18民集21巻3号659頁）などについては，未受給者の合意で足りると解するなど，未受給者の利益が不当に害されないように配慮しなければならない。

個別的特定性が大きい面にあらわれる。

　法人でなくても，組織の実体として独立性の強固なものは，権利能力なき社団として，法人に準じて扱われることになっている。実質は組合的な団体でも，営利目的のものならば，簡単に会社にしてしまえる。したがって，民法の組合規定は，権利能力も社団性もない人的団体についての規定である。

　民法上の組合かどうかは，団体の名称によって決められるのではない。労働組合，農業協同組合，消費生活協同組合などは，特別法による法人である。建物の区分所有者の団体は，管理組合法人と呼ばれる法人になることができる（区分所有47条以下）。合名会社（無限責任社員によって構成）・合資会社（無限責任社員と有限責任社員によって構成）は，内部関係について民法の組合規定の準用を受けてきた（商法旧68条・旧157条）が，新たに制定された「会社法」（2005年制定，2006年5月1日施行）では，合同会社（有限責任社員によって構成される。Limited Liability Company）とともに，組合的規律に服すべき内部関係を有する会社として「持分会社」と総称され，かつ，その内部関係も会社法の規定によって完結的に規律されることになった（会社575条以下）。また，民法の組合の特例として，「有限責任事業組合契約法」が制定され（2005年制定，同年8月1日施行），こ

れによって，出資者全員の有限責任を特徴とする「有限責任事業組合」(Limited Liability Partnership) の制度が創設された (法人格はない。出資は財産出資に限定。業務執行の意思決定は総組合員の同意によるのが強い原則。組合員が組合の業務として行う行為は商行為。LLPの登記，財務データ公開，債務超過時の利益分配禁止などにより債権者を保護。一定範囲で民法の組合規定が準用される)。

③ 組合契約の要素

　組合契約は，全当事者による共同の事業を目的とすること，共同事業のために各当事者が出資することが，必要である。

　共同事業は，営利目的でも，公益目的でも，慈善・親睦などの中間目的でもよい。いわゆるジョイント・ベンチャー (建設企業共同体) は，営利目的の組合関係と考えられる (今後はLLPへの移行が予想される)。共同事業は継続的である必要もなく，1回だけの行為でもよい (当座組合)。

　共同事業というからには，各当事者は，必ず，組合の運営・事業の遂行に参画する権利を有する。673条の検査権は最小限の権利である。また，営利事業による利益が分配される場合においては，全員がそれぞれの割合で享受できるのでなければならない。損失負担しない者がいてもかまわない (判例)。

　共同事業のために，各当事者が，もれなく出資しなければならない。出資は，金銭に限らず，現物出資や労務 (667条2項) でもよい。信用のみの提供でもよい。出資の時期は，組合契約と同時でなくてもよい。金銭による出資債務を履行しない組合員は，遅延利息のほか，実損害の賠償をすることを要する (669条。419条の特則)。

2——組合の財産関係

① 組合財産

　組合員の出資によって，組合事業のために用いる有形無形の財産が形成される。さらに通常，組合業務に伴って，さまざまな権利義務が，団体たる組合のもとに集合される (出資請求権，損害賠償債権，損害賠償債務なども含まれる)。これらを総称して，「組合財産」という。

② 団体的拘束

　組合財産は，総組合員の共有に属すると規定されている (668条)。持分の割

合は出資の額による。組合財産に属する不動産の登記は，全組合員の共有名義
による（最判昭33・7・22民集12巻12号1805頁）。

　しかし，一般の共有（249条以下）のように各組合員がいつでも持分処分や分
割請求ができるとすると，組合事業を安定的に遂行することが難しくなる。そ
こで，**分割請求は清算前にはできない**（676条3項），**持分の処分**は組合および
組合と取引した第三者に対抗できない（676条1項），とされた。組合員Aの債
権者BがAの個々的持分（個々の動産，不動産，権利の上の持分）を差し押さえる
こともできない（677条）。この限りで，組合財産は，組合員個人の責任財産か
ら分離されているといえる。共有であることよりも，団体の財産であることの
ほうが，ある程度優先するのである。このような，団体的な性格のために持分
が持分権者の自由にならないタイプの共有を，「**合有**」と呼ぶことがある。

　なお，組合員Aの債権者Bが，Aの包括的持分（組合財産全体の上の持分）を
差し押さえたり（BはAを組合から脱退させ，Aの持分払戻請求権から満足を得るこ
とができる。会社609条・611条7項類推），M組合に対する債権者Gが，組合員A
の個人財産を差し押さえたりすることは，さまたげられない。

③ 損益分配

　組合財産は，決算に際し，あるいは脱退・解散に伴う清算に際し，利益また
は損失（債務超過）を計上する。各組合員がどのような割合で利益の分配を受
け，または損失を分担すべきかは，組合契約で定めることができる。利益分配
割合と損失分担割合とが，異なっていてもよい。その一方についてのみ割合を
定めたときは，両方に共通の割合を定めたものと推定される（674条2項）。利
益分配・損失分担のいずれについてもとくに割合を定めなかったときは，各組
合員の出資額に応じて定める（674条1項）。

④ 組合の債権

　M組合の組合財産のなかに債権があるとき，これを組合（の）債権という。
組合債権は，組合財産であるから，やはり，総組合員A・B・C・Dに合有的に
帰属する。したがって，組合債務者Nが組合員A個人に対して有する債権と，
組合債権とでは，組合員Aのほうからも（676条2項），組合債務者Nのほうか
らも（677条），相殺することができない。組合債権を，組合員個人のレベルに
引きずりおろしてくる（427条参照）ことはできないのである。

⑤ 組合の債務

M組合の組合財産のなかに債務があるとき，これを組合（の）債務という。組合債務も，いちおう総組合員の共有（準共有）であるが，組合員個人レベルの持分として扱われるわけではない。やはり，団体のための財産であることのほうが優先する。M組合に対する債権者が同時に組合員Bであっても，Bの持分の限度で混同により組合債務が消滅するというようなことはなく，Bは，組合債権者として，全額の請求をすることができる（大判昭11・2・25民集15巻281頁）。

組合債務の責任財産には，組合財産（675条1項）と組合員個人の財産が充てられる。組合員は，損失分担の割合または均等の割合で分割された額の債務について（つまり額面については分割される），組合に供したわけではない個人財産に差押えをくらっても，文句は言えない。組合財産より先に個人財産を差し押さえられても，どうしようもない。組合から脱退しても，すでに負担する責任からは逃げられない（680条の2第1項）。組合債権者が債権発生の時に損失分担割合を知っていたときは，その損失分担割合による責任となる（675条2項）。ただし，商行為や不法行為による組合債務については，全額債務の連帯責任になると解されている。

3 ―― 組合の業務執行

組合契約で定めた事業の実行に必要な行為をすることを組合の業務執行という。

① 業務執行権

(1) 業務執行者を定めない場合　業務執行権は，**各組合員にあるのが原則**である。どのような業務を行うかについては，あたま数の過半数で決める（670条1項）。ただし，日常的で軽微な事務（常務という）であれば，とくに他の組合員から異議が出ない限り，各組合員が専行してよい（670条5項。異議が出れば過半数で決める）。

(2) 組合契約で業務執行者を定める場合　組合契約により，特定の者（組合員でなくともよい）に業務執行を委任することができる。1人でも数人でもよい。業務執行者が数人いる場合，組合の業務は業務執行者の過半数で決定し，各業務執行者がその執行に当たる（670条2項・3項）。ただし，常務については，

他の業務執行者から異議が出ないかぎり，各業務執行者が専行できる（670条5項）。

業務執行者でない一般の組合員は，組合の業務および財産状況を検査する権利を有する（673条）。これは，組合員として最小限の権利だから，特約によっても奪われない。さらに，全組合員がその総意に従って業務執行することは，業務執行者を定めた場合にも妨げられない（670条4項）。

組合契約によって組合員中から選任された業務執行者は，辞任するには正当の事由，解任されるには正当の事由と他の組合員の一致が必要とされる（672条）。組合員でない業務執行者の選任は，委任契約によるものなので，その辞任・解任も，任意解除（651条）によることができる。

② 対外的法律行為

(1)　**業務執行者を定めない場合**　　組合業務としての対外的な法律行為は，**全組合員が共同してするのが基本**であるが，代理によることはもとよりかまわない（組合代理，組合代表）。

常務と認められる法律行為については，各組合員が相互に代理権を有する（670条の2第3項）。

常務以外の法律行為は，組合員の過半数で組合としての意思決定をしたうえで各組合員が全組合員を代理（代表）してするか，あるいは，組合員の過半数によって全組合員を代理してするか，どちらかになる（670条の2第1項）。

(2)　**業務執行者を定める場合**　　対外的法律行為のために，あらかじめ1人または数人の業務執行者に代理権を授与しておくこともできる。代理人は，組合員であってもなくてもよい。業務執行者として選任された者が，組合代理の権限をも有するかどうかは，選任行為の解釈によるが，通常は，業務執行者は代理権をも有すると考えられる（670条の2第2項。一般の組合員の代理権は排除される）。業務執行者が数人ある場合，各業務執行者は，常務については単独で組合を代理できるが，常務以外の法律行為について組合を代理するには，業務執行者の過半数の同意を要する（670条の2第2項・第3項）。代理権の範囲も選任行為の定めに従うが，組合規約等による代理権の内部的制限は，善意無過失の第三者に対抗できない（最判昭38・5・31民集17巻4号600頁）。

(3)　**組合代理の方法**　　組合代理は，組合員全員の名を示すのが原則だが，

組合名義による行為（大判大14・5・12民集4巻256頁）や，組合名と代表者の肩書・氏名による行為（最判昭36・7・31民集15巻7号1982頁）も，組合代理と認められる（つまり，組合員を拘束する）。

4 ── 組合員の変動

1 緒　　論

　組合を契約としてみれば，組合員の変動（加入，交替，脱退）は，契約当事者の変動であるから，組合の解散と新規結成にむすびつくはずである。しかし，組合が団体として活動することを考えると，それではいちいち不便なので，M組合がM組合であるままで組合員が変動することが，認められている。

2 組合員の加入

　A・B・C・DでつくるM組合に新たにEが加入するには，組合契約の定めに従うか，組合員A・B・C・D全員の同意を要する（677条の2第1項）。加入すれば，Eも，組合財産上に持分を取得する。加入前に生じた組合債務については持分限りの有限責任，加入以後に生じた組合債務については無限責任を負う（677条の2第2項）。

3 組合員の交替

　M組合の組合員Aがその地位をFに譲渡し，A・B・C・DのM組合をF・B・C・DのM組合にすることができる。そのためには，組合契約の定めに従うか，他の組合員B・C・D全員の同意を要する（677条の2第1項類推）。

4 組合員の脱退

　(1)　**任意脱退**　　組合契約で，組合の存続期間を定めていないとき，またはある組合員の終身の間組合が存続すべきものと定めたときは，各組合員は，いつでも脱退することができる。ただし，やむをえない事由のある場合以外は，組合に不利な時期（決算期外の時期など）に脱退することはできない（678条1項）。組合契約で組合の存続期間を定めたときでも，やむをえない事由のあるときは脱退することができる（678条2項）。やむをえない事由があっても脱退を許さない旨の約定は無効である（最判平11・2・23民集53巻2号193頁）。

　脱退は，他の組合員に対する一方的意思表示によってする。

　(2)　**非任意脱退**　　死亡，破産手続開始決定，後見開始審判，除名により，

組合員はその意思によらず脱退する（679条）。組合契約で，死亡により組合員の地位（業務執行者の地位を除く）が相続され，あるいは後見開始によっては脱退しないと定めることは，さしつかえない。組合解散後の死亡は，脱退原因とならず，清算に際して残余財産があればその分配請求権の相続を生じる。除名には，正当の事由および他の組合員の一致が必要であり，さらに，被除名者に通知しなければこの者に除名を対抗することができない（680条）。組合契約で除名要件を緩和することは許される。包括的持分の差押債権者は，債務者組合員を組合から脱退させることができる（会社609条類推。当然脱退説も有力）。

（3）　**脱退の効果**　　M組合からAが脱退すると，組合財産は残余組合員B・C・Dの共有となり，A脱退時の組合財産の状況を計算して，AとM組合の間で清算が行われる（681条）。脱退時までに生じた組合債務については，脱退した後も，損失分担の割合に応じて個人財産による責任を負担する（680条の2）。

5──組合の解散・清算

① 組合の解散

　組合の解散とは，組合の共同事業を終了して清算を開始することをいう。組合は清算終了まで存続する（判例）。解散原因としては，組合の目的である事業の成功または成功不能，存続期間の終了，組合契約で定めた解散事由の発生，総組合員の解散合意，やむをえない事由による各組合員の解散請求が規定されている（682条・683条）。組合員が1人になったことが解散原因になるかについては，見解が分かれる。解散の効果は遡及しない（684条）。

② 組合の清算

　解散した組合の財産関係を整理することを，清算という。清算人には，組合員全員が，または組合契約もしくは総組合員の過半数で選任した者が，就任する（685条）。清算人は，現務の結了，債権の取立て，債務の弁済，残余財産の引渡しがその職務であり，そのために必要な一切の行為をする権限を有する（688条1項・2項）。残余財産は，各組合員の出資の価額に応じて分割する（688条3項）。

第2節　終身定期金

① 終身定期金契約とは

　Aが，Bとの契約により，B（あるいはC）の死亡に至るまで定期的に金銭などを給付する債務を負担する，というのが，終身定期金契約である。実質的な目的は，B（あるいはC。終身定期金債権者）の**老後の生活保障**にある。通例，BからAへの有形無形の利益供与の裏づけがあってのことと考えられる（法的要件ではない）。ヨーロッパには，こういうことをする伝統があるらしい。

② 現状と今後の役割

　民法の起草者は，わが国でも，個人主義的風潮が強まって家族的扶養の伝統がくずれ，ヨーロッパ的な終身定期金契約が広く行われるようになる，と予想した。しかし，実際は，家族的扶養の伝統は今日もなお根強いし，また，経済的には公的年金（国民年金，厚生年金，農業者年金，各種共済年金）がこれまで大きな役割を果たしてきたため，終身定期金契約が用いられることはまれである。

　それでは今後はどうか。介護保険・成年後見・任意後見の導入による介護・財産管理制度の充実が期待されているが，いずれもその実効性は見極め難い。公的年金の役割は，主に国家財政上の理由から，確実に低下しつつある（そのように世論が誘導されつつある。消費税による税収はどこへいったのか）。

　こういう状況だから，貯蓄や**私的年金**の役割が大きくなってくる。私的年金というと，企業年金とか，生保による個人年金保険などである。これらは，基本的には，終身定期金契約といえなくはない。ただ，民法が予定したタイプではないし，いずれも，特別法や約款によって詳細な内容が定められている。一般論として，約款の横暴は許されないが，民法の終身定期金の規定は，約款に修正を迫るほど強烈な理念をもっているわけでもない。このような意味で，現在のところ，終身定期金に関する民法の規定には，やはりあまり活躍を期待できない。

　ただ，実際の事件がないわけではなく，公表された裁判例もあるので，WINDOW 7-2でみておきたい。

□ WINDOW 7-2　◀◀

終身定期金に関する裁判例

(1)　**大阪地判昭40・4・23判タ178号156頁**　　事実上のムコ養子Ｙが，養親Ｘとの折り合いが悪くなって別居する際，他の約束事項とともに，書面により，Ｘに対し，Ｘが他に支払うべき光熱費・家賃を毎月支給する旨を約した。Ｙが数か月の後には約束の支給をしなくなったので，Ｘからその支給を請求。Ｙは，約束の債務は自然債務であると抗弁したが，裁判所は，Ｘ・Ｙ間の約束の趣旨は，事実上の養子関係の破綻による別居に際し，双方の財産関係を清算し，あわせてＹが老齢のＸ夫婦の生活費の一部を将来にわたって負担することを定めるにあったとしてその法的効力を認め，Ｙの抗弁を斥けた。

(2)　**広島地判昭55・4・21判時982号140頁**　　Ｙ学園の理事長Ｘの退職にあたり，Ｘ・Ｙの間で，ＹはＸ死亡までＸに月々一定額を支払うものとする終身定期金契約が結ばれた。事情変化に応じて協議によりその額を増減できる旨の特約がある。調停不調をうけてＸが増額請求の訴え。裁判所は，一定額の長期間給付を目的とする継続的契約関係においてそのような特約があるときは，協議不調の際は当事者から裁判所に協議に代わる判断を求めることができると解すべきだとし，Ｘの増額請求を一部認容した。

(3)　**東京高判昭59・8・27判タ545号138頁（相談役料請求事件）**　　ある同族会社Ｙのオーナー社長Ｘが高齢をむかえて会長にしりぞき，次男Ｋが跡を継いだ。その後，Ｘは，健康状態がすぐれないことから，会長職を辞するに際し，Ｙ会社の代表者Ｋに対し，辞任後はＸを相談役会長とし，その報酬として従前どおり1か月100万円を毎月支払うことにより，会社から手を引いた後のＸの生活の面倒をみてほしい旨を要請した。これをうけいれたＹ会社は，約旨に従い，Ｘに対する報酬名目の支払いを続けていた（書面はない）。そうしたところ，Ｙ会社内の労働争議をきっかけにしてＸ派とＫ派の対立関係が生じ，Ｙ会社はＸに，相談役を解任すると通告し，これより先は月100万円の支払いも停止した。そこでＸがＹ会社に対して定期金の支払いを請求した。裁判所は，Ｘ・Ｙ間の約定を「終身定期金契約の要素を含む一種の贈与契約」と見たうえで，相談役解任の通告によって書面によらない贈与契約が解除されたから，未履行部分はその効力を失った，としてＸの請求を斥けた。

(4)　**横浜地横須賀支判平5・12・21判時1501号129頁**　　妻Ａが脳腫瘍から植物状態に陥り，夫Ｘの懸命な看護にもかかわらず回復の見込まれない状態となったため，夫Ｘが，Ａを禁治産者として後見監督人に選任されたＹ（Ａの実母）を被告として，Ａとの離婚を求めるとともに，離婚後扶養の意味でＡに対する財産分与を申し立てた。裁判所は，財産分与義務者からの財産分与の申立てについての手続的疑義を払拭したうえで，一時金300万円の支払いおよびＡの終生にわたる月5万円の定期金給付をＸがＡに対して行う旨のＸＹ間の裁判外合意につき，諸般の事情からこれを合理的なものと認め，Ｘの離婚請求を認容するとともに，ＸＹの合意に従ったＡへの一時金支払いおよび終生の定期金給付をＸに命じた。

第3節 和　解

1 和解とは何か

　AとBの間になんらかの紛争があるとき，どちらにもそれなりの言い分はあるが，自分たちでよく話し合い，それぞれが譲り合って紛争を終結させる合意に至ることがある。このような合意を和解という。民事紛争解決のお手本であり，金銭支払いに関しては，強制執行認諾文言つきの公正証書（執行証書。民執22条5号）にすれば完璧である。交通事故の場合など，民事的にはしばしば示談による解決がなされるが，いわゆる示談も，和解の1つと考えてよい。

　和解には，裁判所が関与する場合もある。裁判上の和解といわれ，訴え提起前の和解（民訴275条）と訴訟上の和解（民訴89条・264条・265条）がある。裁判上の和解は，調書に記載されて，確定判決と同一の効力を有する（民訴267条）。

　民事調停法や家事事件手続法による調停も，一種の和解であり，やはり，調書に記載されて確定判決と同一の効力を有する（民調16条・家事268条）。

2 和解の効力

　A・B間に一定の権利義務があるとかないとかが和解の内容に盛り込まれると，たとえ真実の権利関係が異なっていても，それが和解合意上の権利関係に合うように変動したと扱われる（696条）。「たとえこれまでの権利義務がどうであれ」ということを含むのが和解の意思というものだ，と考えられるからである。

　ところが，争い・話し合い・譲り合いの対象にすらならず，むしろその当然の前提となっていた事項が真実と異なっていた場合，「和解と錯誤」の論点として，そこまでは和解の確定効は及ばない，と解するのが判例・通説の立場である。

　たとえば，AがBの行為によって損害を受けたという前提で賠償金支払いの和解が成立した場合，Aの被害は実はもっぱら他の原因によるものであることが判明したときには，Bの錯誤の主張が認められる余地がある。また，AがBの行為によって損害を受けたが，すでに時効が完成しているとの認識のもと，損害額に比してかなり低い額の見舞金の支払いで和解になった場合に，実は

□ WINDOW 7-3 ◀◀

示談と後遺症

　事故による賠償の争いにつき，示談により和解ができたが，その後，被害者に後遺症（症状の悪化，別症状の発現）が出たという場合に，示談中の「以後一切の請求を致しません」なる条項が，後遺症被害についての賠償請求に及ぶかが問題になる。

　最高裁は，交通事故による傷害が，事故後まもなくした和解時の予期に反して重大な機能障害を残す重傷であった，という事案で，「一般に，不法行為による損害賠償の示談において，被害者が一定額の支払いをうけることで満足し，その余の賠償請求権を放棄したときは，被害者は，示談当時にそれ以上の損害が存在したとしても，あるいは，それ以上の損害が事後に生じたとしても，示談額を上廻る損害については，事後に請求しえない趣旨と解するのが相当である」としたうえで，「全損害を正確に把握し難い状況のもとにおいて，早急に小額の賠償金をもって満足する旨の示談がされた場合においては，示談によって被害者が放棄した損害賠償請求権は，示談当時予想していた損害についてのもののみと解すべきであって，その当時予想できなかった不測の再手術や後遺症がその後発生した場合その損害についてまで，賠償請求権を放棄した趣旨と解するのは，当事者の合理的意思に合致するものとはいえない」として，後遺症についての賠償請求を認めた原判決を支持した（最判昭43・3・15民集22巻3号587頁）。

　理論構成としては，和解の意思の射程外だと見ることも，和解の意思表示に錯誤があったとみることも，可能である。被害者側の実践的な心得としては，和解の基礎となる恢復の見込みを確認し，これに反する後遺症については別途請求を妨げられない旨の条項を，和解に盛り込むようにすべきである。

いったん時効更新事由があって和解時に時効は完成していなかったことが判明したとき，Aの錯誤の主張が認められる余地がある。

　自動車事故につき，任意保険からの給付があるはずだという前提で，加害者自身の賠償金負担を低額におさえた和解が成立したが，保険給付の得られない事情（たとえば加害者がクルマの買替えを保険会社に届けていなかったなど）のあることが判明した，というのも，錯誤による和解無効の主張が認められやすいケースである。

　また，金銭支払義務の存否の争いについて，あるジャムが高品質の特選イチゴジャムであることを前提に，そのジャムを代物弁済として引き渡すことで和解ができたが，実はそのジャムが粗悪品と判明したという事案で，錯誤による無効主張の認められた著名な事件がある（最判昭33・6・14民集12巻9号1492頁）。

　もっとも，**和解の対象であったか前提であったか**という区分けは，和解交渉

の評価も影響するから，実際にはしばしば判然とせず，実質的公平の観点から
の判断を避けられないことも多いであろう。

第**8**章

事務管理

●本章で学ぶこと

　頼まれもしないでする「他人の世話」は，「ありがたいこと」と感謝してもらえるときもあれば，また，いくら良かれと思ってしても，逆に，「よけいなお節介」と憤慨されるときもある。個人主義に立つ近代法は，後者の考え方をする。他人の生活領域に勝手に踏み入るのは，その権利を無断で侵害することにほかならないからである。勝手な世話をやいたのは違法だ，不法行為だ，ということになる。

　しかしそれでは，文字どおり「親切が仇」，個人主義だけでわりきってはいられない。そこで，一定の場合には，むしろ社会連帯や相互扶助の観点から，頼まれたわけではないにせよ，他人のために良かれと思ってする「他人の世話」に，法的な支持を与えることが，望ましい。民法は，義務なしにする「他人の世話」が適法なものとされる場合に，これを「事務管理」と名づけて，いくつかの規定を置いている。どのような場合がそれにあたるのか（要件），与えられる法的支持の内容はどのようなものか（効果）が，この章の主な問題となる。

第1節 序　説

　義務なく他人のために管理行為をすることを，事務管理という。AがBのために管理行為をしたとして，事務管理の本体的効果は，Aの管理行為の違法性を阻却したうえで，Aの善管注意による管理継続義務，本人Bの費用償還義務を生じさせることである。Bは，費用償還をこえて，Aに報酬を渡したりAに生じた損害を賠償したりする義務はないと解されている。民法は，「他人の世話」に対して，**「許容すれども奨励せず」**という立場をとっているのである。

　これに対し，遺失物法は，拾得物を警察署に届けた者が，返還を受ける者からの報労金が得られるように定めている（遺失物28条）。事務管理を奨励する趣旨といえる（もちろん，届けなければ犯罪であるが）。

第2節 事務管理の成立

① 成立要件

　事務管理の成立のための積極的な要件は，Aの管理行為がBのためになされることである（697条）。これに対し，その管理行為をなすべき私法上の義務をAがBに対して負っていた場合，または，Aの管理行為がBの現実の意思または利益に反することが明らかな場合には，事務管理の成立は否定される（通説）。

② 要件の内容

　(1)　Aの管理行為が「Bのため」であることを要する。管理行為の内容自体からわかる場合もあれば（客観的に他人の事務），Aの主観的意図がどうであったかを問題にする必要のある場合もある（「中性の事務」）。ついでに自分のためを兼ねることはさしつかえない。もっとも，隣家の人が喜ぶだろうと思って自分の庭に花をちりばめたからといって，事務管理になるはずもない（客観的に自己の事務）。

　また，「B」が最初から誰かわかっている必要はない。どこの誰だかわからないが，とにかく他人様のため，というので足りる。

　(2)　本人Bに対する私法上の義務がAにあったならば，その範囲内でなされたAの行為について，事務管理は成立しない。義務の存否についてのAの認識は問われない。親PをA・Bの兄弟で扶養すべきときに，Aのみが負担した場合，Aの行為はPに対しては義務の履行であるが，A・B間にとくに取決めがあったのでない限り，Bに対しては事務管理となる。また，公法上の義務（たとえば船員法14条により，他船の遭難を知った船長はその救助に手を尽くさなければならない）があるからといって，必ずしも事務管理が否定されるわけではない。

　(3)　Bの現実の意思や利益に反することが明らかな場合にまで，事務管理の成立を認める必要はない，と考えられている。いったん事務管理が成立した後でも，同様の事情が明らかになれば，Aの管理継続義務は終了し，むしろ管理行為は中止されなければならない（700条ただし書）。

　しかし，自殺を試みた者を救助する場合などは，本人の現実の意思に従えばかえってまずいことになる。このような場合には，本人の意思を無視しても，事務管理の成立・継続は妨げられない。

第3節　事務管理の効果

[1] 管理行為の違法性の阻却

　事務管理の最も中核的な効果である。もっとも，もし本人から頼まれてしたのなら適法なはずの行為について，本人からの依頼を一定の要件におきかえて適法と認めよう，というのであるから，本人の依頼があっても違法にちがいない行為は，事務管理としての違法性阻却を得られない。たとえば，Bが心から死を望んでいるからといって，AがBのためにBを死に至らしめることが，事務管理になるわけではない（→WINDOW 8-1）。

[2] 管理者の義務

　管理者Aは，いったん事務管理を開始した以上，中途半端で放りなげてはならない。本人の意思または利益に反することが明らかにならない限り，本人側の者に引き継ぐことができるまで，善管注意をもって，管理行為を継続しなければならない（700条）。

これを怠ったときは，債務不履行による損害賠償責任を負う。ただし，Bの身体・名誉・財産に対する急迫の危害を免れさせるために事務管理がなされた場合は，本人の意思・利益に反することについて悪意または重過失のない限り，賠償責任を負わない（緊急事務管理。698条）。

また，管理開始通知義務を負う（699条）ほか，受任者の顛末報告義務，受領物等引渡義務・権利移転義務，金銭消費責任に関する規定の準用をうける（701条）。

③ 本人の義務

(1)　AがBのために**有益な費用**を支出した場合，BはAにその費用を償還しなければならない（702条1項）。支出の時点で有益な費用であれば，のちにその利益が消失していても，支出時の額での償還を要する。AがBのために有益な債務を負担した場合には，Aは，Bに対し，Aの代わりに弁済するよう請求できる（702条2項）。

ただし，いずれの場合でも，管理行為がなされたあとで，それがBの意思に反していたとわかったときは，Aによる償還・代弁済の請求は，利益が利益としてBの手元に残っている範囲に限定される（702条3項）。また，いくら有益な費用・債務負担であっても，不合理なほどにぜいたくな範囲は除かれる。

(2)　Bは，Aに対し，報酬支払義務はもとより，事務管理にあたってAに生じた損害を賠償する義務も負わないと解されている。

④ 事務管理の対外的効果

Aが，事務管理としてではあれ，勝手にBの代理人を名乗って第三者Cとの間で契約を結んだ場合，無権代理となる。直接Bの名においてCと契約した場合も，同様である。本人の追認があれば，Aはその契約関係から離脱できる。表見代理が成立するときは，Cにおいて，本人Bに履行請求するか，無権代理人Aの無過失責任を追及するか，選択することができる。

第**4**節　準事務管理

Aが，Bの事務をもっぱら自分のために処理するときは，事務管理は成立し

□ WINDOW 8-1

安楽死と事務管理

　不治の病で耐えがたい苦痛にさいなまれる者を前にして，安楽死のことがチラリとも頭をよぎらないでいることができるであろうか。しかしながらも，安楽死させることは，刑法上，殺人または自殺幇助の構成要件（刑199条・202条・203条）に該当し，違法評価を免れがたい。

　刑事事件として，名古屋高判昭37・12・22（高刑集15巻9号674頁）と横浜地判平7・3・28（判時1530号28頁）が著名である。後者（東海大学安楽死事件）は，前者の所論をふまえ，緊急避難の法理と患者の自己決定とを両輪として，医師による末期患者に対する積極的な致死行為（積極的安楽死）が許容される要件を，つぎのように論定した。すなわち，「①患者が耐えがたい肉体的苦痛に苦しんでいること，②患者は死が避けられず，その死期が迫っていること，③患者の肉体的苦痛を除去・緩和するために方法を尽くし他に代替手段がないこと，④生命の短縮を承諾する患者の明示の意思表示があること」である。その後にも，川崎協同病院事件について一連の判決（横浜地判平17・3・25刑集63巻11号2057頁，東京高判平19・2・28刑集63巻11号2135頁，最決平21・12・7刑集63巻11号1899頁）がある。

　積極的安楽死が，本人の明示の意思表示なくしては刑事上の違法性阻却を決して得られないと解される以上，民事上も同様のはずである（刑事上は違法だが民事上は適法というのはない）。積極的安楽死が，本人から依頼されずにする事務管理と認められることはないと考えられる。

　なお，今日では苦痛緩和医療がかなり有効であることにも留意しなければならない。

　特集「死ぬ権利（尊厳死）・リビングウィルを考える」月報司法書士547号10頁以下の各論稿参照。

ない。したがって，AはBから費用を償還させることはできない。が，Bからみても，Bの事務の処理によってAが得た利益・権利をBに移すように請求できない。費用と利益がトントンならそれでもよいが，Aが大きな利益をあげたときが問題である。

　要件だけの問題なら，**不法行為や不当利得**として対応することが可能であり，むしろそれが本筋であろう。しかしそれだと，Bが回復できるのは，B自身に生じた損害や損失の額が限度であり，Aがその才覚・人脈などを利用して通常考えられるより大もうけした分は，Aの手元に残されてしまう（特許法102条のような規定があれば別だが）。それではそれでよい，という学説も有力である。

　しかし，どちらかというと多数の学説は，Aに対する制裁の意味も込めて，

Aは自分の力量で大もうけした分も吐き出すべきだと考え，そのための法律構成として，「準事務管理」というものを提案する。これによって，民法701条を介して民法646条の準用を認め，Aに，その得た**利益全部の吐き出し**を命じようというのである。

第 **9** 章

不当利得

●**本章で学ぶこと**

　財貨が迷子になるときがある。たとえば、ある財貨が、本来はAのものの
はずなのに、たまたまBのもののようになってしまっているとき、Bは、そ
の財貨を、Aに帰してやらなければならない。つぎに、ある財貨が、指図さ
れたとおり、AのところからBのところへやってきたが、実はその指図は
まちがって出されたものだったとする。このとき、Bは、その財貨を、Aに帰
してやらなければならない（それが本来Aのものかどうかは一応別にし
て）。帰すには、財貨がやってきた道筋を逆にたどっていく必要がある。

　また、Aがある負担をしたが、実はその負担はAでなくBのものであった
場合、その負担をAからBに移してやらなければならない（負担とはマイナ
スの価値であるから、これをAからBに移すということは、BからAにプラス
の価値を移すということである）。

　このように、財貨にせよ、負担にせよ、まちがった帰属や移動によって迷
子になっているときは、これを、しかるべきところに帰してやらなければな
らない。このための法制度を、不当利得という。

第1節 序　説

1 不当利得のとらえ方

　従来の通説は，不当利得には「いろいろな場合」があることを認識しつつ，「公平」の理念の下，それらにあまねく適用されるべき一般規定として民法703条・704条を理解してきた。①他人の労務または財産による受益，②その受益を正当化すべき法律上の原因がないこと，③他人が損失をこうむったこと，④受益と損失の間に因果関係があることを要件とし，これらが満たされるときには，善意の受益者は損失者の損失の範囲内で現存利益を返還しなければならない，悪意の受益者は受益全部に利息をつけて返還し，さらに損害賠償までしなければならない，とする。②の「法律上の原因なきこと」にはいろいろあるんだ，とは言うけれども，それは単に「いろいろな場合」の紹介にすぎず，結局，それらはいずれも共通の要件効果の規整に服するとされたのである。

　しかし，「いろいろな場合」には，同一の要件・効果によるにはあまりに性格の違いすぎるものが含まれているとの認識が普及するとともに，むしろ不当利得の「いろいろな場合」は，それぞれ要件も効果も異なるものとして整理しなければならないという考え方が，学説上優勢を占めるようになる。これを不当利得の「**類型論**」といい，かつての通説をしりぞけるに至っている。ただし，類型論もすこし踏み込むとたちまち意見が分かれるし，判例はといえば，「**統一的公平主義**」の建前を捨てきってはいない。

2 類型論による類型

　ともかく，類型論によって立てられる類型は，つぎのようなものである。

　(1)　財貨（プラスの価値）の正当な帰属が乱されている場合，その乱れが一定の法律関係を前提として生じたのでない限りは，これを「**侵害利得**」という。正当な**財貨帰属秩序**の回復が，侵害利得返還の目的である。有体物の返還については，物権法との関係が問題になる。

　(2)　一定の法律関係を前提とし，これに基づくものとして給付がなされたが，実はその法律関係が存在せずまたは有効なものではなかった，という場合，これを「**給付利得**」という。給付の相手方が給付者に利得を返還すべき関

係を生ずるが，その結果を正当な財貨帰属秩序に一致させることは直接の目的ではなく，むしろ，給付の前提となった法律関係，すなわち誤った**財貨運動秩序**を巻き戻すことが目的である。したがって，有体物返還についても，物権法は背後にしりぞく。ただし，給付利得返還請求権者とは別にその物の所有者がいるような場合，所有者の物権的請求権との関係は1つの問題である。

(3)　負担（マイナスの価値）の正当な帰属が乱されている場合，その乱れの態様によって，費用利得と求償利得との類型が考えられる。Bの物にかかる費用をAが負担した，というのが「**費用利得**」（支出した費用の償還をAがBに請求できる）であり，Bが出捐の義務を負っているのにAがその負担をした（出捐分の償還をAがBに請求できる），というのが「**求償利得**」である。

第2節　侵害利得

1——要　件

財貨帰属秩序に反して，一方に受益が生じ，他方に損失が生じ，受益と損失の間に因果関係の存することが，侵害利得の成立要件である。受益者の故意・過失は要件でない。

① 財貨帰属秩序への背反

「財貨の帰属」とは，特定の人によるその利益の独占が法秩序によって是認・保障されていること（このことを，利益の「割当て」とよぶ）を意味している。だから，人格権（肖像権など）や物権（所有権など）によって権利者に割り当てられているはずの利益を他人が無断で取得している，という場合が侵害利得の典型例として想定される。

これに対して，債権は，債権の満足という利益の享受を，債権者に排他的に保障するものではない。したがって，債務者Bから第三者Cに財貨が流出することによってAの債権が満足されえなくなったとしても，それはAに対するCの侵害利得という問題にはならない。まして，自由競争経済のもとで，ある事業者Bが他の事業者Aのシェアを奪ったからといって，Aに対するBの不当利

得だ，という話にはなりえない。

　ただし，債権であっても，特定の債権が特定の人（債権者）に帰属しているということは，法律上，対世的に是認・保障されているはずだから，債権の帰属自体を奪うことは，不当利得の問題を生じうる。たとえば，ＢがＡの銀行預金を勝手に引き出し，民法478条に基づく銀行の免責によってＡの預金債権が失われた場合，ＢはＡへの債権帰属を侵害して，Ａの損失において不当な利得をしたものと認められる（債権者でない者Ｂに弁済したことにつき債務者たる銀行に過失があったとしても，Ｂに対する真正の預金債権者Ａの不当利得返還請求に対し，Ｂにおいて銀行の過失を援用し弁済無効〔すなわち預金債権存続〕を主張してＡの損失を否認し，もってＡの請求を争うことは，信義則に反して許されない〔最判平16・10・26判時1881号64頁〕）。

　債権者が債務の履行を得ることは，法律上の原因なきものとはいえないはずであるが，たとえば，Ｂが，Ａからだましとった金銭で，Ｃに対する自分の債務を弁済したという場合には，Ａに対するＣの不当利得が問題とされ（「**騙取金銭による不当利得**」の問題），判例は，Ｃに**悪意または重過失**のある場合に，Ｃの金銭取得は法律上の原因を欠くものとなる，とみている（最判昭49・9・26民集28巻6号1243頁）。Ｂの金銭取得態様の悪質性と債権者Ｃの主観的容態との相乗によって，Ｃへの金銭帰属は反規範的で浮動的なものにすぎず，金銭の本来的帰属点はなおＡにあるものと考え，Ｃの侵害利得に基づく金銭価値の返還義務を認めるのである。

2 受益・損失・因果関係

　「受益」は，受益者の「行為」による必要はない。ＡがＣの口座に預金するつもりで誤ってＢの口座に振り込んでしまった場合でも，その金員についてＢの預金が成立し，Ｂはその金額を不当利得としてＡに返還しなければならない（最判平8・4・26民集50巻5号1267頁）。

　関係者がふえると，どの段階で「受益」をとらえるかも問題になる。たとえば，Ａの商品2万円分をＢが盗み取って直ちにＣに5万円で売却し，ＣがＤ（善意）に8万円で転売してＤが費消したとする。ＡがＣに対して不当利得の返還を求めるとき，何をＣの受益・Ａの損失とみるべきか。判例は，Ｂに支払った代価（5万円）を転売価額（8万円）から控除した利潤の分だけ（3万円）を受益した

□ WINDOW 9-1　　　　　　　　　　　　　　　　　　　　　　　　　◀◀

偽造・盗難カード被害への立法的対応

　債権者の外観を有する者を真正債権者だと無過失で信じてこれに弁済した債務者は，たとえその者が真正債権者ではなかったとしても，有効に弁済したものとして債務から解放される（478条）。最近は，銀行等の偽造キャッシュカードや盗難キャッシュカードによる預貯金の払戻しが民法478条や預貯金約款により有効な弁済とされる結果として，真正預金者が被害を受ける事態が多発し，社会問題化している。その対策として，「偽造カード等及び盗難カード等を用いて行われる不正な機械式預貯金払戻し等からの預貯金者の保護等に関する法律」が制定されている（2006年2月10日施行。並行して銀行等の約款も変更された）。

　同法によれば，偽造カードによる払戻しの場合には，民法478条の特則として，払戻しについての銀行等金融機関の善意無過失および払戻しに至る過程についての預貯金者の重過失が認められるときに限り（該当事実の主張証明責任は金融機関にある），その払戻しを有効な弁済と認める。この規定によって有効な弁済と認められない限り，預貯金者は預貯金債権を失わず，これを行使して預貯金の払戻しを受けられることになる。

　他方，盗難カードによる払戻しの場合には，民法478条によって払戻しが有効とされる範囲で預貯金債権が失われることは避けられないが，預貯金者は，警察への盗難届けや金融機関への盗難の速やかな通知・説明など所定の適切な行動をとったときは，払い戻されてしまった金額（原則として金融機関への通知日から遡ること30日間の払戻金額に限る）に相当する金額の補塡を，金融機関に求めることができる。ただし，金融機関の善意無過失および預貯金者の過失が認められれば，金融機関は補塡義務の25％を免れ，金融機関の善意無過失および預貯金者の重過失が認められれば，金融機関は補塡義務を全面的に免れる（それぞれ該当事実の主張証明責任は金融機関にある）。また，金融機関へのカード盗難の通知が盗難の日から2年を経過する日より後になったときにも，金融機関は補塡義務を免れる。

　預貯金者は，カードや暗証番号の適切な管理に努めなければならない。金融機関による変更勧奨にもかかわらず生年月日等の推測しやすい数字を暗証番号にしていたり，暗証番号のメモをカードと同じ財布にいれてあったりすれば「過失あり」，また，他人に暗証番号を知らせたり，カードに暗証番号を書いていたりすると「重過失あり」と評価されてもやむをえない。

にすぎないとする主張をしりぞけて，転売価額をそのまま受益とみている（大判昭12・7・3民集16巻1089頁，最判平19・3・8民集61巻2号479頁）。しかし，Cが当初取得した商品の客観的価額（2万円）であるとの見方も成り立つ（大判昭11・7・8民集15巻1350頁）。

　「損失」・「因果関係」は，「受益」の存在と一体的に認められることも多い。

□ WINDOW 9-2

誤振込みをめぐる法律関係

　Aが，B銀行に設けられたCの口座に振り込むつもりで，誤ってDの口座に振り込んでしまった，という場合（「誤振込み」），判例によれば，Dの預金債権が成立する（最判平8・4・26民集50巻5号1267頁）。もちろん，誤振込みによって成立した預金債権であるので，この預金債権の取得がDの不当利得となり，AがDにその金額の返還を請求することができるのは当然である。また，刑事的には，誤振込みであることを知りつつDがこれを秘して払戻しを受けたときは，Dの詐欺罪が成立する（最判平15・3・12刑集57巻3号322頁）から，民事的にも，Dの払戻請求は，預金債権の濫用であると評価することもできよう（最判平20・10・10民集62巻9号2361頁も参照のこと）。

　では，B銀行がたまたまDに対して返済期限の到来した貸金債権を有している場合に，Aの誤振込みによって成立したDの預金債権との間で，相殺することが許されるだろうか。Dの権利濫用はDの権利行使に対するBの抗弁として主張される筋合いのものであるから，BがDの権利濫用をあえて主張せずに相殺するならば，これを直ちに無効とは構成しがたい。とはいえ，Bによる相殺は，Dに，誤振込みされた金員を貸金債務の弁済に充てるように強制するようなものである。Dの払戻請求が詐欺行為なら，Bの相殺はDの詐欺の幇助行為といえなくもない。ならば，Aから誤振込みの連絡・組戻しの請求を受け，Dも組戻しに同意しているなどの事情があるにもかかわらず，Bが誤振込みを奇貨として相殺を強行するのは，正義公平に著しく反する行為といわねばならない。

　そこでこのような場合に，名古屋地判平16・4・21金判1192号11頁は，相殺を無効とし，AのB銀行に対する不当利得返還請求を認容した。もっとも，相殺が無効ならDの預金債権が復活するのに，B銀行に不当利得があるというのは奇妙な論理である。控訴審である名古屋高判平17・3・17金判1214号19頁は，Dの口座が当座預金口座であり，普通預金のように自由に払戻請求できるものでないことを理由に，当座預金契約が実質的には成立していないのと同様だとして，B銀行の不当利得を認める結論を導いた。

　しかしながら，名古屋高裁の論理も，よく考えられてはいるが，いまひとつ納得がいかない。受働債権たる預金債権の成立を前提に相殺自体は有効になされたが，そのような正義公平の観念に反する相殺によって債権を回収した利益が不当利得を構成する，とみるのが率直ではないか。誤振込みの受取人が情を秘して払戻しを受け，これによって自己の債務を弁済した場合を考えると，誤振込預金債権と貸金債権との相殺の問題と，騙取金銭による弁済の問題とは，質的連続性があるとわかる。すなわち，いずれの問題も，債務者に正当には帰属しない金銭によって債権の満足を得たことによる不当利得の成否の問題だといってよい。したがって，債権者の悪意または重過失を要件として不当利得が成立するとの法理は，騙取金銭による弁済と誤振込債権に対する相殺とに均しく適用されるべきものと考えられる（名古屋高判平27・1・29金判1468号25頁参照）。

　なお，「振り込め詐欺」の犯人に対する不当利得返還請求権を被保全債権として，債権者代位権に基づいて，犯人（氏名不詳の架空名義人）の銀行に対する預金債権を行使して被害金額を取り戻すことを認めた裁判例がある（東京地判平17・3・30金判1215号6頁）。

たとえば，BがAの土地から無断で収益をあげた場合に，たとえA自身に当面
土地使用の意図がなかったとしても，Bの受益によってAには抽象的な使用可
能性の喪失という損失が発生したと考え，その損失は使用料相当額をもって算
定される。

　しかし，肖像を無断使用した雑誌がよく売れたという場合に，出版社の得た
利潤のうちどれだけが肖像権の侵害によって得られた受益といえるのか，その
受益によって権利者にどれだけ損失を与えたといえるのかは，難しい問題であ
る（民訴248条の類推適用が考えられる）。

　侵害利得において「因果関係」の存否が大きな問題となったのは，前述の「**騙
取金銭による不当利得**」の事例についてである。判例は，かつて，損失と受益
との間に「直接の因果関係」を要するとし，騙取金銭がBの財産に混入するこ
となくCへの弁済に至るまで物的同一性を保持していたのでない限り，Bの意
思による弁済行為が介在していることからみて，直接の因果関係を否定してい
た。しかし，それではAの救済に薄く，最高裁は，学説の批判にこたえ，金銭
騙取によるAの損失と弁済によるCの受益との間に「**社会通念上の因果関係**」
があることで足りると解し，問題の重点を「**法律上の原因の有無**」に移すよう
になったのである（前掲最判昭49・9・26）。

2 ── 効　果

　侵害利得の効果は，正当な財貨帰属秩序を回復させるための債権関係を損失
者・受益者間に発生させることである。

[1] 受益者の善意・悪意

　善意の受益者は，現存利益の返還義務を負う（703条）。悪意の受益者は，受
けた利益に利息をつけて返還する義務を負い，受益プラス利息の返還をもって
してもなお損失者に損害の残るときは，その賠償もあわせてしなければならな
い（704条）。

　条文上は，現存利益返還が不当利得法の原則で，受益者の悪意によって例外
的に責任が加重されるようになっているが，**善意者の責任軽減**のほうがむしろ
例外であるとするのが立法者意思に適う，といわれている。そうとすれば，受
益者が現存利益返還によって不当利得返還義務の履行を果たすためには，自己

の善意性と利益の消滅とについて，主張証明責任を負うことになろう（占有者の善意は186条１項により推定される）。

なお，善意の受益者でも，過失があれば，悪意者と同視すべきである，というのが今日の多数説である。

2 現存利益

現存利益の返還とは，受けた利益から，目減りして残っていない分は差し引いて返還すればよろしい，という意味である。不法行為法が加害者の財産による被害者の損害の塡補を目指すのに対し，不当利得法では，善意受益者は，固有財産からの持ち出しをしてまで損失者の損失を埋める必要はないと考えられているのである。

有体物の侵害利得の場合，その物が滅失して，これに代わる価値（保険金，賠償金など）も何ら残っていなければ，現存利益はない。損傷の場合も，損傷部分に代わる価値さえ残っていなければ，残存物の占有が現存利益であるにとどまる。保険金や賠償金など，価値代替物が残っているときは，それが返還の対象になる。滅失・損傷に受益者の帰責事由があれば，善意受益者でも価格返還すべきであるし，悪意受益者であれば損害賠償の責任も負う。

金銭の侵害利得の場合は，利益の消滅が認められることはほとんどない。たとえば，ＢがＡの銀行預金を勝手に引き出し，民法478条に基づく銀行の免責によってＡの預金債権が失われた，という場合のＢの不当利得は侵害利得であるが，このような金銭の侵害利得の場合は，とくにその金銭を得たがゆえにどこかに寄付をしたなどの特段の事情のない限り，利得した金銭を費消したとしても，それによって，受益者の財産のうちの他の部分が支出を免れたことになり（「**出費の節約**」），金額価値としては利得者に残っていて，目減りしたとはいえない（「**現存の推定**」）。

3 物権法との関係

（1）他人の物の無断使用の場合などのように，財貨帰属秩序の回復が，所有権などの占有すべき本権に基づく引渡請求によって実現しうる限り，不当利得法は背後に控えているにとどまる，と解するのが学説上は多数である。判例はむしろ，物権法と不当利得法とによる請求権競合は妨げられないと考えていると思われる。

(2)　占有の回復に伴う果実の返還については，物権編に，189条・190条という2つの条文がある。これによれば，悪意占有者は果実全部の返還義務を負うが，善意占有者は，果実を取得することができる（186条1項により占有者は善意と推定されるから，果実を取得できるのが原則となる）。

判例によればもとより，学説にも果実については不当利得法の適用を認めるものがあるから，その限りで，不当利得法と民法189条・190条の競合関係が問題となりうる。不当利得法によれば，善意受益者であっても，果実を含む現存利益を返還しなければならないから，民法189条によって善意占有者が果実を取得するのに比べて，不当利得法による方が損失者（回復者）に有利となるからである。

不当利得返還請求には5年の消滅時効があり，所有権に基づく返還請求（民法189条が適用される典型的場面）には期間制限がないことも考えあわせれば，必ずしも不合理とはいえないが，学説は，民法189条・190条は物権法の規定であるとともに不当利得法の特則でもあり，善意の占有者は，所有権に基づく請求を受けるときと不当利得としての請求を受けるときとを通じて，民法189条1項によって果実取得を認められると解すべきものという。

ただ，そもそも占有は，占有者に財貨の排他的帰属を保障する機能（割当機能）をもたない。そこで，民法189条1項は，善意占有者について，すでに取得・消費した果実の返還義務を免除するだけで，現存する果実の返還義務を免れさせるものではない，と解する学説も有力である。この解釈によると，民法703条の趣旨が民法189条によって物権法に及ぼされているとみることができ，不当利得としては民法703条の適用を貫いてなんらさしつかえないことになる。

(3)　原物の滅失・損傷や譲渡・費消などにより原物そのものの返還がすでに不能である場合には，金銭的な不当利得返還の問題になる。保険金・賠償金・売却代金・出費節約などのかたちで代償価値が現存していれば，これを返還しなければならない。滅失・損傷が受益者の帰責事由によるときは，悪意受益者であれ善意受益者であれ，価格返還しなければならず，悪意受益者はさらに損害賠償義務も負わなければならない。

物権法秩序としては，民法191条に規定があり，滅失・損傷が占有者の帰責事由によるときは，損害全部の賠償が原則であるが，**善意の自主占有者**は，賠

償責任を現存利益の限度に軽減されている（そのうえで186条1項により占有者の善意・所有の意思は推定されるため，結果として原則と例外が逆転することになる）。

④ 返還の限度

　悪意の受益者がその当初受けた利益を運用して大もうけをしたとしても，その返還の対象は，当初受けた利益と，これに付される利息である。それ以上の利益の吐き出しは，準事務管理の問題としては考えられるが，損失者になおも損害の残る場合をのぞき，不当利得の問題ではない。

⑤ 消滅時効・遅滞責任

　不当利得返還請求権は法定債権であり，消滅時効期間は損失者が利得返還請求できることを知った時から5年，利得返還請求ができるようになった時から10年である（166条1項）。受益者の遅滞責任は，損失者から利得返還請求を受けた時から開始する（412条3項）。もっとも，悪意の受益者による損害賠償義務は，不法行為の問題であり（最判平21・11・9民集63巻9号1987頁），成立と同時に遅滞を始め，消滅時効については民法724条の適用を受けるべきものかと思われる。

第3節　給付利得

1──要　　件

① 緒　　論

　(1)　一定の法律関係（以下，「前提関係」という）に基づくものとして財貨の移動（給付）が生じたが，その法律関係が給付当時の存在または有効性を否定されたことが，給付利得の成立要件である。

　受益者の故意・過失は必要でない。

　損失者に財貨帰属の権原があることも要求されない（最判昭51・2・13民集30巻1号1頁は，他人物売買を解除された売主が買主に対して使用利益の返還を請求することを認めた）が，疑問が残る。

　(2)　侵害利得が基本的には物権法上の解決を予定するのに対し，給付利得

□ WINDOW 9-3

給付利得と財貨帰属秩序の関係

　給付利得の返還は，あくまで誤った財貨運動を巻き戻すだけだとすると，給付利得の返還の結果は，必ずしも正当な財貨帰属秩序に合致しなくてもよいことになる。

　最判昭51・2・13（民集30巻1号1頁）は，まさにそのような事案である。すなわち，Mの所有権留保のもとにある自動車を，YがXに販売して引渡しを済ませ，XはYに代金を支払ったが，約1年後に，Mが留保所有権に基づいてXから自動車をひきあげた。そこでXは民法561条によりYとの売買契約を解除し，Yに代金の返還を請求したところ，Yは，Xから返還されるべき使用利益の分を代金返還と相殺すると主張した。原審は，Yは他人の物の売主だから使用利益分の損失が生じていないとしてXの使用利益返還義務を否定したが，最高裁は，「解除によって売買契約が遡及的に効力を失う結果として，契約当事者に該契約に基づく給付がなかったと同一の財産状態を回復させるためには，買主が引渡を受けた目的物を解除するまでの間に使用したことによる利益をも返還させる必要がある」とし，「売主が，目的物につき使用権限を取得しえず，したがって，買主から返還された使用利益を究極的には正当な権利者からの請求により保有しえないこととなる立場にあったとしても，このことは右の結論を左右するものではない」とまで言い添えて，Xの使用利益返還義務を認め，原判決を破棄した（差戻し）。

　正当な財貨帰属秩序の回復という目的から全く独立に給付利得を返還させてよいのか，侵害利得の損失者から給付利得の利得者への返還請求が認められないのかどうか，給付利得返還請求権と侵害利得返還請求権の抵触はいかに解決されるべきか，問題を残していよう。

は，いったんなされた給付を，その前提関係を逆にたどって**巻き戻す関係**である。したがって，たとえばAがBの占有する物を引き渡させようとする場合，たとえAが所有者であっても，Bの占有取得が表見的な売買契約の履行としてAから引渡しを受けることによって生じたものと認められるときは，Aによる目的物の占有回復は，所有権に基づく返還請求ではなく，もっぱら給付利得返還請求として，売買契約の履行過程を逆にたどり，AからBへの代金返還との牽連関係において実現されるべきものである。

② 前提関係・給付

　「前提関係」に基づく「給付」としては，債権契約とこれに基づく債務履行行為（売買契約の履行として目的物を引き渡した，代金を支払ったなど）を考えるのがいちばんわかりよいけれども，それに限るわけではない。地上権設定などの物権行為とこれに基づく登記・引渡し，事務管理・不当利得・不法行為などによ

る法定債権関係とこれに基づく金銭給付，扶養義務などの家族法上の法定義務とこれに基づく金銭給付や労務提供，執行債務とこれに基づく強制的な給付など，さまざまに考えられる。

　前提関係の存在または効力が否定されるというのは，その不成立，無効，取消し，あるいは解除条件の成就などを原因とする。婚姻に至らなかった場合の結納の返還は，婚姻不成立を解除条件とする贈与契約において，解除条件が成就した場合の給付利得の返還ととらえられる。債権契約の解除の場合，解除の効果に関して判例・通説に従い直接効果説をとると，既履行給付とその果実（利息など）は，受領者の不当利得となる。ただし民法には，債権行為の無効・取消しと債権契約の解除の後始末について，とくに規定がある（121条の2・545条・546条）。

　給付利得として不当利得類型を立てる意義は，表見的なものにすぎなかったそれら前提関係を「巻き戻す」ことで，給付前の原状への復帰を果たそうとする点にある。この点から見ると，解除に関する**民法545条・546条**の規定は，特則というより，給付利得返還に関するモデル的性格を有すると考えたほうがよい。

3 受益・損失・因果関係

　受益と損失，その間の因果関係は，二当事者間の給付利得の問題である限りは，一個の給付によって同時に満たされる。給付した側が損失者，給付を受領した側が受益者である。多数当事者の給付利得関係では少しややこしくなるが，これについては3で述べる。

2——効　　果

1 緒　　論

　(1)　給付利得の効果は，給付の前提関係を巻き戻して給付前の原状に復するための債権関係を，給付の当事者間に発生させることである。ただし，それだけで割り切るのではなく，当事者の容態の悪質性や目的物保管に関する帰責性などをも勘案して全体的な公平を図ることも必要であると考えられている。

　(2)　民法703条・704条は，民法の編別・章立てからは，まさに給付利得のためにあるようにみえる。しかし，給付利得の基本的な考え方は，なされた給付

そのものを，その前提関係の巻き戻しとして元に帰すということであるから，受益者の善意悪意で返還範囲を異ならせればすむものではない。両条は，内容的には侵害利得に適合的であり，体系的位置の点では給付利得に適合的なので，ややこしい。そこで，給付利得に際しては，民法703条・704条（およびその特則としての121条の2・545条・546条）によりつつ，これを換骨奪胎し，給付利得の考え方に整合するようにもっていかないといけない。ここが苦労のしどころでもある。

② 売買契約に基づく給付の巻戻し

　Aを売主とし，Bを買主とする売買契約があり，双方ともに履行を果たしたが，その売買契約の効力が否定されたという場合を考える。

　(1)　Aは代金受領による給付利得，Bは目的物受領による給付利得をしていることになり，それらの返還が必要になる。

　Aは，受領した代金全額を返還しなければならない。受領から返還までの金銭の使用利益すなわち利息も返還しなければならないとするのが判例である（最判昭38・12・24民集17巻12号1720頁は，法定利率による利息の返還を義務づける）。Bも，受領した目的物を返還しなければならない。受領から返還までの使用利益もあわせて返還する必要がある。原物が滅失・損傷していても，代償価値（保険金，賠償金など）を取得していれば，それを返還すべきである。

　Aの利息返還義務とBの使用利益返還義務を認めることは，解除に関する民法545条の趣旨にも適するが，売買契約の清算である点を考えて，民法575条の類推により，Aの利息返還とBの使用利益返還はおたがいトントンで不要と解する見解も有力である。

　ともあれ，給付利得では，**給付全部の返還が原則**であるが，意思無能力により契約が無効である場合や，行為能力制限を理由として契約が取り消された場合には，意思無能力者・制限行為能力者側の返還義務が現存利益の限度に縮減される（121条の2第3項。なお，贈与など無償行為による給付受領者がその行為の無効・取消原因を知らなかった場合も，返還義務は現存利益の限度に縮減される。121条の2第2項）。

　判例は，利益消滅の証明責任は受益者側にあり，また，受益者が悪意に転じた時点で責任軽減は終了すると解している（最判平3・11・19民集45巻8号1209頁）。

(2) 原物の返還が不能となった場合，これは不当利得返還債務の不履行であるから，Bは，原則として，損害賠償債務を負うことになる。ただし，Bに帰責事由のないときには，あたかも売買契約履行上の**危険負担**と逆向きに，双務的巻戻し清算上の危険負担の関係が生じ，原物の滅失または損傷についてA・Bともに帰責事由がなければ，Bは，残存物（滅失ならナシ）を返還すればよいが，返してもらえる代金額も，その分縮小する。原物の滅失または損傷についてAにだけ帰責事由があるときは，Bは，残存物を返還し，代金全額を返してもらえる（この場合の危険負担は，義務消滅構成によるべきだろう。拒絶権構成では先行返還給付の取戻しができないことになる）。

Aによる詐欺や強迫を理由として契約が取り消された場合に，Bによる原物返還が不能になったときは，詐欺・強迫をはたらいたAにこそ帰責事由があるものとみるべきだとする学説もある。

(3) A・Bの返還債務相互の間には，**同時履行**の関係 (533条) が認められる。ただし，一方当事者の詐欺または強迫を理由として契約が取り消された場合，この者には同時履行の抗弁権を認めるべきでない，とする学説が有力である。

③ 消滅時効

不当利得返還債権は，一般の消滅時効に服する (166条1項)。ただし，法律行為の取消しによる給付利得の場合には，取消権の行使期間内 (126条) に不当利得返還請求権も行使する必要があるとの議論がある。

3──三当事者間の給付利得

① 緒　論

AからBへの給付の前提は，A・B間の法律関係であるとは限らない。①AがCに給付すべき法律関係と，②Cが同種の給付をBになすべき法律関係とがともに有効に並存していれば，AからBへの給付は，**Cを経由するのを省いた**ものとして，これを正当視することができる。

ところが，①②のどちらか，または両方がその効力を否定されると，問題が生じる。3つの場合，それぞれについてみていこう。

② ①は有効だが②の効力が否定される場合

Aが給付する理由はあるが，Bがそれを受領・保持する理由がない，という

場合である。AがCから，直接Bに給付するように委託されていたのなら，給付がCを経由したのと同じ状況であり，A・C間の関係は有効に決済されたものとして，給付利得関係がC・B間に生ずる。Cには，Aに対する給付請求権の喪失という損失が生じている。

AがCに無断でBに給付したのなら，それはAからCへの給付としても，CからBへの給付としても意味をもたず，CがB無資力の危険を引き受ける筋合いはない。A自身がBに対して給付利得返還を求めるべきである。

③　②は有効だが①の効力が否定される場合

Bが給付を受領・保持する理由はあるが，Aが給付すべき理由がない，という場合である。AがCから，直接Bに給付するように委託されていたのなら，給付がCを経由したのと同じ状況であり，C・B間の関係は有効に決済されたことになるが，A・C間に，給付利得関係を生じる。Aの給付が，Cにおいて，Bに対する給付義務の消滅という利益を生じさせている。

AがCに無断でBに給付したのなら，委託のない第三者弁済として（474条参照），「事務管理」や「求償利得」の問題になる。

④　①②ともにその効力を否定される場合

Aが給付すべき理由も，Bがそれを受領・保持すべき理由もない，という場合である。AがCに無断でBに給付したのなら，A・B間の給付利得として問題はない。

Bへの給付をCがAに委託したのならどうかというと，少々難しい。結局は全体として前提関係を欠くのだから，A・B間の給付利得にならざるをえないとみるのが多数説である。しかし，Cによる委託という点を重くみて，B無資力の危険はCが負うべきであるから，AにはCに対する給付利得返還請求を許し，これによって生ずるCの損失をテコにして，Bに対してはCが給付利得返還を請求できると解すべきだとの学説も，有力である。

判例には，Cの指示によるAからBへの給付につきA・C間の前提関係を欠く場合に，特段の事情のない限りCに受益が認められるとしたものがある（最判平10・5・26民集52巻4号985頁。Cに貸し付けたものとしての金銭をCの指示に従ってBに直接交付したAが，Cによる消費貸借契約の取消しをうけ，Cに対し不当利得返還請求をした事案。C・B間に金銭交付のための前提関係が法的にも事実上も存せず，

Cは第三者Dの強迫を受けて消費貸借契約の締結とBへの金銭交付の指示をしたにすぎないことを特段の事情として，Cの受益を否定し，Aの請求を棄却した）。

4 ── 給付利得返還の制限

1 悪意の非債弁済

債務の不存在を知りながら債務の弁済として給付をした者は，その返還を求めることができない（705条）。債務の不存在を知って弁済したことも無理からぬような客観的事情のある場合には，民法705条の適用はない（最判昭40・12・21民集19巻9号2221頁）。

2 期限前弁済

債務の弁済期が到来する前に弁済として給付をした場合には，その返還を求めることができない（706条本文）。弁済期前の給付が，弁済期の到来を誤信したことによってなされたものであるときでも，給付そのものの返還は認められず，給付から弁済期に至る期間の中間利息相当額のみ，不当利得として返還される（706条ただし書）。

3 他人の債務の弁済

実は債務者でない者が，自分は債務者だと誤信したことにより，他人（第三者）の債務の弁済をした場合に，債権者のほうでも，弁済者にそのような誤信があったことに気づかず，債権証書を破棄したり，担保を放棄したり，そのまま消滅時効の完成をむかえたりして，債権を失ってしまったときは，弁済者は，ほんとうの債務者に求償することはできても，債権者に対して給付の返還請求をすることができない（707条）。

4 不法原因給付

(1) 不法の原因のためにした給付（「不法原因給付」）は，返還を請求することができない（708条本文）。不法原因給付とは，社会の倫理・道徳に反した醜悪な行為を原因としてなされた給付をいう（最判昭37・3・8民集16巻3号500頁）。賭博で負けて金を支払う，援助交際のために金を支払う，贈賄のために金を支払う，などである。

不法な行為（賭博，援助交際など）を原因とする給付請求（「金を支払え」）に，民法は助力しない。そのために，それら行為は公序良俗に違反して無効である

（90条），という。しかし，事実上そのような給付がなされることまでは，残念ながら，法秩序全体の力をもってしても完全には抑止できない。そして現にそのような給付が事実上なされてしまったとき，原因行為が無効であるからといって，給付利得としての返還請求（「払った金を返せ」）を認めると，不法な行為に手を染めた給付者に助力することになってしまう。そこで民法は，不法な原因に基づく給付請求にも，不法な原因に基づいてなされた給付の返還請求にも，手を貸さないことにした（「クリーン・ハンズの原則」）。

　(2)　ただし，不法原因に基づく給付請求に助力しないことは，不法な結果の実現を忌避する意味があるが，不法原因に基づいてなされた給付の返還請求に助力しないことは，実現された不法な結果を放置することになってしまう。事実上の力によって不法な結果が実現されるのを，助長することにもなりかねない。この点をおもんぱかって，民法は，不法の原因が受益者についてのみ存したときには給付の返還請求を認めることにした（708条ただし書）。

　もっとも，不法原因が受益者にしかないという要件を文字どおり運用すると，実際にはそのような場面はほとんどでてこない。むしろ，給付の結果を放置するのと給付を返還させるのとで，どちらが正義に適うかということこそが重要である。そこで今日では，**給付者の不法性**より**給付受領者の不法性**が大きいのであれば，給付の返還を認めてもよいと解されている。

　また，給付者破産の場合には，給付者の不法性よりもむしろ，多数の破産債権者のための適正・公平な清算の要求が，給付受領者の不法性に対置され，破産管財人の給付返還請求を拒絶することは信義則上許されない，と判断されることがある（最判平26・10・28民集68巻8号1325頁。ネズミ講業者が破産し，破産管財人が，多数の被害者の利益を背景に，配当金受領者にその返還を求めた事例）。

　(3)　公務員の職務権限に関して便宜を受けるために建物を贈与するというような場合，建物贈与の履行過程がどこまで進むと，不法原因給付としてその返還を請求できなくなるであろうか。

　判例は，妾関係の維持継続を目的とする建物贈与の事案で，①未登記建物の贈与ならば引渡しだけで（最大判昭45・10・21民集24巻11号1560頁），②既登記建物の贈与ならば引渡しだけでなく移転登記手続まですませたところで（最判昭46・10・28民集25巻7号1069頁），それぞれ不法原因給付が成立し，それ以後の返還請

求が排斥される，とした。

このとき，無効の贈与に基づく給付であるから所有権は贈与者にあるはずで，そうとすれば，所有権に基づく返還請求はできるのではないか，それもできないとすると，目的物の返還を得られない者が所有権だけは保持することになって奇妙ではないか，という疑問がわく。この点について，判例は，贈与者の返還請求が排斥された反射的効果として建物の所有権は贈与者の手を離れて受贈者に帰属するに至ったもの，という端的な解決策を示している（前掲最大判昭45・10・21）。

第4節　費用利得・求償利得

1 ── 費用利得

１ 緒　　論

Ａがある物に費用を投下したが，その物はＢのものである場合，Ａからみればその費用は償還してもらいたいが，Ｂからみれば，ありがたくお礼したいときもあれば，たとえ結果としてはＡの費用投下による利得（「費用利得」）があるとしてもそれは「利得の押しつけ」であり，頼んでもいない「よけいなお節介」になぜその費用を償還しなければならんのかと思うときもあろう。このような場合に，ＡのＢに対する費用償還請求権の有無をわけるのは，**基本的には事務管理の問題**であり，民法702条においてすでに費用利得の調整が考慮されている。ＡがＢの物を占有中に費用を投じた場合の占有回復に伴う費用調整については民法196条に規定がある。使用貸借関係上は民法595条，賃貸借関係上は民法608条の規定があり，これらは民法196条をモデルにしている。費用利得の問題は，事務管理ないし特別の規定に委ねればよく，それらをこえてとくにわざわざ一般不当利得の問題を考える必要があるかについては，消極的に考えざるをえない。

２ 転用物訴権

(1)　Ａが，Ｃから物の修理を依頼され，これを引き受けて修理した，という

のは請負契約とその履行の問題である。Aがその報酬を請求できる相手方は，注文者Cであって，ほかの誰でもない。**C無資力の危険**は，Cとの契約関係にはいったA自身が負担すべきものである。

　ところが，Aが修理したその物は，Cの所有物ではなく，Cが所有者Bから賃借していたのだとすると，少し事情が異なってみえてくる。**Aのした修理による物の保存という利益**が，所有者Bのところで保持されているからである。そこで，AはBのこの利益保持を不当利得として返還請求できるのではないか，という問題が生じてくる。この種の不当利得返還請求権を，「転用物訴権」と呼ぶことがある。日本語としてはほとんど意味をなさないが，「主人の物に振り向けられた利益に関する訴権」というような意味のラテン語 (actio de in rem verso) に由来するらしい。

　(2)　最高裁は，CがYから賃借中に自然損耗したブルドーザーの修繕をXに依頼し，Xは請負人としてその仕事を完成したが，Cが倒産して報酬債権を回収できなくなり，他方，Yは所有権に基づいてブルドーザーを引き上げ，売却代金を得た，という事案で，XのYに対する不当利得返還請求を認めた（最大判昭45・7・16民集24巻7号909頁）。Xの修理行為自体を損失としてYの利得との間に直接の因果関係を認めたうえで（「社会通念上の因果関係」説の採用は，「騙取金銭による弁済」に関する最判昭49・9・26民集28巻6号1243頁を待たないといけない），「Cの無資力のため，右修理代金債権の全部または一部が無価値であるときは，その限度において，Yの受けた利得はXの財産および労務に由来したものということができ，Xは，右修理（損失）によりYの受けた利得を，Cに対する代金債権が無価値である限度において，不当利得として，Yに返還を請求することができる」と論じたのである。

　この判決が，わざわざ「修理費用をCにおいて負担する旨の特約がCとYとの間に存したとしても」転用物訴権が認められるとしたものだから，学説は，それではYが（そのような特約の見返りとして賃料を安くしていることによる負担と修理費用の利得返還による負担とで）二重の負担を強いられるとして，強く反発した。

　(3)　そこで最高裁は，あらためて，同種事案において（ブルドーザーが建物におきかわる），「Xが建物賃借人Cとの間の請負契約に基づき右建物の修繕工事

をしたところ，その後Cが無資力になったため，XのCに対する請負代金債権の全部又は一部が無価値である場合において，右建物の所有者Yが法律上の原因なくして右修繕工事に要した財産及び労務の提供に相当する利益を受けたということができるのは，YとCとの間の賃貸借契約を全体としてみて，Yが**対価関係なしに右利益を受けたときに限られる**」との新判断を示し，Yは権利金免除のかたちですでに相応の負担をしていることから，Xの請求を排斥した（最判平7・9・19民集49巻8号2805頁）。

　要するに，所有者が請負人の修理行為による利益をタダ同然で手に入れているのなら，それは請負人のために吐き出しなさい，ということである。

　ただ，「全体としての対価関係」という基準はいかにもたよりないし，学説にはなお，転用物訴権そのものに否定的な見解も強く，議論の行方はまだ定かでない。

2——求償利得

　BがCに対して一定の出捐をなすべき義務を負っている場合に，Aが代わりにその出捐をしたとき，これも基本的には事務管理の問題になる（第三者の弁済，474条）。ただ，Bにはもともとの義務があるから，「費用利得」の場合に比べれば，Aの求償に応じさせるほうが公平だと認めやすい（利得の押しつけ性が小さい）。Bの利得の不当性は，Aとの関係で判断されるから，AがA自身でCに対する義務を負っていることは，Bの不当利得を認める妨げとはならない。

　使用者責任を履行した使用者から被用者への求償（715条3項参照），共同不法行為者間の求償，共同扶養義務者間の求償（最判昭26・2・13民集5巻3号47頁）などの場合が考えられる。弁済した保証人から主債務者への求償（459条・462条），連帯債務者間の求償（442条）などについては，民法に規定がある。

　Aが，登記簿上ある不動産の所有者として登記されている場合，真実は不動産の所有者でなくとも，税法のシステムとしては，Aが固定資産税の納付義務者である。しかし，私法上は，固定資産税は真実の所有者が負担すべきものであり，Aの納付によって真実の所有者Bに利得が生じている。求償利得の問題として，Aは，Bに対し，納付税額に相当する金員の返還を請求することができる（最判昭47・1・25民集26巻1号1頁）。

第 **10** 章

不法行為の要件

● **本章で学ぶこと**

　たとえば，Ａの絵画を，Ａのことを憎らしく思っているＢが破り捨ててしまった場合を考えてみよう。これは，不法行為である。したがって，Ａは，Ｂに損害賠償責任があるとして，Ｂに対して，金銭の支払いを求めることができる。

　第1に，この場合においては，Ａはその所有権を侵害されている。しかし，Ａがつきあっている彼女とＢがつきあいはじめたときはどうか。このときは，どのような利益が保護されるべきか，Ｂの行為に違法性があるかが問題となる。第2に，この場合においては，Ｂに故意がある。しかし，Ｂが電車の中で網棚からカバンをおろそうとしたときに，たまたまＡの持っていた絵画にカバンが当たってその絵画が破れてしまったときはどうか。このときは，Ｂに過失があるかが問題となる。Ｂに不法行為責任があるというためには，ほかにもいくつか検討しなければならない点がある。これらを要件という。本章では，この要件を学ぶ。

第1節 序　説

① 問題の所在

　不法行為は，いろいろなところで登場する。新聞やＴＶでも，さまざまな事故や争いが報道され，これは，人災だ，誰々の責任問題が生じるでしょう，誰々さんからクレームが寄せられています，などと言われる。この問題は，順を追って整理していくと，解答を見つけやすい。本章では，要件という形で，考え方の筋道を見つけることにしよう。

　たとえば，有名人Ａの名前を使ったホテルＢがＡとは無関係に開業したとしよう。これを心外と感じたＡは，Ｂに文句を言ったり，賠償を請求することができるだろうか。できるとすれば，Ａは，何に基づいて請求するのか。ここでは，それを権利と呼ぶことができる。つまり，Ａに，どんな権利があるかが問題となる。後に述べるように，権利という名前が付いているかどうかは，大きな問題ではない。しかし，権利があると言えば，その主張が正しいという意味を持つので，実際上は，主張するＡにとって力強く，主張されるＢに対しても意味があろう。さしあたり，Ａの権利が侵害されているか，Ａの主張する利益が法律上保護されるべきか，Ｂの行為に違法性があるかが問題となる。これが，第1の問題である。この問題は，大きな広がりをもっている。たとえば，Ａが所有する有名な馬の名前を使ったゲームをＢが発売した場合は，どうか。Ａの隣地にＢが高層建物を建築したため，これまでより日当たりが悪くなった場合は，どうか。はじめて学ぶ者には答えが出ないものもあろうし，裁判所の考え方に批判されるものもある。

　第2に，たとえば，Ｂがスキーで滑降していたところ，下を滑っていたＡに衝突して，Ａがケガをしたとしよう。Ｂは，どうすればよかったかが問題となる。すべきことをしなかったという評価がされるときは，Ｂには，過失がある，といわれる。さまざまな事故で，何をすべきであったかを考えなければならない。後から考えれば，ああすればよかった，こうすればよかったなどと文字どおり後悔することになるが，その時何ができ，すべきであったかを冷静に考えなければならない。確かに，被害者はかわいそうであるかもしれない。し

かし，誰もが加害者になるかもしれず，できないことをしろと言われても，それは無理である。結果論にならないように，考えなければならない。

第3に，たとえば，ランニングをしていたBが歩行者のAにぶつかって，Aが転倒したところ，Aの持病が悪化して，死亡したとしよう。Bの行為がAの死亡の原因であったということができるだろうか。これが，因果関係の問題である。また，入院したAが前途をはかなんで，自殺した場合は，どうか。

他にも，いくつか検討すべき要件がある。これらをすべてクリアしてはじめて，損害賠償責任がある，ということになる。つまり，そう簡単に，誰かに責任があります，とは法律論としてはいえない。

2 民事責任と刑事責任

たとえば，AとけんかしたBが，Aの絵画を破ったとしよう。

第1に，Aは，Bの不法行為責任を追及することができる。具体的には，Bは，絵画を金銭で償わなければならない。これが民事責任である。裁判は，民事訴訟法により行われる。Aが原告となり，Bが被告となる。損害賠償としての金銭は，BからAに支払われる。

第2に，Bは，器物を損壊したから，「3年以下の懲役又は30万円以下の罰金若しくは科料」に処せられる（刑261条）。これが，刑事責任である。裁判は，刑事訴訟法により行われる。検察官が公訴を行い（刑訴247条），Bが被告人となる。Bに罰金または科料が処せられたときは，刑事責任としての罰金または科料は，Bから国家に支払われる。

このように，現在のわが国においては，民事責任と刑事責任は区別されている。しかし，1922年の刑事訴訟法567条によれば，犯罪により財産を害された者は，その損害を原因とする請求につき，公訴に附帯し，公訴の被告人に対して私訴を提起することができた。これを**附帯私訴**と呼んでいた。公訴は，刑事責任の追及であり，私訴は，民事責任の追及であるから，以前は，刑事責任と民事責任が分離していなかったわけである。損害賠償命令の申立て（犯罪被害保護23条）は，附帯私訴に近い。また，英米法では，加害行為の悪性が高い場合において，被害者に生じた損害を超えた賠償を認める**懲罰的損害賠償**（punitive damages）という制度がある。日本では，懲罰的損害賠償は認められない（最判平9・7・11民集51巻6号2573頁，萬世工業事件）。

たしかに，民事責任と刑事責任は区別されるべきであるが，以下の理由により，民事責任の役割をより高く評価すべきである。第1に，民事責任を加害者に負わせることにより，反射的・副次的効果にせよ，将来の同様の行為を抑止することができる。違法な行為を抑止することを刑事責任だけに委ねるのではなく，その抑止方法は，民事責任も含めて多様であることが望ましい。第2に，何が犯罪であり，その犯罪に対してどのような刑罰が処せられるかは，法律で定めなければならないという罪刑法定主義の立場から，刑事責任は後手に回りがちである。違法な行為を法律がないというだけで放置すべきではない。民事責任は，民法709条の要件が厳格でないだけに活用しやすい。第3に，民事責任では，私人の力を活用することができる。

③ 過失責任の原則

民法の3大原則といわれるものは，契約自由の原則，所有権絶対の原則，および過失責任の原則である。過失責任の原則によれば，加害者は，過失があってはじめて責任を負う。

加害者に過失がなくても，被害者の権利または法律上保護される利益が侵害され，損害が生じる場合がある。過失責任の原則によれば，この場合に，加害者は責任を負わない。第1に，過失責任の原則は，被害者の犠牲の下に，加害者の活動の自由を確保する。過失がない限り，誰かの権利または法律上保護される利益が侵害されても，責任を負わないということにより，安心して活動をすることができるからである。第2に，過失責任は，ある人に一方的に不利益を負担させる原則ではない。ある人が加害者になるか，被害者になるかはわからないからである。

ところで，過失責任の原則は，過失がなくても事故が発生するようなことはそもそもすべきではないという前提に立っている。そうすると，この前提が成り立たない場合は，過失責任の例外として**無過失責任**が要請される。たとえば，製造物による事故については，製造業者に過失がなくても，一定限度の欠陥商品が生じてしまうかもしれないが，だからといって，その物を製造すべきでないとまではいえない。また，この場合には，業者と消費者の立場に互換性がない。

そこで，製造物による事故については，過失責任の原則が修正され，製造物

WINDOW 10-1 ◄◄

不法行為責任と契約責任

　損害賠償責任は，ここで述べる不法行為に基づくときだけでなく，契約違反に基づくときもある。しかも，どちらの責任も成立するようにみえる場合がある。たとえば，Aの愛犬をペット業者であるBに預けて，Aが旅行に出かけたところ，Bがその犬をたたいたため，その犬が死んでしまった場合がそうである。

　この場合において，第1に，AはBに対して，不法行為責任と契約責任のどちらを追及することが可能か。第2に，どちらでも可能であるとすれば，どのように違うか。

　第1の問題については，判例は，どちらを追及してもよい，とする（大連判明45・3・23民録18輯315頁）。この考え方を請求権競合説という。不法行為責任に基づく損害賠償請求権と契約責任に基づくそれとが競合するからである。第2の問題に答えるためには，本章で述べる不法行為の要件および第11章で述べる不法行為の効果を理解しておかなければならない。

　不法行為責任と契約責任の関係をどのように考えるかは，さらに一歩すすんだ問題である。

WINDOW 10-2 ◄◄

不法行為責任と責任保険

　Aに対してBが不法行為責任を負うとすれば，Bは，金銭的負担を強いられる。加害者になるかもしれない人たちが集まって，みんなで少しずつ金銭を出し合い，その中で実際加害者になった人の金銭的負担をみんなで出し合った金銭から払うしくみを作れば，加害者の負担は軽くなる。これが責任保険である。たとえば，加害者になる可能性のある者1万人がそれぞれ千円ずつ出し合って，1千万円を集め，その中の1人が加害者になって1千万円を払わなければならなくなったときに，集めた1千万円を使うわけである。つまり責任保険は，加害者のためにある。

　また，責任保険は，被害者にも役立つ。加害者が不法行為責任を負うとしても，その加害者にお金がなければ，つまり無資力であれば，被害者が損害賠償請求権を有するといっても，画に描いた餅である。そこで，責任保険があり，その保険金が加害者に支払われれば，被害者は，権利を実現することができる。さらに，被害者が保険会社に直接保険金の支払いを請求することができれば，なお，被害者にとって好都合である。

　このように被害者保護のための性格が強調されているのが，自動車事故の責任保険である。第1に，責任保険または責任共済の契約が締結されていない自動車を使うことはできない（自賠5条）。第2に，被害者は，直接，保険会社（組合）に支払いを請求することができる（自賠16条・23条の3）。

　ほかに，責任保険があるから，加害者に責任を肯定しても，実際の負担をそれほどかけるわけではないので，責任を肯定しやすくなる。こうなると，不法行為責任が先にあって，その責任を保険がカバーするという建前が，保険があるから不法行為責任を肯定する，といったように考え方が逆転する。

の欠陥に基づき製造業者は責任を負う。もっとも，日本で法律ができたのは，1994年のことである（製造物責任法）。ほかに，自動車事故に関して，自動車損害賠償保障法（1955年），公害に関して，大気汚染防止法（1968年），水質汚濁防止法（1970年）が重要である。大気汚染防止法25条，水質汚濁防止法19条では，無過失責任が定められているが，それぞれの法律ができたときには，損害賠償に関する規定はなく，その規定が付け加えられたのは，1972（昭和47）年になってからのことであった。

第2節　権利または法律上保護される利益の侵害（違法性）

　たしかに，2004年改正により現代語化される前の709条では，権利侵害が要件になっていたから，被害者に侵害された権利がなければ，不法行為責任が発生しないようにみえた。権利なければ，不法行為なし，というように条文上解することもできた。大判大3・7・4刑録20輯1360頁（桃中軒雲右衛門事件。→WINDOW 10-3）では，709条をそのように解していた。しかし，権利と名前が付いているかはそれほど重要なこととはいえない。むしろ，不法行為責任を成立させてまで保護される利益が侵害されたかどうかを問題にすべきであった。そこで，判例は，大判大14・11・28民集4巻670頁（大学湯事件。→WINDOW 10-4）において，**法律上保護される利益**が侵害されればそれで十分である，とした。そのため，現代語化される前から，権利侵害は要件ではなかったし，現代語化によってそのことが明文化された。

　被侵害利益がそれほど保護に値しない場合において，侵害行為が悪質なときは，双方を考慮して，不法行為責任が成立するときがある。たとえば，Aのスーパーマーケットの隣にBがスーパーマーケットを出店したため，Aの売上げが減ったとしても，Bは損害賠償責任を負わない。営業利益は市場に左右されるので，それほど保護に値しないからである。また，既存業者であるAの営業利益は，新規参入者であるBの営業利益より優先するわけではないからである。しかし，Bが事実に反して，Aの店で売られた食品が原因で食中毒が発生したと宣伝したためAの売上げが減ったときは，Bは損害賠償責任を負うべき

☐ WINDOW 10-3 ◀◀

桃中軒雲右衛門事件（大判大3・7・4刑録20輯1360頁）

　Xは，浪曲師（浪花節芸人）の第一人者であった桃中軒雲右衛門の浪曲をレコードに吹き込んで製造販売する権利を有していた。ところが，Yは，Xの許諾を得ないで，桃中軒雲右衛門のレコードを製造販売した。そこで，Xは，Yに対し，著作権法違反の刑事事件として告訴するとともに，これに附帯して著作権侵害に基づき損害賠償を請求した。

　本判決は，浪花節は瞬間創作であり，旋律がなく，著作権法上の音楽的著作物ではなく，Xには著作権がない，したがって，ある人がレコードに吹き込んだものを他人が別のレコードに移して利益を得ることは正義の観念に反するが，これに関する取締法がないので，Yの行為は犯罪にはあたらず，Yに損害賠償責任はない，とした。

　本判決は，不法行為が成立するためには，侵害された権利が必要であり，ある行為が正義の観念に反していても，権利がないときは，被侵害権利がない以上，権利侵害はなく，不法行為は成立しない，とした点で有名である。

　学説は，侵害された利益が権利でなくても，不法行為は成立する，と批判した。

　権利がなければ，不法行為は成立しないという本判決は，つぎの大判大14・11・28民集4巻670頁（大学湯事件）で実質的に変更され，権利がなくとも，不法行為は成立しうることとなった。

☐ WINDOW 10-4 ◀◀

大学湯事件（大判大14・11・28民集4巻670頁）

　Xは，YからY所有の湯屋建物を賃借し，その賃貸借契約の際に老舗（暖簾，営業上の名声などの営業によって受ける無形の経済的利益）をYから買い受け，大学湯と称して湯屋業を営んでいた。ところが，賃貸借契約が終わった後，Yは，Aに老舗を売却した。そこで，Xは，Yに対し老舗の侵害を理由として不法行為に基づき損害賠償を請求した。老舗は権利ではないという理由により，その侵害は不法行為にはならないことになるかが問題とされた。

　本判決は，侵害の対象は所有権などの具体的権利だけでなく，法律上保護される利益も含む，とし，老舗は権利ではないとして不法行為責任を否定した原判決を破棄し，差し戻した。

　本判決は，権利がなければ，不法行為は成立しない，という大判大3・7・4刑録20輯1360頁（桃中軒雲右衛門事件）を実質的に変更し，権利がなくとも，不法行為は成立しうる，とした点で有名である。

である。Bのやりかたは，**競争秩序**を乱す悪質なものだからである。行為が権利濫用にあたるときは，その行為は，違法性を帯びる（大判大8・3・3民録25輯356頁，信玄公旗掛松事件）。

　つまり，侵害行為によっては，同じ被侵害利益であっても，不法行為責任が発生したり，しなかったりする。このように，被侵害利益と侵害行為の双方を考慮して，不法行為責任が成立するかどうかが判断されており，この判断による不法行為成立要件を違法性と呼んでいる。

　国家賠償法１条では，権利侵害ではなく，違法性が要件として用いられている。もっとも，行政については，結果として国民の権利を侵害しても，それが法律によって許されている場合があり，その場合には，権利が侵害されても違法ではない。たとえば，逮捕は自由を侵害するが，刑事訴訟法199条により許されている。

　民法が2004年改正により現代語化される前には，条文上，権利侵害を要件としているようにみえていたが，解釈上，違法性を要件とするように変わったことを，「**権利侵害から違法性へ**」と呼んでいた。現代語化以前の「権利」が現代語化により「権利又は法律上保護される利益」に改正されたとはいえ，違法性を問題にする点では変更がないといってよかろう。

1 ──被侵害利益による類型化

① 人格的利益の侵害と違法性

　(1)　**生命・身体・健康・自由**　　死亡（生命侵害），けが（身体侵害），病気（健康侵害），拘禁（自由侵害）が不法行為責任の対象となることはもちろんである。生命については711条に，身体・自由については710条に明文化されている。健康も，身体と同様に保護されるべきことは当然である。

　人の生命または身体の侵害による損害賠償の請求権についての時効期間は，724条の２により５年間である。724条１号の３年間ではない。また，人の生命または身体の侵害の場合における債務不履行に基づく損害賠償請求権の時効期間は，不法行為と同様に，権利を行使することができる時から20年である（167条）。166条１項２号の10年ではない。さらに，人の生命または身体の侵害に基づく損害賠償の債務については，悪意による不法行為に基づく損害賠償の債務でなくとも，その債務者は，相殺をもって債権者に対抗することができない（509条２号）。

　(2)　**身分上の人格的利益**　　身分上の人格的利益とは，ある人間関係を前提

にして存在する利益である。とくに，夫婦の一方が他方に対して何らかの人格的利益を有するかが問題となる。判例は，夫婦の一方の配偶者と肉体関係を持った（不貞行為をした）第三者は，他方の夫または妻の権利を侵害し，不法行為責任を負う，とする（最判昭54・3・30民集33巻2号303頁。なお，離婚による婚姻の解消は「本来，当該夫婦の間で決められるべき事柄であるから」，第三者は原則として離婚慰謝料支払いの責任を負わない〔最判平31・2・19民集73巻2号187頁〕）。しかし，未成年の子を有する親が配偶者以外の男性または女性と同棲するに至り，その子が日常生活においてその親から愛情を注がれ，その監護，教育を受けることができなくなったとしても，その親がその子に対し愛情を注ぎ，監護・教育を行うことはその親自らの意思によって行うことができるので，同棲行為と子の受ける不利益との間には相当因果関係がなく，同棲行為は未成年の子に対して不法行為とはならない（前掲最判昭54・3・30）。

　なお，婚姻関係がすでに破綻している夫婦の一方と肉体関係を持った第三者は，他方配偶者に対して不法行為責任を負わない。夫婦の一方の配偶者と肉体関係を持った第三者は，他方の夫または妻の権利を侵害し，不法行為責任を負うが，その不法行為が成立するのは，婚姻共同生活の平和の維持という権利または法的保護に値する利益を侵害するからであり，婚姻関係が破綻しているときは，そのような権利または法的保護に値する利益がないからである（最判平8・3・26民集50巻4号993頁）。

　（3）　名誉・プライバシー・氏名権　　**（a）　名　誉**　　名誉は，社会関係において有する人格的利益である。名誉とは，その人の社会的評価をいい，この侵害を名誉毀損という。名誉毀損が不法行為になることは，710条および723条からも明らかである。ところが，表現の自由（憲21条）と名誉の調整が問題となる。判例は，刑法230条の2の趣旨からして，第1に，名誉毀損行為が公共の利害に関する事実にかかわり，第2に，もっぱら公益を図る目的でなされ，第3に，摘示された事実が真実であることが証明されたときは，その行為は違法性がなく，また，たとえ，その事実が真実であることが証明されなくても，その行為者においてその事実を真実と信じるについて相当の理由があるときは，故意または過失がない，とする（最判昭41・6・23民集20巻5号1118頁）。

　なお，ある事実を基礎とする**意見の表明**による名誉毀損については，その行

為が公共の利害に関する事実にかかわり，もっぱら公益を図る目的でなされ，意見の前提としている事実が真実であると証明されたときは，人身攻撃に及ぶなど，意見としての域を逸脱しない限り，違法性を欠き，意見の前提としている事実が真実であるという証明がないときにも，その行為者においてその事実を真実と信じるについて相当の理由があるときは，故意または過失がない（最判平9・9・9民集51巻8号3804頁）。

(b) プライバシー　プライバシーは，人間の内面に関係する人格的利益である。私生活をみだりに公開されない法的利益をプライバシーという（東京地判昭39・9・28判時385号12頁，「宴のあと」事件）。プライバシーについての明文の規定は民法には存在しないが，民法235条の趣旨からもプライバシーが保護されるべき法的利益であることは明らかであり，憲法13条からもそのことがうかがわれる。公開とは，本人以外の者に知られることをいう。プライバシーの対象となる事柄は，他人に知られたくない情報である。たとえば，思想，宗教などの精神についての情報，病歴，健康状態などの身体についての情報，学歴，職歴，前科（最判平6・2・8民集48巻2号149頁，ノンフィクション「逆転」事件）などの経歴，家族関係，信用情報がそうである。さらに，氏名，性別，生年月日，住所，電話番号などの個人情報もプライバシーに係るものとして，法的保護の対象となる（最判平29・10・23判タ1442号46頁）。なお，いったん公開されて，他人に知られても，いつかはプライバシーの対象である他人に知られたくない情報に戻るとも考えられる。公開されても，時間が経過すれば，忘れ去られ，思い出されたくない情報になるからである（忘れられる権利。最決平29・1・31民集71巻1号63頁参照）。

(c) 氏名権　他人からその氏名を正確に呼称される利益をその者は有する。他人にその名前を勝手に使われたときは，不法行為責任を発生させるが，その氏名を正確に呼称することは容易でないので，不正確に呼称されたというだけでは，違法性を帯びない。その氏名を不正確に呼称した行為は，当該個人の明示的な意思に反してことさらに不正確な呼称をしたか，害意をもってしたなど特段の事情がない限り，違法性はない（最判昭63・2・16民集42巻2号27頁）。ここでは，被侵害利益と侵害行為の双方が考慮されている。

(4) その他の人格的利益　最判平12・2・29民集54巻2号582頁（エホバの証

人輸血拒否事件）は，「患者が，輸血を受けることは自己の宗教上の信念に反するとして，輸血を伴う医療行為を拒否するとの明確な意思を有している場合，このような意思決定をする権利は，人格権の一内容として尊重されなければならない」から，手術の際に輸血を必要とする事態が生ずる可能性があることを認識したにもかかわらず，輸血する可能性があることを告げないまま手術を施行し，輸血をしたのは，説明を怠ったことにより，患者が輸血を伴う可能性のあった手術を受けるか否かについて意思決定をする権利を奪ったものといわざるをえず，この点において同人の人格権を侵害した，という。

　職場における性的嫌がらせは，**セクシュアル・ハラスメント**といわれているが，これは，対価型と環境型に分けられている。前者は，地位を利用して，昇進・昇格などを条件に相手方の意思に反してする場合であり，後者は，性的な中傷などにより働きにくくする場合である。なお，セクシュアル・ハラスメントは，主にアメリカにおいて，雇用上の性差別として取り扱われてきたことに由来するが，この問題は，雇用関係に限られない。また，とくに地位を利用する類型は違法性が高い，と考えられる。

　日照を受けることは，快適で健康な生活に必要な生活利益である（最判昭47・6・27民集26巻5号1067頁，世田谷日照権事件）。この人格的利益は，生活を送るうえで，有益な環境を保全するために必要なものである。ただし，たとえば，南側建物の建築により北側建物の日照を妨げたというだけでは，違法性を帯びるわけではない。ここでは，**相隣関係**という観点から，損害が**受忍限度**を超えるかどうかが問題となる。

　景観利益は，法律上保護される利益である（最判平18・3・30民集60巻3号948頁，国立マンション事件）。景観利益は，公共的利益の側面があるため，その侵害が違法性を帯びるというためには，刑罰法規違反，行政法規違反，公序良俗違反，権利濫用など社会的相当性を欠いたことが必要である。ここでは，被侵害利益と侵害行為の双方が考慮されている。

② 財産的利益の侵害と違法性

　(1)　**物　権**　物権の代表例である所有権については，その侵害が違法性を帯びることは当然である。もっとも，たとえば，AがCからC所有の土地を譲り受けた後に，BもまたCからC所有の土地を譲り受けたときは（**二重譲渡**），

Aの所有権が侵害されて，Bが不法行為責任を負うかは，問題である。判例では，BがAより先に登記を具備したときは，Bが背信的悪意でない限り，Aはその所有権取得をBに対して対抗することができないとされているからである。したがって，Bが二重譲渡を知っているだけでは，違法性を帯びない。

(2) **債　権**　　債権とは，債務者に対して行為を請求することができる権利をいう。債権は，不法行為法上，保護される権利である。しかし，債権は，その性質上，保護される場合はそれほど多くない。たとえば，AがCとの間で雇用契約を締結し，AがCに対して働くように請求することができても，BがCと同様に契約し，CがBのもとで働くときは，原則としては，Bは不法行為責任を負わない。債務者であるCの意思でBのもとで働くことを選んだときは，AのCに対する債権はBのCに対する債権を排除しない（排他性がない）ので，Aの債権が侵害されても，そのことだけでは違法性を帯びないからである。Bが**競争秩序**に反する形でCを引き抜いたときは，その行為は，違法性を帯びる。

(3) **知的財産権**　　知的財産権とは，特許権，著作権などをいうが，これも不法行為法上保護される。ただし，それぞれ特別法があり，とくに，**損害額の推定**についての特別規定が重要である（特許102条，著作権114条）。

2 ── 被侵害利益と行為の態様

被侵害利益だけで，違法性の有無が判断されるわけではない。たとえば，債権侵害が違法性を帯びるのは，その侵害が競争秩序に反する場合に限定される。このように，被侵害利益によっては，行為の態様が違法性の有無に影響を与える。

3 ── 違法性阻却事由

① 正当防衛

BがAの不法行為に対してBまたは第三者の権利または法律上保護される利益を防衛するためやむをえず加害行為をしたときは，Bは，不法行為責任を負わない（720条1項）。刑法36条とは異なり，加害行為は，Aに対するものでなくてもよい。たとえば，AがBに殴りかかってきたので，逃げるために，BがCの玄関を打ち破った場合には，Bは，Cに対して不法行為責任を負わない。

この場合には，Ａが損害賠償責任を負う（720条１項ただし書）。

② 緊急避難

たとえば，Ａの犬がＢにかみつこうとしたので，Ｂがその犬を棒でたたき，犬にケガをさせ，Ａに損害を発生させたときは，Ｂは，不法行為責任を負わない（720条２項）。刑法37条とは異なり，加害行為は，Ａの物に対するものでなければならない。

③ 被害者の承諾

たとえば，被害者が自己所有の物を壊してもよいと加害者に言ったときは，加害者は，不法行為責任を負わない。**スポーツ事故**の場合も，被害者の承諾があると判断されることがある。鬼ごっこをしていて転んだ場合も，同様に考えられよう（最判昭37・２・27民集16巻２号407頁，鬼ごっこ事件）。

しかし，被害者から殺してくれと言われて加害者が殺したときは（刑202条），被害者の承諾は**公序良俗**に反するので，加害者は，不法行為責任を負う。

④ 正当行為

たとえば，Ｂが現行犯人であるＡを逮捕するのは，Ａの身体の自由を奪うが，適法であり（刑訴213条），Ｂは，不法行為責任を負わない。

⑤ 自力救済

自分の権利または法律上保護される利益を法律上の手続を踏まないで自分で守ることを自力救済という。たとえば，Ｂが泥棒に盗まれた自転車を見つけ，泥棒がこれから降りて，そこを離れた隙に，これを自分で取り戻すときがそうである。権利または法律上保護される利益を行使するためには，法律上の手続を踏まなければならないから，原則として自力救済は禁止されているが，例外的に許される場合がある。

第3節　故意または過失

① 故　意

結果の発生を認容してする場合を故意があるという。たとえば，ＢがＡを殴る場合がそうである。

大阪アルカリ事件（大判大 5・12・22民録22輯2474頁）

　Xは，大阪市にあって硫酸などを製造していたY（大阪アルカリ）会社が排出する亜硫酸ガスおよび硫酸ガスによる大気汚染により，農作物の収穫が減少したとして，Yに対し，損害賠償を請求した。

　本判決は，化学工業に従事する者がその目的である事業によって生じる損害を予防するため，その事業の性質に従い，相当の設備を施したときは，たまたま他人に損害を及ぼしても，過失がないので，不法行為責任を負わない，として，相当の設備を施したかどうかを問題にしないでYの不法行為責任を肯定した原判決を破棄し，差し戻した。

　相当の設備を施したときは，過失がなく，不法行為責任を負わないとした点について，学説は，本判決には産業保護的色彩がある，としている。

② 過　失

（1）**過失とは何か**　　**結果回避義務**（単純に**注意義務**と呼ばれることが多いので，ここでは，注意義務とすることがある）を尽くさない場合を過失があるという。結果を予見することが可能な場合において，その結果を回避することが可能であり，回避すべきであるのに，回避すべき義務を怠ったときに過失がある。たとえば，Bが暗い夜道をジョギングしているときに，前方を注視しなかったために，Aにぶつかって，Aにケガをさせた場合がそうである。誰かにぶつかるかもしれないという結果を予見することができたにもかかわらず，その結果を回避するために，前方を注視する義務を怠ったからである。

（2）**注意義務の内容**　　注意義務がどのような内容を有するかについては，その状況により決まる。一般的にいえば，その状況下において，通常なすべき注意とは何か，を問題にするしか方法がない。

　医療過誤については，判例は，医師は，人の生命・健康を管理すべき業務に従事する者として，その業務の性質に照らし，危険防止のために実践上必要とされる最善の注意義務を要求される，とする（最判昭36・2・16民集15巻2号244頁，輸血梅毒事件）。注意義務の基準となるべきものは，診療当時の臨床医学における**医療水準**であり，これは医療機関により異なる（最判平7・6・9民集49巻6号1499頁，未熟児網膜症姫路日赤事件，昭和50年に厚生省研究班が未熟児に発生する網膜症に対して光凝固法が治療法として有効であると発表したため，この時期より前に出生した未熟児については救済されないとする「昭和50年線引論」があったが，本判決は昭

和49年12月に出生した未熟児について救済される可能性を認め、一律に医療水準が決まらないことを明らかにした)。医療水準は、**医学水準**ではなく、実際に行われるべき医療を前提とする。つまり、医療水準は、医師の注意義務の基準となるものであるから、平均的医師が現に行っている**医療慣行**とは異なる。たとえば、麻酔剤の能書に副作用対策として「麻酔剤注入後は2分間隔で血圧を測定して下さい」と記載してあるにもかかわらず、5分間隔で測るのが一般開業医の常識であり、その常識どおりに測っていたにすぎないときでも、使用上の注意事項に従わなかったので、過失が推定される(最判平8・1・23民集50巻1号1頁)。なお、医療過誤は、**診療契約**に基づく診療債務の不履行として構成することができる。

　スポーツ事故については、「スキー場において上方から滑降する者は、前方を注視し、下方を滑降している者の動静に注意して、その者との接触ないし衝突を回避することができるように速度及び進路を選択して滑走すべき注意義務を負う」(最判平7・3・10判時1526号99頁)。

　学校事故については、「学校の教師は、学校における教育活動により生ずるおそれのある危険から生徒を保護すべき義務を負っており、危険を伴う技術を指導する場合には、事故の発生を防止するために十分な措置を講じるべき注意義務がある」として、中学生が2、3歩助走をしてスタート台から飛び込んで、プールの底に頭を激突させて、重い後遺症が残った事故について、この方法を指導した教師に過失があるとした原判決の判断を肯定した(最判昭62・2・6判時1232号100頁)。しかし、**放課後の特別活動**におけるけんかによる事故については、「課外のクラブ活動が本来生徒の自主性を尊重すべきものであることに鑑みれば、何らかの事故の発生する危険性を具体的に予見することが可能であるような特段の事情のある場合は格別、そうでない限り、顧問の教諭としては、個々の活動に常時立会い、監視指導すべき義務までを負うものではない」、とした(最判昭58・2・18民集37巻1号101頁)。

③ 軽過失と重過失

　民法では、軽過失と重過失を分けることがある。たとえば、錯誤の場合において、表意者に重過失があるときは、錯誤による取消しをすることができない(95条3項)。

　不法行為責任においては，民法709条は，過失さえあれば，それが軽過失であろうと，重過失であろうと，区別していない。しかし，失火責任法では，責任者も，被害を受けることが多く，木造建物の多い日本では損害が拡大するおそれが大きいので，責任者の責任を軽減するために，重過失のときにのみ，不法行為責任を負う，と定められている。なお，**失火責任法**は，不法行為責任を軽減しているにすぎないので，たとえば，賃借人の軽過失により賃貸人所有の建物が焼失した場合のように，契約責任が問題となる場合において，賃貸人が賃借人の債務不履行責任を追及するときは，失火責任法は適用されない。

④ 違法性と過失の関係

　違法性の有無が法益侵害という結果だけで決まり，過失の有無が行為から決まるのであれば，違法性と過失はそれぞれ独自に判断される。しかし，違法性の有無が行為の態様によっても影響を受けるので，行為が違法性の判断にも過失の判断にも関係することになる。その意味において，違法性と過失は無関係ではない。もっとも，実際には，生命身体侵害の事例では，過失の有無がもっぱら争われ，日照権を奪ったことが不法行為になるかという事例では，違法性がもっぱら争われる。つまり事案によってかたよりがある。

第4節　責任能力

① 未成年の場合

　未成年者は，20歳未満の者をいうが（4条：2018年に民法の成年年齢を20歳から18歳に引き下げる改正法が成立し，2022年4月1日からは18歳未満の者となる），その者に責任を弁識するのに足りる知能（責任能力）がないときは，不法行為責任を負わない（712条）。民法では，責任能力を有するに至る年齢については，具体的には定まっていない。判例では，小学校を卒業した年齢，とされることが多い。しかし，事案の性質，結果の妥当性から，その年齢には一定の幅がある。

　たとえば，Bに雇われている少年店員豊太郎C（11歳11か月）が自転車で配達中，Aに衝突し，負傷させた事件について，Cに責任能力があるとして，Cの使用者であるBに715条の損害賠償責任が肯定された（大判大4・5・12民録21輯

692頁，少年店員豊太郎事件）。他方，数人の友人と遊んでいるうち，「光清撃（みつきよ）つぞ」と言いながら友人に射的銃の銃口を向け，その顔に命中させ，失明させた事件について，命中させた子ども（12歳2か月）に責任能力がないとして，その親権者に714条の損害賠償責任が肯定された（大判大6・4・30民録23輯715頁，光清撃つぞ事件）。少年店員豊太郎事件では11歳11か月で責任能力があるとしながら，光清撃つぞ事件では12歳2か月で責任能力がないとするのは矛盾している，と思う人がいるかもしれない。しかし，前者は，使用者の責任を追及した事件であり，11歳11か月の未成年者に責任能力があってこそ，715条を適用することができ，後者は，監督義務者の責任を追及した事件であり，12歳2か月の未成年者に責任能力がないからこそ，714条を適用することができた。

② 精神上の障害がある場合

「精神上の障害により事理を弁識する能力を欠く常況にある者」は，「後見開始の審判」を受けても（7条），「日用品の購入その他日常生活に関する行為」を除いて，法律行為を単独で有効にする能力を有しないだけで（9条），不法行為をすることができないわけではなく，実際，不法行為をする場合がある。また，精神上の障害により事理弁識能力を欠く常況にあっても，後見開始の審判を受けていない場合がある。さらに，不法行為の当時，精神上の障害により事理弁識能力を欠いているだけで，常況ではないときは，後見開始の審判はされない。そこで，713条は，後見開始の審判の有無を問わないで，精神上の障害により自己の行為の責任を弁識する能力を欠く状態にある間に他人に損害を加えた者は，不法行為責任を負わないことを定めた。ただし，故意または過失によって一時的にその状態を招いたときは，この限りでない（713条ただし書）。

第5節　損害の発生

損害が発生していなければ，不法行為責任は成立しない。不法行為責任の効果は損害賠償責任であり，結果として損害が発生しなければ，賠償はありえないからである。なお，刑事責任では，未遂が罰せられる場合がある（刑44条）。

損害がないために，不法行為責任がない，とされると，悪いことはしていな

かったという印象を与えるので好ましくない。そこで，立法論としては，損害がなくても，**名目的な損害賠償**を命じることも考えられる。しかし，慰謝料は，具体的な損害を問題にしなくても認められるので，権利または法律上保護される利益の侵害があって，損害がないという場合はそれほど考えられない。

第6節 因果関係

　不法行為責任が成立するためには，故意または過失ある行為によって権利または法律上保護される利益が侵害されたことが必要である。つまり，少なくとも，「あれなければこれなし」，「行為なければ権利または法律上保護される利益の侵害なし」ということが必要である。これを**事実的因果関係**と呼ぶことがある。たとえば，被害者が病気になった場合において，健康の侵害があったことは確かであるが，問題とされる行為が原因であるかどうかが不明であるときや，その原因と考えられるものが複数存在して，どれが本当の原因か不明なときがある。**公害**や**医療過誤**のときがそうである。

　問題とされる行為によって結果をもたらす経緯がはっきりしている場合は，事実的因果関係が存在することは明らかである。しかし，経緯がはっきりしない場合がある。たとえば，工場から大気に排出される硫黄酸化物によって付近住民にぜんそくが発生したかどうか不明の場合である。この場合において，第1に，排出されるようになってはじめて，ぜんそくがその地域に多発するようになり，第2に，硫黄酸化物の量が多いほど，ぜんそくがひどくなり，第3に，硫黄酸化物の排出されない地域に比べて，排出されている地域はぜんそく患者が多く，第4に，硫黄酸化物がぜんそくの原因として作用するメカニズムが生物学的に矛盾なく説明することができるときは，工場から大気に排出される硫黄酸化物と付近住民に発生したぜんそくとの間には，**疫学的因果関係**が存在し，事実的因果関係が認められる（津地四日市支判昭47・7・24判時672号30頁，四日市ぜんそく事件）。

　また，事実的因果関係の存在は，必ずしも科学的に証明されなくてもよい（→WINDOW 10-6）。

□ WINDOW 10-6

ルンバール事件（最判昭50・10・24民集29巻9号1417頁）

　Xは，化膿性髄膜炎のため，Yの経営する病院に入り，ルンバール（腰椎穿刺による髄液採取およびペニシリンの髄腔内注入）の施術を受けたところ，けいれんを起こし，後遺症が残った。そこで，Xは，Yに対して損害賠償を請求した。後遺症の原因がルンバールか化膿性髄膜炎かが争われた。

　本判決は，「訴訟上の因果関係の立証は，一点の疑義も許されない自然科学的証明ではなく，経験則に照らして全証拠を総合検討し，特定の事実が特定の結果発生を招来した関係を是認しうる高度の蓋然性を証明することであり，その判定は，通常人が疑を差し挟まない程度に真実性の確信を持ちうるものであることを必要とし，かつ，それで足りる」とし，因果関係を否定した原判決を破棄し，差し戻した。

第**11**章

不法行為の効果

●本章で学ぶこと

　たとえば，AがBに殴られて，ケガをし，治療費を支出したとしよう。これは，不法行為である。つまり，Bの故意により，他人であるAの権利が侵害され，損害が発生したから，709条に書いてある不法行為の要件が満たされる。不法行為の要件が満たされ，Bは，不法行為責任を負う。Bが不法行為責任を負う，これが，不法行為の効果である。しかし，これはどのようなことを意味するのか。本章ではこれについて学ぶ。

　殴られた以上は，殴り返すことができるのか。そんなことはできない。金銭賠償を求めることしかできない。これは，損害賠償の方法の問題である。また，Aだけしか賠償を求めることができないのか，Aの親であるCは，Bに賠償を求めることができないのか。Cは，Aが殴られて，悲しんでいるのに，賠償を求めることができないのか。それでは，殴られたAが死んでしまった場合はどうか。これは，誰が賠償を請求することができるかという，賠償請求権者の問題である。さらに，AがBに殴られて，ケガをし，入院したところ，病院で医療過誤があり，死んでしまった場合において，殴ったBは，死亡についてまで責任を負うか。これは，損害賠償の範囲の問題である。ほかに，損害賠償請求権は，金銭の支払いを求める権利であるから，金銭債権であるが，たとえば，貸金債権とは異なる。どのように異なるか。これは，損害賠償請求権の特殊性の問題である。

序　説

　たとえば，AがBに殴られて，ケガをした場合に，Bの不法行為が成立する
としよう。この場合に，Aは，Bを殴り返すことができるだろうか。謝らせる
ことができるだろうか。治療費を請求することができるだろうか。また，大学
生のAについてBが「Aは裏口入学だから」と言い触らした場合には，Aは，
どんなことを請求することができるか。責任のとらせ方が，第1に問題とな
る。これは，損害賠償の方法と呼ばれている。

　第2に，誰が損害賠償を請求することができるかが問題となる。Aが生存し
ているときは，Aは，請求することができる。Aの配偶者や子も請求すること
ができるか。Aと一緒に暮らしている人は，どうか。Aが勤めている会社は，
どうか。さらに，Aが死亡してしまったときは，誰が請求することができる
か。何について請求するのかが問題となる。

　第3に，AのBに対する債権は，損害賠償請求権であり，金銭債権であるが，
これは，貸金債権と同じかが問題となる。たとえば，Aに対するBの不法行為
の前から，BがAに対して，100万円の代金債権を有していた場合において，
AのBに対する損害賠償請求額が100万円のときに，AがBに対して，100万円
を支払えと言ったら，Bが代金債権と相殺して，払わないと主張することがで
きるか。

第2節　損害賠償の方法

① 金銭賠償の原則

　民法722条1項により，417条が準用されているから，損害賠償は，金銭に
よってなされる。損害を償うだけの金銭が被害者に支払われれば，原状が回復
されるであろうからである。たとえば，AがBに殴られたからといって，法律
上，AはBを殴ることができないし，Bに謝らせることができない。

② 名誉毀損の場合

名誉毀損の場合には，賠償金として金銭が被害者に支払われても，被害者の名誉を毀損する事実の表明が残っているときは，原状が回復されない。そこで，723条により，名誉を回復するために適当な措置が取られることになる。公表された事実は真実ではなかったとの表明だけでなく，謝罪まで求めることができるとされている。いわゆる謝罪広告であり，憲法19条に反しない（最判昭31・7・4民集10巻7

図表11−1　判決主文の例

《原告（A）が被告（B）に勝訴した場合》
被告は，原告に対し，○○円及びこれに対する○年○月○日から支払済みまで年○分の割合による金員を支払え。
《敗訴した場合》
原告の請求を棄却する。

図表11−2　謝罪広告の例

謝罪広告
〜の記事において，〜と掲載しましたが，この記事は事実に反しており，貴殿の名誉を傷つけ，ご迷惑をおかけしました。ここに陳謝の意を表します。
甲野　一郎
乙山　次郎　殿

号785頁）。これは，民事執行法171条1項1号により代替執行がなされる，つまり，加害者に費用を支払わせて，新聞などに，**図表11−2**のような広告を載せることになる。

なお，**反論権**が問題となる。たとえば，Aの名誉をBがマスメディアであるCに載せて毀損した場合において，Cを使ってAに反論する権利が認められるかが問題となる。自由民主党がサンケイ新聞に日本共産党に関する意見広告を載せた事件について，最判昭62・4・24民集41巻3号490頁（サンケイ新聞意見広告事件）は，反論を掲載するマスメディアの表現の自由との調整が必要であり，具体的な明文規定がない以上は，名誉毀損の成否とは関係なく，反論権を認めることができず，名誉毀損がない以上，反論権はない，とした。また，放送法4条1項に基づき，真実でない事項の放送によって被害を受けた者は，放送事業者に対して**訂正放送**を求める私法上の権利を有しない（最判平16・11・25民集58巻8号2326頁）。

☐ WINDOW 11-1 ◀◀

定期金賠償

　現在，実務では，賠償金は将来の分も含めて一括して支払われている。その際，中間利息を控除する（722条1項・417条の2）。これを一括賠償または一時金賠償という。どのようにして賠償金を支払うべきかについては，民法に規定がない。しかし，一括して賠償金を受け取ることができれば，被害者としては，賠償金を授受する手間，時間，精神的苦労が省けることから，実務上，一括賠償が取られてきた。また，一括賠償では，後に賠償金を請求する必要がないことから，賠償義務者の資力が悪化することを心配しなくてもよい点も，被害者に有利である。

　ところが，介護を要する後遺症がいつまで続くか不明であるため，その損害の算定が困難である場合においては，後遺症が続く限りで，継続的に賠償金を支払う，定期金賠償が望ましいときもある。

　問題は，第1に，定期金による賠償を命じた確定判決について，判決後，後遺症の程度が変わったため，または賃金水準が変わったため，定期金の額を変更することができるか，そしてその手続をどうするか，である。これについては，民事訴訟法117条に規定がある。なお，一括賠償でも，判決後，後遺症の程度が予測と異なることや賃金水準が変わることはあるが，これは一括賠償が一回的解決を目指すことから，当然つきまとう問題である。第2に，賠償義務者の履行確保をどうするか，である。これについては，規定はない。

第3節　損害賠償請求権者

① 自然人・法人

　損害賠償請求権は，権利であるから，**権利能力**を有する者は，損害を受けるときは，損害賠償請求権者になる。したがって，自然人および法人が損害賠償請求権者となる。

　3条1項により出生している者は，権利能力を有する。**胎児**については，3条1項によれば，出生していない以上，権利能力はないことになってしまうが，721条に3条1項の特則が定められている。したがって，胎児の間でも，その胎児に対して損害賠償責任が発生する。たとえば，CとDの間に胎児のAがいる場合において，Bの不法行為によって，Cが死亡したときは，Aは，711条により，Bに対して損害賠償請求権を有する。しかし，Aが権利を取得するのは，Aが出生してからであるから，Aの出生前に，Aの代理人として誰

☐ WINDOW 11-2　　　　　　　　　　　　　　　　　　　　　　　◀◀

差止請求

　たとえば，A所有の土地の隣に，Bが大きな音を発生させる工場を建築しようとしている場合において，AがBに対してこの建築を差し止めることができるときに，その根拠は何かが問題となる。

　第1に，Aの権利が侵害されるから，その侵害を予防するために，差止請求が可能であると考えることができる。権利としては，Aの土地所有権があげられる。しかし，Aの家族が主張するためには，これでは不十分である。また，建築差止請求は騒音防止に力点があることから，守られるべき権利としては，健康という人格権をあげた方がより適切であろう。なお，権利として環境権を挙げる学説もあるが，その内容および権利者の範囲が明確でないため，裁判所はこれに対して消極的である。

　第2に，Bが大きな音を発生させる工場を建築するのは，不法行為に該当するから，差止請求が可能であると考えることができる。たしかに，民法709条の規定からは，効果としては賠償請求しか掲げられていないにもかかわらず，差止請求を認めるのは，困難かもしれないし，損害の発生を要件としているにもかかわらず，損害はまだ発生していない。しかし，賠償請求のためには，損害の発生を要件としているだけで，差止請求を認めるのであれば，損害の発生を必要としないのは当然である。賠償が事後的救済であるのに対して，差止めは事前的救済だからである。さらに，差止請求が民法709条にあげられていない救済であるといっても，同条はこれを否定する趣旨ではなかろう。むしろ，実際には，騒音を発生させる工場が建築されてから，これまでの損害賠償とこれからの差止めが請求されるときもあることから，両者とも不法行為で構成する方が一貫するともいえよう。

　なお，差止請求を認容すべきかどうかを決める違法性と，賠償請求を認容すべきかどうかを決める違法性を判断する際に考慮すべき要素はほぼ共通するが，その請求内容が異なるので，賠償については違法であるが，差止めについては違法でないという場合がある（最判平7・7・7民集49巻7号2599頁，国道43号線事件）。

かがBと和解契約をしても，その拘束力はAに及ばない（大判昭7・10・6民集11巻2023頁，阪神電鉄事件）。

　法人については，精神がないので，精神的損害はないが，財産的損害で償うことができない損害が発生することがあるので，この損害については，賠償請求することができる（最判昭39・1・28民集18巻1号136頁）。710条では，財産以外の損害と定められているだけで，精神的損害と定められているわけでないので，法人について，非財産的損害の賠償を認めることについて，条文上不都合があるわけではないからである。

② 死亡の場合

　Bの不法行為によりCが死亡した場合において，Cの子であるAには，財産的損害だけでなく，非財産的損害も発生する。この場合には，Aは，711条により，Cの相続人としてではなく，Cの子として，慰謝料請求権を取得する。

　財産的損害の賠償については，Cに損害（たとえば，逸失利益）が発生し，Cにその賠償請求権が帰属した後，Aがこれを相続するという説（相続説，判例，つまり，大判大15・2・16民集5巻150頁は，傷害の瞬時において被害者に損害賠償請求権が発生し，この権利が相続される，といい，時間的間隔説に立つ）と，死亡による財産的損害という以上，死亡したCは権利主体ではなく，権利主体ではないCに損害賠償請求権が帰属せず，Aは，直接，自己の財産的損害（扶養利益の喪失）について，賠償請求することになるという説（非相続説）とが対立している。非相続説には，Cが重傷を負った場合にはCには逸失利益があるのに，Cが死亡した場合にはCには逸失利益がないとするのは，重傷より死亡の方が権利侵害の程度が大きいこととバランスがとれないこと，扶養利益の計算は非常に困難であり，死者が多数いる大規模訴訟では訴訟を維持するのが困難であることなどの問題が指摘されている。

　非財産的損害の賠償（慰謝料）については，財産的損害の賠償では問題にならなかった一身専属性が問題になる（これについては，→WINDOW 11-3）。

③ 負傷の場合

　CがBの不法行為で負傷したときは，CはBに対して損害賠償請求権を取得する。さらに，Cの家族であるAもまた，Bに対して責任を追及しうる場合があるか。判例は，Cの負傷がAにとってCの生命侵害と同様の精神的損害を与えた場合には，709条，710条に基づいて，自己の権利として慰謝料請求をすることができるという（最判昭33・8・5民集12巻12号1901頁）。

　AがBの不法行為により負傷したが別の原因で死亡した場合において，Bの損害賠償責任はどのような影響を受けるか。判例は，死亡により損害賠償責任は影響を受けない，とする（最判平8・4・25民集50巻5号1221頁）。これに対して，就労可能期間の得べかりし利益の喪失が損害であり，就労可能期間は生存を前提にしており，判決前に死亡した以上は，死亡までの逸失利益に限定されるべきである，とする批判がある。

□ WINDOW 11-3

慰謝料請求権の相続性に関する学説

　Bの不法行為によりCが死亡し，AがCの相続人であったときに，Cが慰謝料請求権を取得し，その慰謝料請求権をAが相続するか。

　慰謝料請求権は，被害者に生じた精神的苦痛を慰謝するものであるから，被害者の意思を重視するものであり，一身専属的権利であり，Cに精神的苦痛があったかどうかを問題にしなければならないとも考えられる。このように考えると，Cが生前に請求の意思があったときは，相続の対象となるが，請求の意思がないときは，相続の対象とならないことになる。そうすると，「残念残念」と叫んでいた事案では，相続を肯定することができるが（大判昭2・5・30新聞2702号5頁，残念残念事件），「助けてくれ」と叫んでいた事案では，相続を否定することになる。しかし，このように考えると，第1に，即死のように意思を表明する時間的余裕がなかった事案，第2に，Cは「助けてくれ」と叫んだものの，本当は精神的苦痛を受け，Cに請求の意思があった事案，第3に，Cは意思を表明したが聞いている者がいなかった事案，第4に，Cは意思を表明し，聞いている者もいたが，その者をAが探し出すことができなかった事案では，Cが慰謝料請求権を取得し，その慰謝料請求権をAが相続することができなくなる。

　そこで，判例は，慰謝料請求権は，請求権を放棄したものと解することができる特別の事情がない限り，意思表明がなくとも，当該被害者の死亡により当然にその相続人が慰謝料請求権を相続する，とした（最大判昭42・11・1民集21巻9号2249頁）。第1に，財産的損害の賠償の場合において，その相続性が肯定されるところ，民法は，賠償請求権の発生時点について，財産的損害と精神的損害を区別していないからである。第2に，慰謝料請求権が発生する場合における被害法益は，一身専属性を有するが，慰謝料請求権は金銭債権であり，相続の対象となるからである。第3に，民法711条による慰謝料請求権とここで問題としている慰謝料請求権は，被害法益が異なるので，併存し，かつ，被害者の相続人が民法711条の請求権者と必ず一致するとは限らないからである。

　判例に賛成する学説もあるが，反対する学説が多い。第1に，死亡による慰謝料請求権が権利能力のない死者に帰属するはずがないからである。第2に，ここで問題となるような事案のために，民法711条が設けられたからである。第3に，被害者を手厚く保護することが望ましく，Aに民法711条による慰謝料請求権の分とCの慰謝料請求権を相続した分の双方を認めても，賠償額が増えるわけではないからである。第4に，相続人であったとしても，死者と生前疎遠であった者が本当に被害者として保護すべきかどうか疑わしいからである。

　なお，判例によれば，民法711条に規定されていない者であっても，死亡した者との間に同条所定の者と実質的に同視することが可能な身分関係が存在し，死亡により甚大な精神的苦痛を受けたときは，同条の類推適用により，加害者に対し直接に固有の慰謝料を請求することができる（最判昭49・12・17民集28巻10号2040頁）。

□ WINDOW 11-4 ◀◀

真明堂主人負傷事件（最判昭43・11・15民集22巻12号2614頁）

　薬剤師Aは，税金対策上X会社（真明堂薬局）を設立したが，社員は，Aとその妻だけであり，形式上会社という法形態をとったにとどまった。Aは，Yの過失により傷害を受け，薬剤師としての営業能力が低下し，Xの売上げが減少した。そこで，Xは，Yに対して逸失利益の損害を賠償請求した。

　本判決は，Xは法人とは名ばかりの，俗にいう個人会社であり，その実権は従前同様A個人に集中して，同人にはXの機関として代替性がなく，経済的にAとXとは一体をなす関係にあるものと認められるので，YのAに対する加害行為とAの受傷によるXの利益の逸失との間に相当因果関係の存することを認め，形式上間接の被害者であるXの請求を認容した原判決を肯定した。

　第1に，会社は間接被害者であり，原則として，間接被害者の損害賠償請求は認められないが，直接被害者と経済的一体関係が存在するときは，例外的に，損害賠償請求権が認められるとする学説と，第2に，間接被害者であるか直接被害者であるかを問題にすることなく，因果関係で判断すれば足り，ある被害者と経済的一体関係が存在する別の被害者については因果関係があるので，損害賠償請求権が認められるとする学説がある。

第4節　損害賠償の範囲と額の算定

① 相当因果関係

　判例は，不法行為と相当因果関係にある損害は賠償しなければならない，とする。その根拠として，債務不履行責任に関する民法416条をあげる（→WINDOW 11-5）。

　学説は，第1に，416条は相当因果関係の範囲を定めておらず，第2に，416条は不法行為には類推されるべきでない，と批判する。

　相当因果関係の判断は，それほど明確ではない。たとえば，AがBの不法行為により負傷した場合において，Aの娘であるCが外国から日本へ帰ってきたときは，その費用が相当因果関係にあるといえるであろうか。最判昭49・4・25民集28巻3号447頁（モスクワ帰国事件）は，これを肯定する。しかし，Aの親戚が多数いて，しかも外国にいて，その家族とともに帰国したからといって，その費用すべてが賠償の対象となるわけでもなかろう。

□ WINDOW 11-5　◀◀

富喜丸事件（大連判大15・5・22民集5巻386頁）

　1915（大正4）年にX所有の富喜丸とY所有の船舶が両船長の過失で衝突し，富喜丸が沈没したため，XがYに対して，1917（大正6）年の（沈没時よりも騰貴した）最高価格による船舶の価格を基準とした賠償，および富喜丸を第三者に賃貸して得ることができたであろう賃料を，沈没したため得ることができなかったとしてその賃料の賠償を求めた。1914年から1918年まで第1次世界大戦があったため，船舶の価格が大きく変動していた。

　本判決は，416条は行為と結果との間の相当因果関係の範囲を定めており，債務不履行に適用されるだけでなく，不法行為にも類推されるとしたうえで，第1に，船舶の価格は通常の使用価格（通常の賃料）を含むので，船舶の価格の賠償を認めるときは，通常の賃料の賠償を認めることはできず，第2に，被害者が物の特殊な使用収益により得べかりし利益を失ったとして賠償を請求するためには416条2項により不法行為の当時において将来その利益を確実に得べきことを予見しまたは予見し得べかりし特別の事情を主張し立証することを要し，第3に，物の滅失については，滅失当時を標準として賠償の範囲を定めるべきであり，第4に，不法行為により滅失した物の価額が後に騰貴し，被害者がこれによって得べかりし利益を失ったときは，これに基づく消極的損害の賠償を請求することはできるが，物の価額の騰貴が自然の趨勢によったとしても，被害者がその騰貴価額で転売などによりその価額に相当する利益を確実に得べきことを予見しまたは予見し得べかりし特別の事情を主張し立証することを要する，とした。

　本判決の意義は，第1に，416条は行為と結果との間の相当因果関係の範囲を定めているとした点，第2に，416条は債務不履行に適用されるだけでなく，不法行為にも類推されるとした点，第3に，物の滅失については，滅失当時を標準として賠償の範囲を定め，滅失後の価額騰貴は騰貴価額により転売することができたなどの特別事情を主張立証してはじめて考慮されるとした点にある。

② 損害の種類

　AがBの不法行為によりケガをしたり，病気になったとき，つまり，Aの身体・健康が侵害されたときは，いろいろな損害がAに発生する。これは，**図表11-3**の表のように，個別的に算定されることが多く，とくに，交通事故では，一般的である（個別算定方式）。もっとも，公害による健康被害については，被害者が集団であり，生活そのものが健康被害によって変えられてしまうこともあって，損害のすべてを包括的に請求することが多い。

　働くことができなくなる，治療を受けなければならなくなる，精神的苦痛を受ける。これらを損害という名前で表現すると，第1に，不法行為がなければ

図表11-3　損害の種類

財産的損害		非財産的損害
消極的損害	積極的損害	精神的苦痛
逸失利益	治療費	

働いて得られた利益を，働くことができなかったがために得られなかったという意味で，消極的損害（逸失利益），第2に，不法行為がなければ出費しなくてもよかったであろう治療費を出費せざるをえなくなったという意味で，積極的損害，第3に，精神的苦痛が精神的損害（非財産的損害）となる。消極的損害と積極的損害を合わせて，財産的損害（財産上の損害，有形の損害）と呼ぶ（→図表11-3）。

　逸失利益の算定は，不法行為がなければどのくらいの収入を得ることができたかという観点から行われる（将来の分を含めて一括して賠償する方式がとられているので，中間利息を控除することになる，722条1項による417条の2の規定の準用）。被害者がまだ職に就いていない場合には，その算定が困難であるが，それでも算定される（最判昭39・6・24民集18巻5号874頁）。被害者が女児の場合に，家事労働が平均給与額を基準として評価されることもある（最判昭49・7・19民集28巻5号872頁）。個人差も問題であるが，まだ就業していない場合における男女差はいっそう問題である（→WINDOW 11-6）。さらに，**外国人労働者**が日本において母国より高い収入を得ていた場合において，日本での収入を基礎として逸失利益を算定すべきかも問題となる。判例は，予測される日本での就労可能期間内は日本での収入を基礎とする（最判平9・1・28民集51巻1号78頁）。

　なお，精神的損害は，非財産的損害（無形の損害）とも呼ばれる。710条では，財産以外の損害と定められているからである。また，判例は，法人の名誉が毀損された事案について，法人に精神がなく，したがって精神的損害がなくても，数理的に算定することができない損害を無形の損害として，法人に非財産的損害が発生する，とした（最判昭39・1・28民集18巻1号136頁）。精神的損害の賠償のことを，単に慰謝料と呼ぶことが多い。

　ところで，ケガをしたが，職業の性質上，働くことはできる場合がある。この場合に，逸失利益があるかが問題となる。判例は，後遺症の程度が比較的軽微であって，職業の性質上現在または将来における収入の減少もない場合には，原則として，逸失利益はない，とする（最判昭56・12・22民集35巻9号1350頁）。

□ WINDOW 11-6

家事労働加算否定事件（最判昭62・1・19民集41巻1号1頁）

14歳の女子中学生であるAがYの不法行為により死亡した事案について，Aの両親がYに対して損害賠償を請求した。就労前の女性の逸失利益を算定する際に，男性との逸失利益との格差を是正するために，家事労働を加算することができるかが争われた。

本判決は，女性の平均給与額を基準として逸失利益を算定するときには，将来労働によって取得することができる利益はこの算定方法により評価し尽くされているので，家事労働分を加算することはできない，とした。

男女格差を是正するために，第1に，稼働開始年齢を早くする方法，第2に，逸失利益から控除される生活費の控除の割合を低くする方法，第3に，女性についても，男性の平均給与額を基準にする方法，第4に，男女別平均賃金ではなく，全労働者平均賃金を基準にする方法，第5に，女性について慰謝料を増額する方法，第6に，逸失利益ではなく，生命の価値そのものを判断する方法が主張されている。

③ 損益相殺

不法行為によって利益を受けたときは，その分は，損害から差し引かれる。これを損益相殺と呼ぶ。たとえば，AがBの不法行為によって死亡し，Aの月20万円の収入によって暮していたAの妻CとAの子Dが逸失利益の賠償を求める場合において，Aの生活費が不要となるので，その分が差し引かれる。

なお，Aの建物がBの放火により焼失した場合において，AがC保険会社との間で火災保険を締結していたために，その保険金を受け取ったときは，受け取った分だけ，AはBに損害賠償請求することができないが，保険法25条により，CがAに代位して，Bに請求することになる。

④ 過失相殺

(1) **過失相殺とは何か**　加害者の過失と被害者の過失により損害が発生したときは，被害者の過失を考慮して，損害賠償責任を決める。これが，過失相殺である。加害者の過失を要件として責任を成立させるのに，被害者の過失を考慮しないのは，バランスを失するからである。

たとえば，A運転の自動車とB運転の自動車が衝突したため，Aの自動車が破損し，Aが100万円の損害を受けたが，Aの過失とBの過失の割合が7対3であるとしよう。この場合には，Aは，Aに7割の過失があったことが考慮され，過失相殺されて，100万円の損害を受けたにもかかわらず，Bに対して30

□ WINDOW 11-7 ◀◀

過失相殺の類推適用

　過失相殺は，損害の公平な分担を図る制度として，条文上唯一規定されているものであるために，活用されている。自動車事故における人身損害の場合によく用いられている。

　過失相殺は，被害者に過失があることを必要とするのが本来の姿かもしれない。ところが，被害者に過失がない場合においても，過失相殺の理念を使って，賠償額が減少されるときがある。これが，過失相殺の類推適用である。

　第1に，むち打ちの後遺症について心因的要因が寄与している場合に，過失相殺が類推適用されている。「身体に対する加害行為と発生した損害との間に相当因果関係がある場合において，その損害がその加害行為のみによって通常発生する程度，範囲を超えるものであって，かつ，その損害の拡大について被害者の心因的要因が寄与しているときは，損害を公平に分担させるという損害賠償法の理念に照らし，裁判所は，損害賠償の額を定めるに当たり，民法722条2項の過失相殺の規定を類推適用して，その損害の拡大に寄与した被害者の右事情を斟酌することができる」(最判昭63・4・21民集42巻4号243頁)。

　第2に，事故前からの疾患が原因の1つとなって損害が発生した場合に，過失相殺が類推適用されている。「被害者に対する加害行為と被害者のり患していた疾患とがともに原因となって損害が発生した場合において，当該疾患の態様，程度などに照らし，加害者に損害の全部を賠償させるのが公平を失するときは，裁判所は，損害賠償の額を定めるに当たり，民法722条2項の過失相殺の規定を類推適用して，被害者の当該疾患をしんしゃくすることができる」(最判平4・6・25民集46巻4号400頁)。身体的特徴は，疾患ではないので，過失相殺は類推適用されない(最判平8・10・29民集50巻9号2474頁)。

　以上のように，判例は，損害の公平な分担を図る損害賠償法の理念を持ち出すときは，過失相殺の類推適用をしている。

万円の損害賠償を請求することしかできない。なお，過失相殺は，債権総論でいう相殺(505条)とは異なる。

　722条2項は，418条とほぼ同じであるが，418条では，第1に，債務者に過失がなくても債務不履行責任が発生することもあるから，債権者のみに過失がある場合も考慮し，責任がないという選択肢も用意し，第2に，債権者の過失を必ず考慮しなければならず，第3に，損害の発生または拡大に関して過失があったときも過失相殺がされることに条文上なっている。これに対して，722条2項では，第1に，不法行為責任は加害者に過失があることを前提としているので，被害者に過失があるからといって，加害者の責任が免除されることはなく，第2に，加害者の過失が被害者の過失に比較して著しく大きい場合もあ

るので，被害者に過失があるときでも必ず考慮しなければいけないことには
なっておらず，第3に，何について過失があったかを問題としていない。もっ
とも，実際には，722条2項と418条との間には差がない。

(2) **過失相殺能力**　　たしかに，過失という以上は，被害者の過失も加害者
の過失と同様に，被害者に責任能力があってはじめて，過失があると考える
こともできる。判例も，最初は，そのように考えていたが，判例変更があり，被
害者に過失があるというためには，被害者が事理を弁識するに足りる知能を備
えていればよいとする（最大判昭39・6・24民集18巻5号854頁）。不法行為の類型に
もよるが，およそ，小学校に入学していれば，**事理弁識能力**があるといってよ
い。つまり，責任能力を有する年齢は，およそ小学校卒業程度とされているか
ら，これより低い年齢で事理弁識能力を有することになる。

(3) **被害者側**　　条文では，被害者に過失がある，としかなっていないが，
過失相殺が公平の原則に基づくことからして，被害者側に立つ者の過失も考慮
される。判例によれば，被害者と身分上または生活関係上一体をなすとみられ
るような関係にある者が被害者側に属する（最判昭42・6・27民集21巻6号1507
頁）。被害者の父母がこれに含まれる。保育士は，これには含まれない。

　また，夫C運転の自動車とB運転の自動車が双方の過失により衝突して，C
運転の自動車に同乗していた妻Aがケガをしたときは，Cの過失がAの損害賠
償請求権について考慮される（最判昭51・3・25民集30巻2号160頁）。C運転の自動
車とB運転の自動車が双方の過失により衝突して，C運転の自動車に同乗して
いたAがケガをした場合において，AがCと恋愛関係にあったというだけで
は，AとCは婚姻していない以上，身分上一体関係になく，同居していなけれ
ば，生活関係上一体関係にもないから，Cの過失はAの損害賠償請求権につい
て考慮されない（最判平9・9・9判時1618号63頁）。

 第5節 損害賠償請求権の特殊性

1 相殺禁止

　たとえば，AがBから借金をしていたところ，Aがなかなか返済しないた

図表11-4　相殺禁止の意味

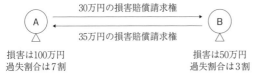

A　損害は100万円　過失割合は7割

30万円の損害賠償請求権

35万円の損害賠償請求権

B　損害は50万円　過失割合は3割

め，Bが怒ってAの所有物を壊したとしよう。Aは，Bに対して損害賠償請求権を有する。これに対して，BはAに対する貸金債権で相殺することは許されない（509条1号）。相殺を肯定すると，悪意の不法行為を誘発するおそれがあるためである。ここでいう「悪意」とは，破産法253条1項2号と同じ意味である。故意では足りず，損害を発生させることを意図してしたことを要する。また，身体の侵害の場合にも，BはAに対する貸金債権で相殺することは許されない（509条2号）。この場合に相殺を認めると，ケガをした被害者が損害賠償金を現実に受け取ることができず，治療を受けることができないおそれがあるためである。509条2号により，人の生命または身体の侵害による損害賠償の債務者は，その損害賠償債務の根拠が不法行為であれ，債務不履行であれ，相殺することができない。生命または身体の侵害による損害賠償請求権については，債権者（被害者）を保護する必要性がとくに高いことを考慮したためである。

　A・B双方の過失による同一の交通事故による身体の侵害の場合にも，相殺することはできない，と考えられる。なお，もちろん，双方に過失がある以上，過失相殺の対象となる。Bは，Bに3割の過失があったことを考慮され，過失相殺され，50万円の損害を受けたにもかかわらず，Aに対して35万円の損害賠償を請求することしかできない。AのBに対する債権が30万円の金銭債権であり，BのAに対する債権が35万円の金銭債権であるが，509条2号により，双方とも相殺をすることができない。

2 消滅時効

(1)　**3年の消滅時効の根拠**　損害賠償請求権は，債権である。したがって，民法166条が適用されるはずである。ところが，724条1号では，不法行為に基づく損害賠償請求権の消滅時効期間は，損害および加害者を知った時から3年と，166条1項1号の5年より，短くなっている。724条は，166条の特則である。

消滅時効が3年という短期になっているのは，不法行為という偶発的な事故においては，債務者である加害者が証拠を集めたり，保存しておくことが困難であることを考慮したためである。

(2)　**損害を知った時**　　「被害者が損害を知った時とは，被害者が損害の発生を現実に認識した時をいう」(最判平14・1・29民集56巻1号218頁)。損害を知るといっても，具体的な損害額を知ることまでは必要がない。しかし，損害がどのくらいか見当もつかない時点では，損害を知った時とはいえない。したがって，たとえば，ケガをしてその症状が固定するまでは，消滅時効は開始しない。なお，事故当時予想をすることができなかった症状が後で発生した場合，つまり，**後遺症**が発生した場合には，当初予想することができた後遺症とは別に，予想することができなかった後遺症が発生した時点から，消滅時効が起算される。

損害が継続的に発生する場合には，たとえば，**不法占拠**の場合には，賃料相当額の損害賠償は，日々新たな損害が発生するので，これを知った時から，逐次，消滅時効は進行する。

(3)　**加害者を知った時**　　加害者を知るとは，賠償義務者を知ることを意味する。賠償義務者の具体的な氏名住所を知ることまでは必要がない。しかし，賠償請求権を行使することが事実上可能でなければ，消滅時効は進行しない(最判昭48・11・16民集27巻10号1374頁)。

(4)　**人の生命または身体を害する不法行為の場合**　　この場合には，724条の2により，724条1号の「3年間」が「5年間」とされる。債務不履行の場合には，166条1項1号により，債権者が権利を行使することができることを知った時から5年間であるところ，これと不法行為の場合が同じになる。安全配慮義務違反のような事例において，損害賠償請求権の根拠が債務不履行か不法行為かによって，消滅時効の期間につき，結論が異なるのは妥当ではないからである。

③ 20年の消滅時効

20年の消滅時効の起算点は，加害行為が行われた時に損害が発生する不法行為の場合には，加害行為の時である。「身体に蓄積した場合に人の健康を害することとなる物質による損害や，一定の潜伏期間が経過した後に症状が現れる

損害のように，当該不法行為により発生する損害の性質上，加害行為が終了してから相当の期間が経過した後に損害が発生する場合には，当該損害の全部又は一部が発生した時」(最判平16・4・27民集58巻4号1032頁) である。後者については，製造物責任法5条3項と同様である。

　なお，債務不履行の場合にも，人の生命または身体の侵害による損害賠償請求権の消滅時効については，167条により，166条1項2号の「10年間」が「20年間」とされる。したがって，債務不履行であれ，不法行為であれ，時効期間が統一される。

第 **12** 章

特殊な不法行為

●本章で学ぶこと

　民法709条に基づいて成立する不法行為に対して，特殊性を有する不法行為を特殊な不法行為と呼ぶ。

　第1に，709条では自己の不法行為について責任を負うが，たとえば，被用者の不法行為について使用者が責任を負うときのように，他人の不法行為について責任を負わなければならない特殊な不法行為がある。

　第2に，709条では人の行為について責任を負うが，たとえば，建物が壊れて通行人がケガをした場合において，建物の占有者が責任を負うときのように，物が原因となる場合に責任を負わなければならない特殊な不法行為がある。

　第3に，709条では自己の不法行為が原因になった範囲で責任を負うが，たとえば，AがBとCの2人に殴られ，BがAの脚にケガをさせ，CがAの手にケガをさせた場合において，Bの行為が原因となった範囲を超えてCの行為にまでBが責任を負う特殊な不法行為がある。

第 **1** 節 他人の行為による場合

1——責任能力を欠く場合における監督義務者の責任

1 緒　　論

　責任能力を欠く者の行為について，その監督義務者はなぜ責任を負わなければならないのか。

　たとえば，Aが友人のB（3歳）にたたかれて，ケガをしても，Aは，Bの責任を追及することができない。Bは，責任能力がなく，不法行為責任を負わないからである（712条）。しかし，責任能力を欠く者が責任を負わないからといって，被害者は，誰からも賠償を受けられないということにならない。Bの父母に対して損害賠償を請求することができる。つまり，民法714条は，Bの監督義務者であるBの父母に責任を負わせている。Bが責任能力を欠き，BがAから責任を追及されないことに付け加えて，Bの父母は父母であるがゆえに，責任を負う。監督義務者にとっては，他人である責任能力を欠く者の行為について，責任を負うことになる。

2 要　　件

　責任能力を欠く者の行為について，責任能力がないことを除いて，不法行為の要件を満たさなければならない。責任能力を有するに至る年齢としては，およそ，小学校卒業程度が目安となる（大判大6・4・30民録23輯715頁，光清撃つぞ事件では，12歳2か月の子どもについて，責任能力がない，とされた）。責任能力以外の不法行為の要件として重要なものは，違法性である。たとえば，鬼ごっこの際，小学2年生が1年生に背負って走るように頼んで，遊んでいたところ，1年生が転倒してケガをした事故のように，違法性がない行為については，監督義務者は責任を負わない（最判昭37・2・27民集16巻2号407頁，鬼ごっこ事件）。成年後見人というだけでは法定監督義務者ではない（最判平28・3・1民集70巻3号681頁，JR東海事件）。なお，監督義務者は，義務を怠らなかったことを証明したときは，賠償責任を負わない（最判平27・4・9民集69巻3号455頁，サッカーボール事件）。責任能力を欠く者が火遊びをしていて，失火した場合においては，

□ WINDOW 12-1 ◂◂

新聞少年殺害事件（最判昭49・3・22民集28巻2号347頁）

　新聞代の集金をしていた中学1年生のAを中学3年生のBが殺害したので，Aの親は，Bの親に対して損害賠償を求めた。Bが責任能力を有するので，民法714条は適用されず，Bの親は，民法714条により責任を負うことはないが，民法709条により責任を負うことはないかが問題となった。

　本判決は，「未成年者が責任能力を有する場合であっても監督義務者の義務違反と当該未成年者の不法行為によって生じた結果との間に相当因果関係を認めうるときは，監督義務者につき民法709条に基づく不法行為が成立するものと解するのが相当であって，民法714条の規定が右解釈の妨げとなるものではない」，とし，不法行為責任を肯定した原判決を支持した。

　民法714条は，Bの行為について，Bに責任能力がない場合において，例外的に，Bの親に不法行為責任を負わせるものであって，Bに責任能力がある場合においては，Bのみが不法行為責任を負い，Bの親は不法行為責任を負わない，とする考え方があったが，本判決は，この考え方を否定した。

監督義務者が監督について重大な過失がなかったときは，失火責任法の趣旨から，監督義務者は損害賠償責任を負わない（最判平7・1・24民集49巻1号25頁，お化け屋敷火遊び事件）。また，監督義務者がその義務を怠らなくても損害が生ずべきであったときも，賠償責任を負わない。

2——使用者責任

①緒　　論

　被用者の不法行為について，その使用者は責任を負わなければならないか。

　民法715条により，Bのところで雇われているCのした不法行為について，Aが損害を受けたときは，Bは，賠償責任を負う。使用者は，被用者を雇うことにより利益を得ているから，また，新たな危険を作り出しているから，損失も負担すべきだからである（**報償責任・危険責任**）。

②要　　件

　(1)　**使用関係**　　BがCを使用しているのは，一般的には，BとCの間に雇用契約（労働契約）が存在するからである。しかし，雇用契約の存在の有無より，CがBの指揮監督下にあることが重要である。

　なお，注文者は，原則として，請負人を使用するわけではないので，使用者

□ WINDOW 12-2 ◀◀

融通手形詐取事件（最判昭42・11・2民集21巻9号2278頁）

Aは，金策に困っていたX会社に対し，融通手形を振り出してくれれば，その手形の割引きをY銀行に斡旋すると持ちかけた。Aは，Y銀行の支店長Bに対し，同支店では割り引くことができないときは，Aが割引先を探し，割引金を同支店に預金させるから，X振出しの手形を預かってほしい，と持ちかけたところ，Bは，預金成績を上げるために，Y銀行の内規に違反して，この持ちかけを受け入れた。X会社の常務と経理課長は，Bと会ったところ，Bは，同支店では割り引くことはできないが，CがD銀行に持っている割引額の範囲内でX振出しの手形を割り引くよう斡旋する，と言ったので，Xは，手形を振り出し，Bに預けた。Aは，他で手形を割り引いてもらうと言って，Bから手形を詐取し，流通させ，割引金を着服した。Xは，Yに対し，手形を回収するため支出を余儀なくされたことによる損害の賠償を請求した。

本判決は，被用者のした取引行為が外形からは使用者の事業の範囲内にあるものと認められるものであっても，その行為が被用者の職務権限内でないことを相手方が知っていたとき，または重大な過失によって知らなかったときは，事業の執行について第三者に加えた損害とはいえない，とした。

このように，取引に関連する不法行為（取引的不法行為）については，不法行為責任で処理されるが，取引に関連する以上は，取引に関する法理によって処理することも考えられる。被用者が代理人として行為している場合がそうである。この場合には，使用者責任と表見代理がどのように違うかが問題となる。これについては，**WINDOW 12-3**参照。

責任を負わない（716条）。しかし，注文者が請負人を指揮監督している場合には，注文者は，使用者責任を負う。

(2) **事業の執行についてなされたこと**　事業の執行についてというのは，被用者が事業の執行のためにしたという場合よりも広く，事業の執行の際にたまたま起こしたという場合よりも狭い。つまり，被用者は本来使用者の利益を図るために仕事をしているが，そのために生じた不法行為では狭すぎるし，被用者がその職務を行う機会にいろいろなことをするが，なされたすべてでは広すぎる。

被用者がたとえば使用者振出の手形を偽造する場合のように取引に関して不法行為をする場合には，相手方からみて（外形から判断して）被用者の職務の範囲内かどうかが問題とされる。しかし，相手方の主観的事情によっては，事業の執行についてなされたとはいえないこともある（→WINDOW 12-2）。

被用者がたとえば**けんか**をする場合のように取引と関係なく不法行為をする

表見代理と使用者責任のちがい

　　たとえば，AがBの被用者であり代理人であるCと売買契約をし，Cに商品を引き渡し，Bに代金の支払いを求めたところ，BがCは代理権を越えて契約をしたから，契約は無効であり，代金は支払わないと言ったときは，どうなるか。

　　第1に，民法110条により，表見代理として，Aは，Bに対し，代金の支払いを求めることができる。第2に，民法715条により，Aは，Bに対し，使用者責任を追及することができる。表見代理の要件として重要なものは，Aに権限があると信ずべき正当な理由が存在することであるが，これは，善意無過失と解釈されている。使用者責任では，Aに軽過失があっても，Bの不法行為責任を追及することができる。なお，Aに重過失があるときは，Bの不法行為責任を追及することができない（最判昭42・11・2民集21巻9号2278頁）。

　　ほかにも，使用者責任と表見代理の間には，つぎのようなちがいがある。先の例で，Bが商品は引き渡さないと言ったときはどうなるか。表見代理が成立するときは，Bは，商品を引き渡さなければならない。つまり，Aに履行請求権がある。Bが使用者責任を負うときは，Bは，損害賠償義務を負う。つまり，Aに損害賠償請求権がある。このように，使用者責任と表見代理では，効果についてちがいがある。

場合には，事業の執行と密接な関連を有しているかどうかが問題となる。

　(3)　**被用者の不法行為**　　使用者は，被用者の不法行為責任を被用者に代わって（代位して）負うので，被用者が不法行為責任を負わないときは，使用者もまた責任を負わない。したがって，被用者の行為について，不法行為の要件が備わっていなければならない。たとえば，被用者は，責任能力を有していなければならない（大判大4・5・12民録21輯692頁，少年店員豊太郎事件）。被用者による失火の場合には，失火責任法が適用されるので，被用者に重過失があるときのみ，使用者は責任を負う（最判昭42・6・30民集21巻6号1526頁）。

　(4)　**免責証明**　　なお，使用者が相当の注意をしたこと，または相当の注意をしても損害が発生したであろうことを証明したときは，使用者責任はないが，その証明が認められた例は実際にはほとんどない。

③効　　果

　使用者も被用者ともに不法行為責任を負う（連帯債務）。

④求 償 権

　民法715条3項では，使用者が被用者に求償することができる，と規定して

□ WINDOW 12-4

タンクローリー・ドライバー事件（最判昭51・7・8民集30巻7号689頁）

　　石炭・石油などの輸送販売を業とする会社であるXに自動車運転者として雇われていたYは，特命によりX所有のタンクローリーを使って仕事をしていたところ，追突事故を起こし，X所有の自動車と相手方の自動車を破損させた。Xは，相手方に損害賠償を支払い，X所有の自動車の修理をし，修理期間中利益を上げることができず，また，経費節減のため，自動車につき対人賠償責任保険にのみ加入し，対物賠償責任保険および車両保険には加入していなかった。そこでXは，Yに対し，この追突事故によって発生した損害の賠償を請求した。使用者は，被用者に対して損害額全額を求償することができるかが問題となった。

　　本判決は，「使用者が，その事業の執行につきなされた被用者の加害行為により，直接損害を被り又は使用者としての損害賠償責任を負担したことに基づき損害を被った場合には，使用者は，その事業の性格，規模，施設の状況，被用者の業務の内容，労働条件，勤務態度，加害行為の態様，加害行為の予防若しくは損失の分散についての使用者の配慮の程度その他諸般の事情に照らし，損害の公平な分担という見地から信義則上相当と認められる限度において，被用者に対し右損害の賠償又は求償の請求をすることができる」，として，請求額の4分の1を認容した原判決を肯定した。

いる。しかし，つねに全額について求償することができるわけではない。たとえば，劣悪な労働条件の下で働かせていたために事故が発生した場合において，事故の直接の原因が被用者にあるというだけで，損害すべてを被用者に負わせることは許されない（→WINDOW 12-4）。

　なお，被用者が被害者に対して損害賠償をした場合において，被用者が使用者に対して求償（715条3項とは反対であるから，「逆求償」と呼ばれる）することができるかについて問題となる。使用者が被害者に払ったときに，その求償を制限するのであれば，その分だけ使用者が負担することになり，被用者が被害者に払ったときも，使用者は負担すべき部分がある以上，その分は逆求償することを認めるべきである。理論的にはそうであるが，被害者は，資力のある使用者を相手にする場合が多いので，逆求償は実際にはあまり問題とはならない。ところで，国家賠償法1条が適用されるときは，判例により，公務員個人は被害者に対して損害賠償責任を負わず，国家賠償法1条2項により，公務員は故意または重過失がないときは，求償されない。

第**2**節　物が原因となる場合

1 ──工作物責任

1 緒　　論

　土地工作物の占有者・所有者は責任を負わなければならないのか。

　たとえば，AがBの建物のそばを歩いているときに，Bの建物から落ちてきた屋根瓦に当たってAがケガをしたとしよう。この場合には，Bに過失があることをAは証明しなくても，民法717条に基づき，Aは，Bに対して損害賠償請求をすることができる。屋根瓦が落ちてくるような建物は危険だからである。つまり，工作物責任は，**危険責任**である。

2 要　　件

　(1)　**土地の工作物**　　土地の工作物の代表例は，建物である。人工的に作業の加えられている土地は，土地の工作物である。したがって，ため池，工事の後の水たまりは，土地の工作物である。

　なお，国家賠償法2条では，**公の営造物**とされているので，動産（たとえば，拳銃）も入る。

　(2)　**設置保存の瑕疵**　　土地工作物の設置または保存に瑕疵があるとは，土地工作物を設置するときに瑕疵がある場合，または設置時には瑕疵がなかったが，保存しているうちに瑕疵が生じた場合をいう。通常有すべき安全性を有しないときは，瑕疵がある。

　通常有すべき安全性は，土地工作物の全体から判断される。たとえば，保安設備の故障により，踏切が間違って開いてしまった場合において，保安設備の設置保存の瑕疵があるのはもちろんであるが，鉄道の状況からして保安設備が必要であるにもかかわらず，保安設備そのものを欠く踏切道は，瑕疵がある（最判昭46・4・23民集25巻3号351頁，井の頭線踏切事件）。

　なお，国家賠償法2条では，設置または管理とされているが，これは工作物責任の設置または保存と同じ意味である。

③ 効　　果

（1）　**占有者の責任**　　第一次的には占有者が工作物責任を負う。占有者は，工作物を占有し，その危険を回避するのに，最も近いからである。

なお，**間接占有者**も占有者として責任を負う，とした判例がある（最判昭31・12・18民集10巻12号1559頁）。この判例は，国が所有者から建物を借り，この建物をさらに占領軍に使用させていた場合において，建物の保存の瑕疵により生じた事故について，転貸人である国は間接占有者であり，717条にいう占有者にあたるとした。しかし，事故発生当時の1947（昭和22）年には，占領軍に責任を負わせる法的根拠がなく，占領軍が責任を負わないことにより国が代わって責任を負うという法的根拠もなかった（1952年になってようやく，日本国とアメリカ合衆国との間の相互協力および安全保障条約第6条に基づく施設および区域並びに日本国における合衆国軍隊の地位に関する協定の実施に伴う民事特別法により，国が代わって責任を負うことが定められた）。

（2）　**所有者の責任**　　第二次的には所有者が工作物責任を負う。所有者の責任は，設置保存に瑕疵があるときは所有者に過失がなくても成立するので，無過失責任である。

2──動物占有者の責任

動物占有者は，その動物が加えた損害について，賠償責任を負う（718条1項本文）。ただし，動物の種類および性質に従い相当の注意をもってその管理をしたときは，賠償責任を負わない（718条1項ただし書）。たとえば，一般の大人であれば恐れることはない愛玩用の小型犬でも，子どもはこの犬を恐れることがあるから，飼い主がこの犬の鎖を外して散歩させるときは，相当の注意をしたとはいえない。

動物園の飼育係の従業員は，占有者でも，保管者でもない。

3──自動車損害賠償保障法

① 対象となる損害

自賠法（自動車損害賠償保障法）1条により，自賠法に基づく救済は人身損害に限定されている。人身損害は，それだけ，救済の必要性が高いからである。

② 賠償義務者

賠償義務者として，自賠法3条により，**運行供用者**という概念が用いられている。運行支配・運行利益を有する者が運行供用者である。たいていの場合には，自動車の所有者が運行供用者となる。自動車を運転していることで運行供用者になるのではない。

③ 賠償権利者

賠償権利者となるのは，自賠法3条では，**他人**としての被害者に限定されている。他人とは，運行供用者，運転者および運転補助者以外の者をいう。なお，運行供用者でも，他人として保護されることもある。たしかに，たとえば，A所有の自動車を同乗しているBに頼まれて運転を任せたところ，事故が発生し，Aが負傷したときは，AもBも運行供用者であるが，所有者のAは，同乗していたから，Bに対して具体的に指示することができたので，原則として，他人ではない。しかし，Aが酒に酔って危ないから，運転代行業者のBに運転を委ねたときに，事故が発生し，Aが負傷したときも，AもBも運行供用者であるが，所有者のAは，同乗していても，Bに対して具体的に指示することができないので，他人として保護される。

④ 賠償資力の確保

自賠法5条により，（自賠責）保険または共済の契約締結が強制されており，被害者に対する賠償資力が確保されている（→WINDOW 10-2）。

4 ── 製造物責任法

① 製造物責任法ができるまで

製造物責任法は，1994（平成6）年にようやく成立し，翌年から施行されている。製造物責任法ができる以前も，製造物による事故はあり，その場合には，民法709条により解決がなされていた。とくに，過失の証明が難しかったのであるが，裁判所は，いろいろ苦心して，被害者を救済していた。

製造物責任は，日本でも，Product Liability（略称PL）としてかなり早くから知られていたが，立法へと本格化したのは，1985（昭和60）年に，EC（現在のEU）指令ができてからであった。

② 欠陥を根拠とする責任

製造物責任法は，製造業者に，製造物の欠陥による事故の場合の損害賠償責任を負わせている。製造物責任は，物自体に関する客観的な責任である。

③ 対象となる損害

生命，身体または財産を侵害した場合の損害を対象とする。自賠法では生命または身体を害した場合の損害に限定されているのに比べて，製造物責任法の対象は広い。

④ 製　造　物

製造物責任法では，製造または加工された動産を製造物としている（製造物2条1項）。たとえば，米，魚は，製造または加工されていないから，製造物責任法は適用されない。サービスは，物ではないから，製造物責任法は適用されない。

⑤ 欠　　　陥

通常有すべき安全性を欠いていることを欠陥があるといい，その判断のために，いくつかの事情が列挙されている（同法2条2項）。もっとも，欠陥の有無の判断は難しい。たとえば，医薬品の通常有すべき安全性とは副作用がないことを意味しない。医薬品には副作用があるのが通常だからである。この場合には，引渡し時点で予見し得る副作用については，指示・警告が適切になされていなければ欠陥に該当する（最判平25・4・12民集67巻4号899頁，イレッサ薬害事件）。副作用による有害性の程度がその医薬品の有用性を考慮しても許容されないときは欠陥が存在する。したがって，医薬品の有用性を考慮しても，副作用の有害性が上回るときは，欠陥が存在することになり，製薬業者は責任を負うことになるはずである。ところが，さらに，業者は，医薬品を引き渡した時における科学技術水準でも欠陥があったことを認識することができなかった場合には，免責される（同法4条1号）。

⑥ 製造業者

製造業者，輸入業者が，責任を負う（同法2条3項1号）。自分の名前を表示した者も，責任を負う（同法2条3項2号・3号）。売主は，製造物責任法では，責任を負わされていない。製造物責任法が不法行為法の特別法と位置づけられたためである。

7 期間制限

　消滅時効について，同法5条1項1号は民法724条1号と同じであり，また，製造物の引渡し時から10年経過すると，損害賠償請求権が消滅時効にかかる（同法5条1項2号）。後者の点は，民法724条2号とは異なるが，EC指令11条と同様である。なお，起算点の特則として，製造物責任法5条3項が重要である。

 ## 第3節　共同不法行為

1 共同不法行為が問題となる場合

　たとえば，AがBに脚を蹴られ，Cに腕を殴られ，脚と腕をケガし，治療費を支出した場合において，Aは，その損害全額について，BとCに賠償責任を問うことができるか。BとCが共謀しているときは，ともに全額について責任を負わなければならないことは当然である。しかし，たまたま，同時に，BとCがピストルでAを狙って，Bの弾丸がAの脚に，Cの弾丸がAの腕に命中したときはどうか。さらに，どちらの弾丸が命中したかわからないときはどうか。

2 要　　件

　(1)　**共同不法行為の関連共同性**　　たとえば，AがBに脚を蹴られ，Cに腕を殴られ，脚と腕をケガし，治療費を支出した場合において，BとCが**共謀**しているときは，Aは，その損害全額について，BとCの双方の賠償責任を問うことができる。つまり，加害者間に**主観的関連共同性**があるときは，719条1項前段の共同の不法行為（狭義の共同不法行為）がある。これについては，問題がない。ところが，たまたま，同時に，BとCがピストルでAを狙って，Bの弾丸がAの脚に，Cの弾丸がAの腕に命中したときは，BとCの間に主観的関連共同性はない。しかし，同時に，Aを狙っていたという事実からすれば，**客観的関連共同性**はある。このときも，狭義の共同不法行為があったといえるだろうか。判例は，客観的関連共同性で十分である，としている。そのため，狭義の共同不法行為となる場合が非常に多い。

　BとCがレールにいろんな物を置いて，そこをAの列車が通るとおもしろい，などと話をした後，Cが置き石をしたが，BがCの置き石を知らなくても，

Cの置き石および列車がこれを踏んで事故が発生することをBは予見することができたと認めうる余地がある，として，Bの責任を否定した原判決を破棄差し戻したものがある（最判昭62・1・22民集41巻1号17頁，京阪電車置石脱線転覆事件）。たしかに，ここで問題となったのは，Bが不法行為責任を負うかだけであるが，この判例は，BとCの間に共謀がなくても，BとCについて狭義の共同不法行為を肯定したものととらえることができる。

　(2)　**共同不法行為の故意過失，権利または法律上保護される利益の侵害（違法性），損害発生，因果関係**　　共同不法行為責任の成立のためには，各人について不法行為のすべての成立要件を備えていなければならないか。不法行為の成立要件は，故意過失，権利または法律上保護される利益の侵害（違法性），損害発生，因果関係であるが，問題となるのは，因果関係である。たまたま，同時に，BとCがピストルでAを狙って，Bの弾丸がAの脚に，Cの弾丸がAの腕に命中した場合においては，BとCに故意があり，Aの権利が侵害され，損害が発生していることは明らかであるが，Bの行為はAの腕の負傷には因果関係がなく，Cの行為はAの脚の負傷には因果関係がないようにみえるからである。Bの行為とCの行為の間に客観的関連共同性があれば，BとCについて個別の因果関係がなくても，損害賠償の責任を負うと解すべきである。つまり，因果関係以外の不法行為の成立要件については，各人について備えなければならない。各人の行為につき不法行為の要件のすべてを充足するときは，709条により，各人は，連帯して不法行為責任を負うはずであり，共同不法行為に関しても，各人の行為につき不法行為の要件のすべてを充足してはじめて共同不法行為責任を負うというのであれば，709条で十分であり，719条は不要となるからである。

　判例は，「共同行為者各自の行為が客観的に関連し共同して違法に損害を加えた場合において，各自の行為がそれぞれ独立に不法行為の要件を備えるときは，各自が右違法な加害行為と相当因果関係にある損害についてその賠償の責に任ずべきであ」る，とする（最判昭43・4・23民集22巻4号964頁，山王川事件）。しかし，山王川事件は，Bの汚水とCの汚水により，Aに損害が発生したが，Bの汚水だけでも，Aに損害が発生していたときは，Cが汚水を流していたとしても，Bは責任を免れないことを明確にしたにすぎないと考えるべきであ

る。つまり，各自の行為がそれぞれ独立に不法行為のすべての要件を備えることまでは必要がない，と解すべきである。

　たとえば，AがB運転の自動車にひかれケガをしたので，C病院で治療を受けたところ，医療過誤で死亡した場合において，C病院で適切な治療がされていたときは，Aは，助かったという事例を考えてみよう。AがCの責任を追及した事案について，最判平13・3・13民集55巻2号328頁は，交通事故と医療事故とのいずれもが被害者の死亡という不可分の一個の結果を招来し，この結果について相当因果関係を有する関係にあるから，運転行為と医療行為とは，民法719条所定の共同不法行為にあたり，各不法行為者は被害者の被った損害の全額について連帯して責任を負うべきものである，という。

　(3)　**加害者不明の共同不法行為**　たとえば，BがAの家に向かって石を投げたところ，同時にCもAの家に向かって石を投げ，どちらの石がAの家に命中したかわからないときは，BもCも責任を負う（719条1項後段）。

　(4)　**教唆者・幇助者**　たとえば，Aに恨みを持つBがCにAを殴るようにそそのかし，そそのかされてその気になって，CがAを殴って，Aがケガをしたときは，Cはもちろん損害賠償責任を負うが，Bもまた，教唆者（そそのかした者）として，損害賠償責任を負う（719条2項）。

　たとえば，Aに恨みを持つCがAを殴ろうと思っており，そのことをBに打ち明けたところ，殴るんだったら，誰かに見つからないように見張ってやるから安心してやれとBがCに言い，Bが見張りをした場合において，CがAを殴って，Aがケガをしたときは，Cはもちろん損害賠償責任を負うが，Bもまた，幇助者（手助けをした者）として，損害賠償責任を負う（719条2項）。

3 効　　果

　たとえば，AがBとCに殴られてケガをし，治療費を支出したときは，BとCは，Aに対して連帯して損害賠償責任を負う（719条1項）。

　AがBに対して損害賠償責任は問わないと**免除**しても，Cの責任には影響しない（441条本文）。しかし，AがBとの和解に際し，Cの残債務をも免除する意思を有していると認められるときは，Cに対しても残債務の免除の効力が及ぶ（最判平10・9・10民集52巻6号1494頁）。AのBに対する意思表示（単独行為）がCに対してもされている，と考えられるからである。

④ 過失相殺

　たとえば，A車がB車とC車に衝突されて，A車に乗車していたAがケガを
し，100万円の損害を受けた場合において，A・B・Cの過失割合（絶対的過失割
合）が2：6：2のときは，Aの過失は，共同不法行為者であるB・Cの過失割
合を合計したものと比較して，2：8となるから，B・Cに対して80万円の賠償
を求めることができる（最判平15・7・11民集57巻7号815頁）。これに対して，A車
がB車に衝突されて，Aがケガをし，C病院で治療を受けたが，医療過誤が
あった場合において，交通事故についてA・Bに過失があり，医療過誤につい
てA・Cに過失があるときは，交通事故と医療過誤では侵害行為を異にし，各
不法行為における過失の内容も異なるので，過失相殺は各不法行為の加害者と
被害者との過失割合に応じてすべきである（前掲最判平13・3・13）。

⑤ 求　償　権

　たとえば，Aの所有する絵画がBとCの不注意で破損し，損害を受けたとき
は，BとCの内部の間では，その過失割合により負担部分が決まる。BがAに
賠償したときは，BはCに対して求償することができる。

　Bの被用者DとCの被用者Eの過失によりAに損害を与えたときは，当該加
害者であるD・Eの過失割合で，負担部分が決まる。BはDの過失について使
用者責任を負い，CはEの過失について使用者責任を負うからである。

参考文献ガイド

■基本書・体系書

窪田充見『不法行為法—民法を学ぶ〔第2版〕』(有斐閣, 2018年)

　不法行為法の基本的構造を理解させることに主眼を置く。

後藤巻則『契約法講義〔第4版〕』(弘文堂, 2017年)

　契約の成立から終了までの流れに沿って, 契約法の基礎的な理解を効率よく修得できることに重点を置く。

潮見佳男『基本講義 債権各論Ⅰ　契約法・事務管理・不当利得〔第3版〕』(新世社, 2017年)

　制度の歴史的経緯・学説の変化などを時系列に沿って述べる。要件事実にも配慮する。

潮見佳男『基本講義 債権各論Ⅱ　不法行為法〔第3版〕』(新世社, 2017年)

　各章の冒頭に言い分方式の例を付け, わかりやすさがより重視されている。制度の歴史的経緯・学説の変化などを時系列に沿って述べる。要件事実にも配慮する。

中田裕康『契約法』(有斐閣, 2017年)

　現行民法の規律やその趣旨, これまでの学説・判例・実務の蓄積から, 改正民法への大きな流れを描く。

藤岡康宏・磯村保・浦川道太郎・松本恒雄『民法Ⅳ 債権各論〔第4版〕』(有斐閣, 2019年)

　契約法から不法行為法まで債権各論のすべてを扱う。具体例や図表を用いてわかりやすい説明を施し, とくに重要な部分に★印を付すなど, 工夫を凝らす。

前田陽一『債権各論Ⅱ　不法行為法〔第3版〕』(弘文堂, 2017年)

　判例を基礎にして, 不法行為法を論じたもの。重要な判例は, 巻末にまとめられている。

山本豊・笠井修・北居功『民法5 契約』(有斐閣, 2018年)

　ケースを用い具体的場面において要件が備わっているか, どんな効果が発生するかを明らかにする。

■債権法改正の全体（民法総則・債権総論を含む）に関わるもの

大村敦志・道垣内弘人編『解説 民法（債権法）改正のポイント』（有斐閣，2017年）
　改正前民法の概要から民法改正に至るこれまでの動きを丁寧に解説し，何がどう変わるのか，改正民法の全体像を示す。

潮見佳男『民法（債権関係）改正法の概要』（金融財政事情研究会，2017年）
　第一人者による解説書。逐条形式で解説がなされている。

潮見佳男・北居功・高須順一・赫高規・中込一洋・松岡久和編著『Before／After民法改正』（弘文堂，2017年）
　改正の前後で，民法の解釈・適用にどのような違いが生じるのかを，232の設例をもとに，改正前での処理はどうだったか，改正後はどうなるかに分け解説する。

筒井健夫・村松秀樹編著『一問一答 民法（債権関係）改正』（商事法務，2018年）
　立法担当者が改正の趣旨およびその内容を簡潔に解説する。

中田裕康・大村敦志・道垣内弘人・沖野眞已『講義 債権法改正』（商事法務，2017年）
　法制審議会のメンバーであった執筆者4名が行ってきた講演内容を基礎としたもの。

山野目章夫『新しい債権法を読みとく』（商事法務，2017年）
　語りかけるような執筆スタイルで，読みやすい。

山本敬三『民法の基礎から学ぶ 民法改正』（岩波書店，2017年）
　民法とはどんな法律か，なぜ重要か，民法の歴史までさかのぼり，改正は何を目指しているかについて基本的な具体例を用いて解説する。

■注釈書

『新注釈民法』（全20巻）（有斐閣，2017年〜）の刊行が始まっている。民法の条文ごとに，判例に重きを置き，学説の客観的状況を示す。

判例索引

大　審　院

最高裁判所

下級裁判所

事項索引

246

αブックス

新プリメール民法 4 債権各論〔第 2 版〕

2018 年 4 月 20 日　初　版第 1 刷発行
2020 年 4 月 5 日　第 2 版第 1 刷発行
2022 年 10 月 10 日　第 2 版第 4 刷発行

著　者　　青野博之・谷本圭子
　　　　　久保宏之・下村正明

発行者　　畑　　光

発行所　　株式会社　法律文化社

〒603-8053
京都市北区上賀茂岩ヶ垣内町71
電話 075(791)7131　FAX 075(721)8400
https://www.hou-bun.com/

印刷：中村印刷㈱／製本：㈲坂井製本所
装幀：白沢　正

ISBN 978-4-589-04064-0